尚商系列丛书

上海商业发展报告
◆ 2023 ◆

ANNUAL REPORT ON BUSINESS DEVELOPMENT OF SHANGHAI

张绍华 曹静 孙雪飞 吕洁 沈荣耀 李远刚 等著

上海科学技术文献出版社
Shanghai Scientific and Technological Literature Press

图书在版编目（CIP）数据

上海商业发展报告 . 2023/ 张绍华等著 . —上海：上海科学技术文献出版社，2023
ISBN 978-7-5439-8985-6

Ⅰ.① 上… Ⅱ.① 张… Ⅲ.① 商业经济—研究报告—上海—2023　Ⅳ.① F727.51

中国版本图书馆 CIP 数据核字 (2023) 第 250925 号

责任编辑：李　莺　栾　鑫
封面设计：VIDA

上海商业发展报告 . 2023
SHANGHAI SHANGYE FAZHAN BAOGAO. 2023
张绍华　曹　静　孙雪飞　吕　洁　沈荣耀　李远刚　等著
出版发行：上海科学技术文献出版社
地　　址：上海市长乐路 746 号
邮政编码：200040
经　　销：全国新华书店
印　　刷：商务印刷馆上海印刷有限公司
开　　本：787mm×1092mm　1/16
印　　张：14.25
字　　数：252 000
版　　次：2023 年 12 月第 1 版　2023 年 12 月第 1 次印刷
书　　号：ISBN 978-7-5439-8985-6
定　　价：78.00 元
http://www.sstlp.com

编 委 会

编 委 会 主 任：张国华　贺　瑛

编委会执行主任：冯叔君

编委会副主任：黄　宇　杜　娟　刘　斌　赵　萌

编 委 会 委 员：（按姓氏笔画排名）

　　　　　　　　　王　晨　王鲜梅　亢秀秋　冯　睿　吕　洁

　　　　　　　　　刘　欣　刘会齐　江　江　闭珊珊　孙雪飞

　　　　　　　　　杨　晨　李远刚　吴文霞　沈荣耀　宋长海

　　　　　　　　　张绍华　张凯旋　张荣佳　张海平　邵　伟

　　　　　　　　　单佳灵　赵黎黎　胡恒智　俞　玮　唐晓虎

　　　　　　　　　符栋良　曹　静　曹剑涛　蒋若冰

前　言

由上海商学院、上海市商务委员会联袂打造的《上海商业发展报告（2023）》，从2022年度上海商业运行、商业网点、商业品牌、商业热点入手，并对上海商业发展的未来进行了展望。考虑到2022年的特点，本年度商业品牌聚焦的重点是国潮品牌，商业热点聚焦的重点则在于"数据商业"。

本报告第一章"上海商业运行状况"从上海商业运行的国内外环境着手，将上海商业置于国际、国内和上海经济发展的大环境背景下，特别在上海面临着新冠疫情严重考验的情况下，抓住上海经济发展热点，分析其对于上海商业宏观市场运行和微观企业运行的影响，商业宏观市场运行包括商业市场的总体状况和发展趋势，微观经济运行分析选取在2022年发展迅速的上海典型的商业企业进行重点分析。在此基础上，对该年度上海商业领域的重点政策进行了列举和深入解读。

本报告第二章"上海商业网点发展研究"主要对2022年上海商业网点体系的发展进行综合研究。第一节以消费数据为核心分析上海市商业网点的外来消费和消费画像特征，并通过2022、2021和2020三年的消费数据进行趋势分析，揭示本市商业网点消费态势。第二节基于GIS空间大数据和消费数据，从基底洞察、引力评价和区域禀赋三个维度分析18个上海中心城区市级商业中心，并对全市34个商业中心（含远期）的发展状况进行综合量化评价。第三节以2022年度上海市社区商业运营发展新变化为研究重点，梳理上海市助推社区商业发展的相关政策举措，并特别针对多个代表性社区商业项目在2022年内所做的运营相关活动进行深入研究，分析总结社区商业运营策略的核心要点及成功经验,预测上海市社区商业未来的运营发展趋势。第四节首先从转型和布局两个视角系统梳理了上海商业街区发展的现状和特点;其次以354个国家级城市好去处为样本,分别从国家层面和上海大都市圈层面对上海特色商业街区进行比较分析,以准确把握上海商业街区创新发展,特别是商文旅融合创新发展的历史方位;最后从发展理念、业态布局和文化激活等三个方面阐释了上海商业街区发展创新的理论和实践,以期为上海商业街区高质量发展提供借鉴和参考。

本报告第三章"上海商业品牌研究"的主题为"国潮品牌",主要聚焦上海自有品牌发展研究。第一节对国潮品牌进行概述,说明国潮品牌的内涵,分析其形成的原因,阐述其发展的意义。第二节概述国潮品牌的发展历程,分析国潮品牌发展中存在的问题,并提出上海国潮品牌发展的建议。第三节列举上海国潮品牌发展的典型案例,通过对大白兔和百雀羚发展回顾及市场反应,分析说明国潮品牌应市场新环境的发展之路。第四节通过问卷调查法,从消费者对国潮品牌的消费认知和意愿、消费渠道和能力、消费偏好等方面进行调研,通过数据分析预测上海国潮品牌发展的方向与前景。

本报告第四章"上海商业热点分析"的主题为"数据商业",随着"数据二十条"正式发布,2023年伊始,国家数据局成立,数据要素市场活跃,本章主要对由此而形成的数据商业的概念、模式、理论框架、现状和对策建议进行阐述;着重阐述了数据商业的"五段六维"的企业数据资产化实践框架,同时对数据商业的产业现状进行一定的探索,并呈现基于航运数商的典型案例,最后对上海数据商业的问题提出对策和建议。本章的研究丰富了数据商业内涵,为数据市场建设提供了理论支持。

本报告第五章"上海商业发展展望"主要包括对2022年上海商业发展情况的总结和对2023年上海商业发展趋势的展望。第一节概述了2022年上海市在商业市场、时尚消费、消费理念、消费态度、数字化转型等方面的总体表现。第二节阐述了2023年上海市在优化商业空间布局、加速业态创新转型、打造元宇宙应用场景等方面的政策支持和发展趋势。

第一章由曹静主持完成,第一节由吕洁、曹静完成,第二节由曹静完成,第三节由刘欣、张荣佳、曹静完成,第四节由刘欣、曹静完成。第二章由孙雪飞、胡恒智主持完成,第一节由胡恒智、蒋若冰完成,第二节由胡恒智、孙雪飞、蒋若冰完成,第三节由孙雪飞、王鲜梅完成,第四节由宋长海、唐晓虎、孙雪飞完成,赵萌、王晨协助孙雪飞参与了第二章的统稿工作,陈子怡、喻宇兰、张叶婷参与了第二章的数据分析工作。第三章由沈荣耀、邵伟共同完成,第一、二节由沈荣耀执笔,第三、四节由邵伟执笔。第四章由李远刚主持完成,第一、二节由李远刚、杨晨完成,第三、四节由李远刚、闭珊珊完成。第五章由吕洁完成。本报告由贺瑛进行框架和内容体系的总体指导,最后由张绍华、曹静总纂。

感谢银联智策提供数据分析支持,感谢上海市商业联合会提供行业调研支持。特别感谢上海科学技术文献出版社对本报告出版的大力支持,感谢责任编辑的倾心付出。

# 目　录

第一章　上海商业运行状况	1
第一节　上海商业运行环境	1
第二节　上海商业宏观市场运行分析	15
第三节　上海商业企业微观经济运行分析	25
第四节　上海商业政策环境分析	50
第二章　上海商业网点发展研究	66
第一节　上海商业网点发展概况	66
第二节　上海商业中心发展评估	73
第三节　上海社区商业发展分析	91
第四节　上海商业街区发展分析	118
第三章　上海商业品牌研究	136
第一节　国潮品牌概述	136
第二节　国潮品牌发展现状	140
第三节　上海国潮品牌典型案例	144
第四节　上海市居民国潮品牌消费行为调研	158
第四章　上海商业热点分析——数据商业	181
第一节　数据商业概述	181
第二节　数据商业的实践框架	188
第三节　数据商业的产业现状	193
第四节　上海数据商业的对策与建议	204
第五章　上海商业发展展望	208
第一节　2022年上海商业发展总结	208
第二节　2023年上海商业发展趋势	212
参考文献	216

第一章　上海商业运行状况

第一节　上海商业运行环境

一、国内外宏观经济环境

(一)全球经济呈现滞胀态势

2022年,由于俄乌冲突的爆发,国际天然气等能源价格大幅度攀升,世界经济出现高通货膨胀、高债务、高利率、低需求的滞胀局面。美国经济连续两个季度下滑,发生严重滞胀,且下降势头明显;欧盟各国的食品价格和能源价格均居高不下,同时欧元区通胀率也屡创新高,意大利的经济增长出现了停滞;而部分发达国家,也开始出现企业崩溃和政治风波。新冠疫情的影响,加之俄乌战争难以在短期内结束,同时全球性通胀高企,许多国家的经济政策持续趋于紧缩,全球经济增长进而走向艰难时期。

新冠疫情对全球各个国家的商业、旅游、生产、就业、民生等均带来严重影响。美欧是新冠疫情的重灾区,在启动规模空前的财政救助和货币刺激政策之后,美欧短期内为市场注入大量流动性。超宽松的财政货币政策对美欧稳定国内经济、支持企业、增加就业等发挥了重要作用。但由于力度过大、持续时间太长等因素,这种政策对经济也带来了非正常扰动。

俄乌战争对地缘政治和经济也带来了多重影响,正在滋长新的东西方对峙格局,全球经济也进入新的重组和平衡之中。除了贸易中断、资本市场动荡之外,俄乌战争对欧洲以及全球经济最明显的冲击主要表现在能源和粮食价格的直线上升,使之成为推动全球发生通货膨胀的直接因素。

美欧等地通胀水平不断攀升,社会矛盾也明显激化。美联储从2022年3月份开始,当年共计加息7次,累计加息425个基点,最终将联邦基金利率目标区间上调到4.25%~4.50%,达到2008年国际金融危机以来的最高水平,这是自1982年以来从未有过的加息速度。[1]欧央行也一反常态,从坚持年内不加息,到7月加0.5个百分点。在美欧等世界主要央行大幅加息的同时,全球经济正不断承受着下行压力。

(二)国际主要经济体下行压力显著

美国通胀持续高位,推升美联储加息预期,经济增长前景疲弱。居住成本、食品价格和医疗保健服务价格是导致整体消费价格指数(consumer price index,CPI)上涨的主要推手。同时,货币政策、财政政策、对他国加征关税、实施经济制裁等自身因素也助推美国通胀持续高涨。这引发美联储继续激进加息,从而导致多重经济风险,包括美国实体经济下滑、海外市场遭受更猛烈外溢冲击等。

欧元区经济面临严峻挑战。俄乌冲突的爆发导致全球能源价格大幅上涨,由于对俄罗斯天然气高度依赖,欧洲经历了一场形势严峻的能源危机。在能源危机、供应链限制、通胀高企以及欧洲央行激进加息等因素的影响下,欧元区还受到来自金融领域紧缩政策的影响,欧元区经济未来陷入衰退的可能性增大。

日元持续贬值,冲击日本经济。在美欧主要央行纷纷加息的情况下,日本央行依然维持超低利率政策,利空日元汇率。日元大幅贬值进一步放大了国际商品价格暴涨对日本经济的影响,日本的普通消费者和很多中小企业也因日元贬值陷入困境。日元汇率大幅下滑、能源和原材料价格上涨等因素推升进口成本,抵消了新冠疫情影响减弱带来的出口增长,2022年日本贸易逆差高涨,创下逾40年来最高纪录。

俄罗斯经济并未如预期那样陷入崩溃,相反卢布表现坚挺,对美元汇率大幅升值。自俄乌冲突发生后,国际金融市场大幅震荡,一度出现抛售俄罗斯资产的风潮。在此背景下,俄罗斯的建筑业、农业等俄经济重要支柱性行业顶住巨大外部压力实现了增长。西方的反俄行动促使国际能源特别是天然气价格大幅上涨,但俄罗斯能源收入相比之前开始锐减,也给俄汽车工业造成沉重打击。

印度经济从新冠疫情引发的低迷中复苏,第一季度名义国内生产总值(nominal GDP)超过英国,可能成为世界第五大经济体。虽然增长趋势的积极轨迹和基本面的改善有助于抵消全球经济下行趋势的影响,但是在快速增长的背后,印度经济存在过

---

[1] 倪浩.四十年来最激进!美联储加息50基点收官2022[EB/OL].(2022-12-17)[2023-10-01].https://world.huanqiu.com/article/4Aty8q7IKXb.

度依赖政府支出,经济结构性失衡,通胀和失业抑制需求增长等问题。这些问题将阻碍着印度经济未来的发展。

(三) 2022年中国经济持重缓进

2022年,我国经济总量又跃上新台阶。全年国内生产总值达1 210 207亿元,超出市场预期,全国经济在持重缓进中迎来新篇章。按不变价格计算,比上年增长3.0%。分季度看,一季度国内生产总值同比增长4.8%,二季度增长0.4%,三季度增长3.9%,四季度增长2.9%。从环比看,四季度国内生产总值与三季度持平。[1]

从人均水平来看,2022年我国人均GDP为85 698元,比上年实际增长3%。[2] 按年平均汇率折算,达到12 741美元,连续两年保持在1.2万美元以上。从增速来看,受一些超预期因素冲击,我国经济增速为3%,未达到预期目标,但这一增长速度仍快于多数主要经济体。经济总量和人均GDP持续提高,意味着我国的综合国力、社会生产力、国际影响力、人民生活水平进一步提升,显示我国发展基础更牢、发展质量更优、发展动力更为充沛,总体而言我国经济韧性强、潜力大、空间广且长期向好的基本面没有改变。

目前国际环境仍然复杂严峻,国内经济恢复基础仍不牢固。从国际上看,全球疫情持续,产业链供应链不畅,国际能源、粮食供给比较紧张,大宗商品价格依然高位运行。从中国国内看,疫情散发多发、高温干旱少雨极端天气等超预期因素影响冲击较大,部分地区生产、投资、消费受到一定影响,市场需求不足的矛盾仍比较突出。[3]

(四) 国内消费经济贡献弱,服务业复苏较差

2022年全国社会消费品零售总额稳定在44万亿元左右,其中网上商品零售额约12万亿元。我国仍然是全球第二大消费市场和第一大网络零售市场,超大规模市场优势依然明显。全年中国居民消费价格指数上涨2.0%,涨幅较上年提高1.1个百分点;其中,食品价格由上年下降1.4%转为上涨2.8%,影响CPI上涨约0.51个百分点;非食品价格上涨1.8%,涨幅比上年扩大0.4个百分点,影响CPI上涨约1.49个百分点;工业生产者出厂价格指数(producer price index, PPI)上涨4.1%,涨幅较上年回落4.0个百分点,其中,生产资料价格上涨4.9%,涨幅较上年回落5.8个百分点,

---

[1] 数据来源:国家统计局。
[2] 数据来源:国家统计局。
[3] 国家统计局.多数指标好于上月 彰显经济发展强大韧性[N].中国信息报,2022-09-19(001)。

生活资料价格上涨1.5%,涨幅较上年扩大1.1个百分点。[1]

从拉动经济增长的动能来看,主要受疫情影响,最终消费对经济增长的贡献率明显减少;在基建投资和制造业投资增长较快的情况下,资本形成对经济增长的贡献率明显增加;虽然,四季度外贸出口同比增速已由正转负,但全年货物和服务净出口对经济增长的拉动作用依然较为强劲(图1-1)。2022年,最终消费支出拉动GDP增长1.0个百分点,对经济增长的贡献率为32.8%,较上年下降25.5个百分点,比疫情暴发前的2017—2019年平均59.5%的水平低26.7个百分点。2022年,资本形成总额拉动GDP增长1.5个百分点,对GDP增长的贡献率较上年提高30.3个百分点,高达50.1%,比2017—2019年平均37.2%的水平也高出12.9个百分点。2022年,货物和服务净出口对经济增长的贡献率为17.1%,拉动GDP增长0.5个百分点,较上年下降4.8个百分点,比2017—2019年平均3.4%的水平高出13.7个百分点。

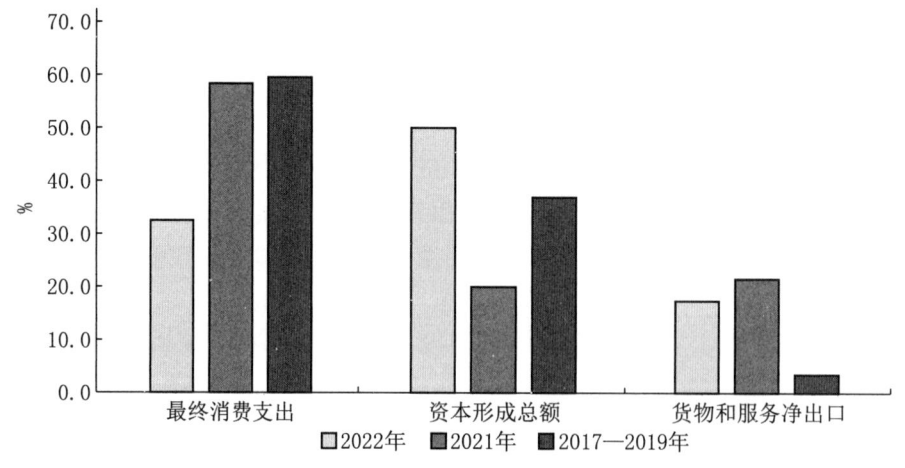

图1-1 三大需求对国内生产总值增长的贡献率

数据来源:国家统计局。

说明:2017—2019年为三年贡献率的算术平均。

从生产端看,2022年的工业经济增速回落至低于疫情前水平;服务业受疫情扰动,复苏受阻、结构分化明显。2020—2022年,全国工业增加值平均增速为5.3%,超过2019年工业增加值同比增长4.8%的水平;但2022年,全国工业增加值同比增长3.4%,比2019年低了1.4个百分点。2022年,全国服务业增加值同比增长2.3%,较GDP增速低0.7个百分点,比2020—2021年平均增速下降2.8个百分点。[2]分行业

---

[1] 数据来源:国家统计局。
[2] 数据来源:国家统计局。

看,因受疫情影响较大,在服务业全行业增加值增长2.3%的情况下,住宿和餐饮业增加值下降2.4%,交通运输、仓储和邮电通信业增加值下降0.8%,房地产业因供需两端多重不利因素影响,行业增加值下降5.1%,而金融业增加值则实现了5.6%的增长。疫情暴发以来,复苏较好的行业包括农林牧渔业、工业、金融业。然而,住宿和餐饮业、房地产业、建筑业、批发和零售业等复苏较差,其中住宿和餐饮业、房地产业在2020—2022年平均增速分别为-2.1%、-0.2%。

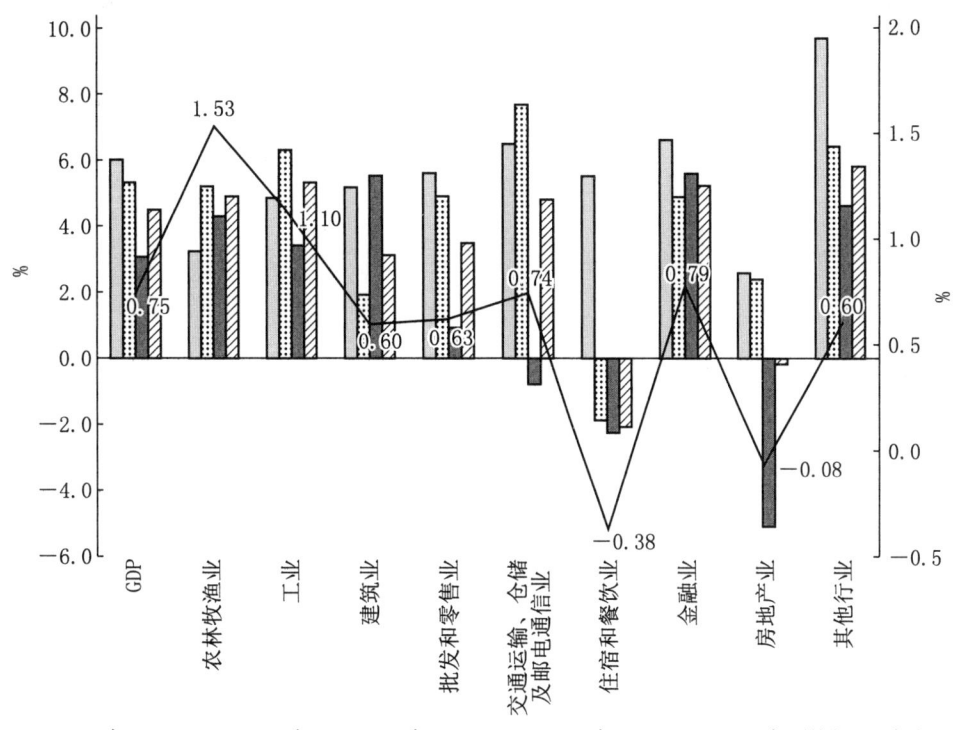

图1-2 新冠疫情以来各行业的复苏状况与2019年增加值的增速比较

二、上海经济发展态势

(一)上海经济总量继续保持全国首位

2022年,面对国内外复杂严峻经济环境和疫情冲击等超预期因素的多重挑战,上海全力统筹疫情防控和经济社会发展,加力落实稳经济各项政策举措。全年上海经济总量继续保持全国经济中心城市首位。总体来看,上海经济韧性强、潜力大、活力足,呈现"平稳开局、深度回落、快速反弹、持续恢复"的V形反转态势,具有核心功能强、经济韧性足、发展潜力大、市场活力好的特点,总体延续了回稳向好的积极趋势,保持了高质量发展的基本态势。

根据地区生产总值统一核算结果,2022年上海市实现地区生产总值44 652.80亿元。按可比价格计算,同比下降0.2%,降幅比前三季度收窄1.2个百分点。其中,第一产业增加值96.95亿元,同比下降3.5%;第二产业增加值11 458.43亿元,下降1.6%,降幅比前三季度收窄2.4个百分点;第三产业继续发挥经济增长"稳定器"作用,增加值33 097.42亿元,比上年增长0.3%,占全市生产总值的比重为74.1%,比上年提高0.4个百分点。[1]

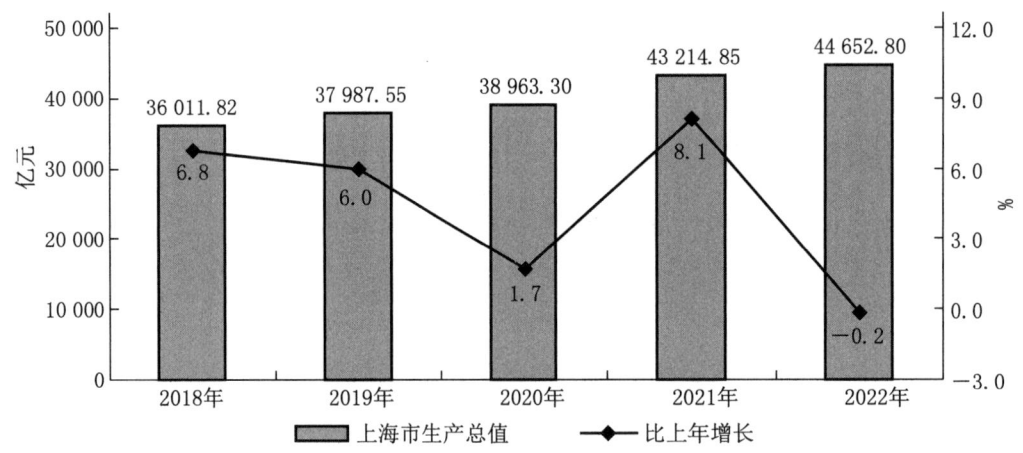

图1-3 2018—2022年上海市生产总值及其增长速度

战略性新兴产业发展成效显著。全年战略性新兴产业增加值10 641.19亿元,比上年增长8.6%,战略性新兴产业增加值占上海市生产总值的比重为23.8%(表1-1)。

表1-1 2022年战略性新兴产业增加值及其增长速度

指　　标	绝对值/亿元	比上年增长/%
战略性新兴产业增加值	10 641.19	8.6
工业战略性新兴产业增加值	3 741.92	6.6
服务业战略性新兴产业增加值	6 899.27	9.8

上海经济发展活力持续显现,外资信心有力提振,全年全市实际使用外资超过235亿美元,规模创历史新高。总部经济加快集聚,跨国公司地区总部、外资研发中

---

[1] 数据来源:上海市统计局。

心分别新增60家和25家,累计分别达到891家和531家。营商环境持续优化,2022年新设市场主体41.46万户。创新型企业加快成长,新增国家级专精特新"小巨人"243家,有效期内高新技术企业超过2.2万家。[1]

(二) 工业生产稳步恢复,服务业发展分化

全年全市实现工业增加值10 794.54亿元,比上年下降1.5%。全年完成工业总产值42 505.68亿元,下降2.2%。其中,规模以上工业总产值40 473.68亿元,下降1.1%,降幅比前三季度收窄0.4个百分点。在规模以上工业总产值中,国有控股企业总产值14 600.90亿元,增长0.4%。[2]

全年新能源、高端装备、生物、新一代信息技术、新材料、新能源汽车、节能环保、数字创意等工业战略性新兴产业完成规模以上工业总产值17 406.86亿元,比上年增长5.8%,占全市规模以上工业总产值比重达到43.0%(表1-2)。比重比上年提高2.4个百分点,比前三季度提高0.5个百分点。其中,新能源汽车产值增长56.9%,生物产值增长5.9%,新一代信息技术产值增长4.7%。[3]

表1-2 2022年工业战略性新兴产业规模以上工业总产值及其增长速度

指　　标	绝对值/亿元	比上年增长/%
工业战略性新兴产业总产值	17 406.86	5.8
♯新能源	571.48	−4.9
高端装备	2 532.10	−0.4
生物	1 727.50	5.9
新一代信息技术	5 992.03	4.7
新材料	2 998.93	−8.5
新能源汽车	2 888.25	56.9
节能环保	895.43	−10.4
数字创意	106.10	−21.4

全市服务业行业发展有所分化,金融、信息和科技服务业增势较好。2022年全市金融业增加值8 626.31亿元,同比增长5.2%;信息传输、软件和信息技术服务业增加值3 788.56亿元,增长6.2%;房地产业增加值3 619.21亿元,增长0.9%;租赁和商务服务业增加值2 894.12亿元,增长0.2%;交通运输、仓储和邮政业增加值1 914.53

---

[1] 周渊.经济运行凸显韧性　功能动能持续增强[N].文汇报,2023-01-21(004)。
[2] 数据来源:《2022年上海市国民经济和社会发展统计公报》。
[3] 数据来源:《2022年上海市国民经济和社会发展统计公报》。

亿元,下降8.1%;批发和零售业增加值5 068.50亿元,下降9.7%。1—11月,全市规模以上服务业企业营业收入42 353.58亿元,同比增长1.5%。其中,信息传输、软件和信息技术服务业,科学研究和技术服务业,卫生和社会工作企业营业收入分别增长8.1%、4.2%、11.0%。[1]

(三) 外贸进出口再创历史新高,新兴市场表现亮眼

2022年,上海货物进出口值为4.2万亿元,同比增长3.2%,规模再创历史新高,口岸贸易总额继续保持全球城市首位(图1-4)。占全国外贸份额虽降仍稳,出口起到稳定器作用。2022年,上海市进出口占全国外贸比重微降0.4个百分点至10%,仍居各省市第四位。其中,出口1.71万亿元,增长9%,拉动外贸增长3.5个百分点,占全国出口的7.1%,居各省市第五位;进口2.48万亿元,下降0.5%,占全国进口的13.7%,居各省市第三位。

2022年,上海市出台多轮助企纾困措施,海关方面也出台多批惠企便利措施,推动全年有进出口实绩的企业达到5.58万家,上升了0.8%。作为"双循环"的重要连接点和对外开放的重要平台,综保区发挥着配置两种资源,连通两个市场,促进贸易投资便利的高地作用。2022年,上海市综合保税区进出口6 801.8亿元,增长29.2%,拉动全市外贸增长3.8个百分点,且高于全市外贸总体增速26个百分点。[2]基于自身较强国际竞争力和旺盛外需,新能源等产业成为2022年上海市出口主要拉动力。其中,新能源汽车出口839.9亿元,增长130.1%;锂电池出口254.1亿元,增长360.8%;精细化学品出口627亿元,增长40.3%。集成电路、汽车等重点产业投资建设和产能放量,也拉动相关设备和中间原料进口快速增长。[3]

上海对欧盟、东盟、美国这前三大贸易伙伴的进出口均实现明显增长,新兴市场表现亮眼。随着我国与东盟经贸合作更加密切,尤其是《区域全面经济伙伴关系协定》(Regional Comprehensive Economic Partnership,RCEP)生效带来政策红利,东盟稳居上海市第二大贸易伙伴。2022年,上海市对东盟货物进出口总额5 660.1亿元,其增长达5.2%,高于全市外贸总体增速2个百分点。上海对欧盟、美国进出口总额则分别为8 259.6亿元、5 224.1亿元,进出口值保持增长,但增速低于全市外贸总体增速0.8个、0.4个百分点(表1-3)。此外,对金砖国家、中东地区进出

---

[1] 数据来源:《2022年上海市国民经济和社会发展统计公报》。
[2] 何易.4.19万亿元,上海去年外贸总额再创新高[N].文汇报,2023-01-20(002)。
[3] 何易.4.19万亿元,上海去年外贸总额再创新高[N].文汇报,2023-01-20(002)。

总额达2 683.1亿元、1 198.3亿元,分别高于全市外贸总体增速5.6个、4.6个百分点。[1]

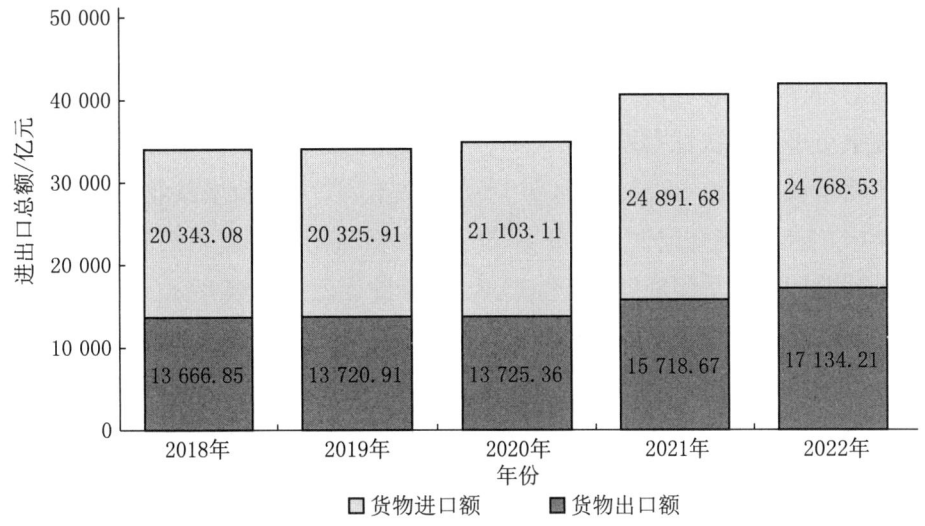

图1-4 2018—2022年上海市货物进出口总额

表1-3 2022年上海对主要国家和地区货物进出口总额及其增长速度

国家和地区	出口额/亿元	比上年增长/%	进口额/亿元	比上年增长/%
欧 盟	3 146.68	20.8	5 112.93	−6.4
美 国	3 145.15	1.9	2 078.99	4.3
东 盟	2 118.93	11.7	3 541.21	1.6
日 本	1 344.11	2.8	2 593.01	−7.7
中国香港	1 320.68	−16.9	97.70	31.7
中国台湾	880.77	13.8	1 875.81	0.5
韩 国	665.49	−2.6	1 522.34	2.0
俄罗斯	223.68	6.1	385.21	28.1

(四)居民收入保持增长,就业形势总体稳定

全年全市居民人均可支配收入79 610元,同比增长2.0%,增速比前三季度提高1.0个百分点。其中,城镇常住居民人均可支配收入84 034元,增长1.9%;农村常住居民人均可支配收入39 729元,增长3.1%;农村居民收入增速连续13年快于城镇居

---

[1] 数据来源:《2022年上海市国民经济和社会发展统计公报》。

民。兜底保障力度加大,全年全市居民人均转移净收入比上年增长8.8%。[1]

全年全市居民消费价格同比上涨2.5%,涨幅比前三季度回落0.3个百分点,稳定在年度预期目标范围内。从两大分类看,消费品价格上涨3.2%,服务价格上涨1.8%。年内及时启动社会救助和保障标准与物价上涨挂钩联动机制,向困难对象发放价格临时补贴、疫情菜价临时补贴、一次性生活补贴合计超过3亿元。

实施重点群体一次性吸纳就业补贴、困难行业企业稳就业补贴等援企稳岗政策,全年全市新增就业岗位56.35万个(图1-5),实现连续19年新增就业岗位50万个以上。至年末,全市城镇登记失业人员14.56万人,城镇调查失业率恢复至4.5%以内。全年帮助就业困难人员实现就业66 425人,新消除零就业家庭57户。就业服务业体系日趋完善。全年帮扶引领成功创业12 963人,帮助10 167名长期失业青年实现就业创业。[2]

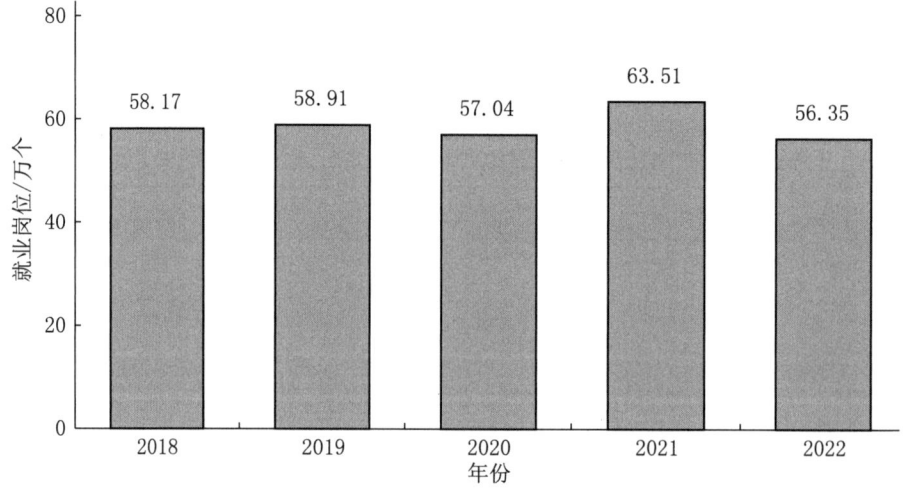

图1-5　2018—2022年上海市新增就业岗位情况

(五) 城市能级和核心竞争力不断增强

上海市集成电路、生物医药、人工智能三大先导产业加快发展,2022年全市三大先导产业制造业产值比上年增长11.1%。数字经济、绿色低碳、元宇宙、智能终端等新赛道加快布局。工业战略性新兴产业总产值同比增长5.8%,增速高于全市工业

---

[1] 数据来源:《2022年上海市国民经济和社会发展统计公报》。
[2] 上海市发展和改革委员会.关于上海市2022年国民经济和社会发展计划执行情况与2023年国民经济和社会发展计划草案的报告[N].解放日报,2023-01-18(009)。

6.9个百分点。其中,新能源汽车产值增长56.9%,生物和新一代信息技术产值分别增长5.9%和4.7%。太阳能电池、工业机器人、集成电路圆片、新能源汽车等新产品产量实现较快增长,增速分别达到1.2倍、7.1%、5.5%、56.5%。同时,新兴服务业增势良好。全市信息传输、软件和信息技术服务业增加值同比增长6.2%。

科创中心创新策源功能增强,战略科技力量建设取得新进展。3家国家实验室全部高质量"入轨运行",上海光源二期、软X射线装置等一批国家重大科技基础设施建成投运。2022年,上海全社会研发经费支出相当于全市生产总值的4.2%左右;每万人高价值发明专利拥有量达到40件左右,比上年增长17%左右。[1]

金融中心核心功能不断增强。2022年,全市金融市场成交总额2 932.98万亿元,同比增长16.8%(图1-6),增速同比提高6.4个百分点。其中,上海证券交易所有价证券、中国金融期货交易所和银行间市场成交额分别增长7.6%、12.6%和23.8%。国际再保险业务平台启动建设,"沪伦通"拓展至欧洲主要市场,数字人民币试点稳步推进,全年新增持牌金融机构50家左右。

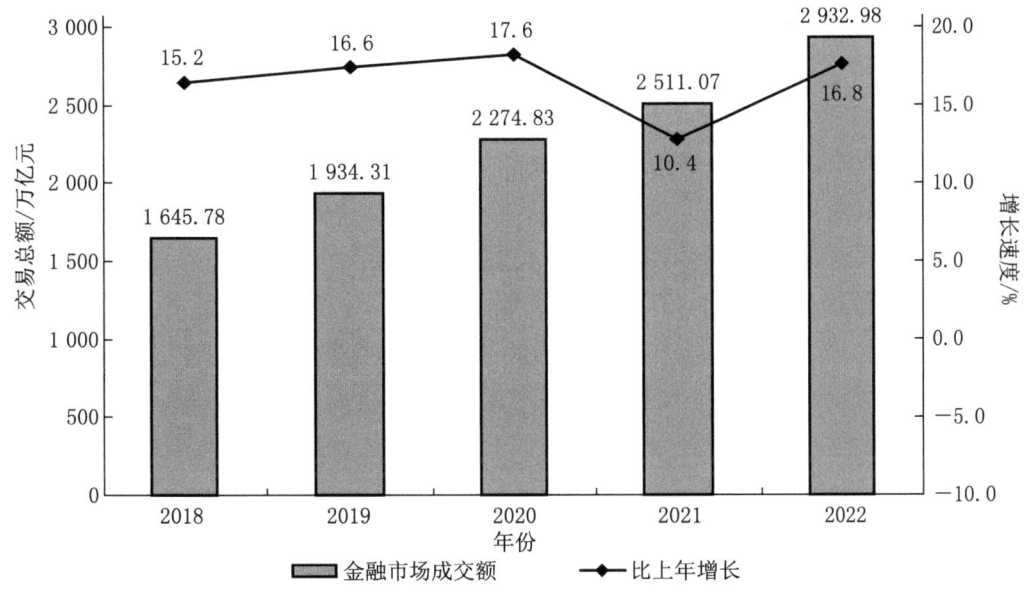

图1-6 2018—2022年上海市金融市场交易总额及其增长速度

贸易中心集聚辐射能级提升。全年上海市货物进出口总额41 902.74亿元,比上年增长3.2%。其中,进口总额24 768.53亿元,下降0.5%;出口总额17 134.21亿元,

---

[1] 上海市发展和改革委员会.关于上海市2022年国民经济和社会发展计划执行情况与2023年国民经济和社会发展计划草案的报告[N].解放日报,2023-01-18(009)。

增长9.0%。

2022年,上海口岸货物贸易进出口总额达到10.4万亿元,占全球比重提高到3.6%左右,保持世界城市首位。新型国际贸易加快发展,离岸经贸业务企业名单扩展至577家,国际分拨中心示范企业扩展至100家,支持布局海外仓数量达110个。航运中心枢纽地位巩固,2022年上海港集装箱吞吐量达到4 730.30万国际标准箱,连续13年位列全球第一。集装箱水水中转量突破2 500万标准箱,同比增长9.3%。[1]

三、上海经济发展热点

(一) 市级商圈持续扩大,新兴城区成为商业热土

2022年初,上海公示《上海市商业空间布局专项规划(2021—2035年)》草案。上海将形成"4+X+2"(4级商业中心体系、X个特色商业功能区、2个配套支撑体系)的商业空间体系,其中市级商业中心、地区级商业中心的数量将分别达到29个、45个。目前,上海市共有19个市级商圈,远期规划10个市级商圈。

据赢商网统计,2022年已开业和未来两年筹开业的416个项目(含独立百货),286个项目在商圈内,其中163个项目位于市级商圈(含远期),占总体的39.18%,市级商圈的购物中心更加集中。在市级商圈中,南京东路、南京西路、淮海中路、小陆家嘴—张杨路商圈处于领先地位。尤其是奢侈品牌云集的南京西路商圈,在集结了上海恒隆广场、中信泰富广场、金鹰国际购物广场、静安嘉里中心、兴业太古汇等高端商业后,又于2022年迎来锦沧文华广场JC PLAZA、张园西区的亮相,为静安、浦东两区之间的"奢侈品版图之争"增添新的筹码。另一方面,MOHO的开业,预示着南京西路高端商务商业聚集地的最后一道闭环将被完成,周边处于筹备期的多个商业项目,某种程度上显示上海市中心商圈的细分化与增加。

在远郊地区方面,随着嘉定新城、奉贤新城、青浦新城、松江新城、南汇新城五大新城概念落地,上海市级商业中心外拓明显。2022年,上海天空万科广场、金汇天街、奉贤天街开业,再次证明新兴城区已成为增量商业抢夺的热土。

(二) 对外直接投资稳中有进,实际使用外资再创新高

2022年上海市备案对外直接投资项目658个;对外直接投资中方投资额86.2亿

---

[1] 数据来源:《2022年上海市国民经济和社会发展统计公报》。

美元,下降56.1%。新签对外承包工程合同金额91.6亿美元,增长15.5%;完成营业额93.8亿美元,下降9.6%。累计派出各类劳务人员20 648人次,下降32.5%。2022年,上海企业在"一带一路"沿线国家对外直接投资中方投资额达到153亿美元,把占全市对外直接投资比重提高至17.4%。

上海市是中国的经济重镇,也是吸引外资的主要城市之一。2022年全市新设外商投资企业4 352家,比上年下降35.1%;合同金额402.26亿美元,下降33.4%。全年实际使用外资金额为239.56亿美元,比上年同期增长0.4%,再次创下了新高。其中,制造业外商直接投资实际到位金额8.75亿美元,下降9.3%,占全市实际利用外资比重为3.7%;第三产业实际使用外资230.73亿美元,增长1%,占上海市实际使用外资总额的96.3%。至年末,在上海投资的国家和地区达192个,上海市累计认定跨国公司地区总部891家、外资研发中心531家。[1]此外,2022年上海新增跨国公司地区总部60家、外资研发中心25家,持续总部的资源集聚和辐射作用发挥。

(三)开启世界设计之都建设,推进时尚消费品产业发展

2022年2月17日,上海建设世界一流"设计之都"推进大会召开,并发布《上海建设世界一流"设计之都"的若干意见》。进入新发展阶段,上海对标全球顶尖城市,加强创意设计产业与国家战略对接、与城市发展相融,提升产业能级,加快打造"设计创新型城市"上海模式。2022年9月15—18日,以"设计无界,相融共生"为主题的首届世界设计之都大会在上海成功举办,大会汇聚全球设计资源,线下线上结合,海内海外联动,体现国际化、专业化、市场化。大会共举办1场开幕式、国际设计百人和全球设计之都2场峰会、上海主场和海外巴黎2场展览、50余场高峰论坛和设计活动,近500位国内外嘉宾发表演讲,外宾占比近40%。大会发布《设计之都(上海)倡议》,成立上海国际设计百人智库,揭晓首届"前沿设计创新奖",发布一批创意设计产业项目,首发首秀50+设计新品,打造原创设计首发和产业转化高地。开设元宇宙线上会场,全城精选20余场特色设计活动,营造活跃氛围。

2022年,时尚消费品产业首次纳入上海"十四五"规划重点产业范畴,同时,《上海市时尚消费品产业高质量发展行动计划(2022—2025年)》提出了"科技研发新策源、数字制造新赋能、品牌建设新引领、产业载体新布局、消费场景新融合"等十大行

---

[1] 数据来源:上海市统计局。

动,力争在2025年时尚消费品产业规模达到5 200亿元,上海成为时尚出品地、潮流集聚地、创新策源地、消费引领地。同时将进一步加强"1+9""时尚星云"产业布局,目前已有东方美谷·美妆特色产业园区、新食尚都市产业园获评市级特色产业园区,为上海时尚消费品产业未来创新发展提供新的指引。

(四)"三大任务"全面落实,"三大平台"加快打造

2022年,上海全面落实"三大任务"。自贸试验区临港新片区建设跑出加速度,制度创新取得重要成果,以"五自由一便利"(贸易自由、投资自由、资金自由、运输自由、人员从业自由、信息的快捷联通)为核心的制度开放体系基本形成,规模以上工业总产值、固定资产投资总额分别比上年增长30.5%和31.1%。"浦江之光"科创企业新版政策库不断健全,截至2022年底,科创板上海上市公司78家,累计首发募资额和总市值均列全国首位。长三角一体化发展驶入快车道,科技创新共同体实施联合攻关计划,一批重点合作事项和重大项目加快落地。

在"三大平台"方面,进口博览会释放溢出带动效应。第五届中国国际进口博览会首次搭建"数字进博"平台,成交持续增长,按一年计意向成交金额735.2亿美元,比上届增长3.9%。长三角生态绿色一体化发展示范区累计形成112项制度创新成果,"水乡客厅"等重大项目加快建设。虹桥国际开放枢纽建设总体方案全面落实,总部型经济、开放型经济、在线新经济等加快发展壮大。[1]

(五)引领示范"新赛道",打造数字经济发展高地

据《中国城市数字经济发展报告2022》显示,北京、上海、深圳列数字经济竞争力指数前三位。上海作为数字经济发展的综合引领型城市,要打造具有全球影响力的数字经济发展高地。2022年11月,据《全球科技创新中心发展指数2022》报告显示,上海位列全球城市科技创新发展水平第10,跻身全球科技创新中心第一方阵,创新创业活力强劲。

上海市聚力推进城市数字化转型,加快建设具有世界影响力的国际数字之都。2022年,上海共揭牌8个市级数字化转型示范区,加快25个数字生活标杆场景建设,打造40家智能工厂,设立上海数据交易所数字资产板块,推进5G创新应用869项,新建5G室外基站1.3万个。至年末,5G用户数达1 523.88万户,比上年末增加

---

[1] 周渊.经济运行凸显韧性 功能动能持续增强[N].文汇报,2023-01-21(004)。

495.47万户。以"两张网"建设为抓手推进治理数字化,"一网通办"总门户已接入3 600项服务事项。全年日均办事29万件,实际网办率达84.01%,实际全程网办率达72.08%,分别比上年提升6.98个和2.78个百分点。

上海坚持整体性转变、全方位赋能、革命性重塑,率先应用新技术、转换新动能、探索新经验,奋力抢占未来发展制高点。2022年7月,上海发布三大"新赛道"产业行动方案,意在发力绿色低碳、元宇宙、智能终端三大产业发展新赛道。这三条新赛道是上海"3+6"新型产业体系未来的发展方向和增长动能,不断丰富和拓展上海产业发展内涵。上海分别针对绿色低碳、元宇宙、智能终端产业三条新赛道制定了行动方案。

第二节 上海商业宏观市场运行分析

一、 上海商业市场总体发展概况

2022年,受全球经济衰退、疫情反复和外贸骤减等多重因素的影响,上海商业市场无论是在供给端还是需求端都受到了一定的压力,但这些情况并未阻止上海商业前进的步伐,上海商业市场依然呈现出坚韧的底色。第五届中国国际进口博览会、第三届上海"五五购物节"如期举办,上海消费市场正在逐步回暖,展现出新的生机和活力。

(一) 上海社会消费品零售总额继续保持全国城市首位,非公有制经济是主体

2022年上海实现社会消费品零售总额16 442.14亿元,比上年下降9.1%,但依然居于全国主要城市首位,比排名第二位的重庆高出了2 542.14亿元,比排名第三位的北京高出了2 647.94亿元,依然保持着中国消费第一城的地位。2022年上海社会消费品零售总额增速呈前低后高的走势。第二季度受疫情影响社会消费品零售总额快速下降,6月份封控解除后快速反弹,第三季度开始缓慢上升,11月份达到全年最高(图1-7)。其中批发零售业实现15 312.60亿元,占比93.13%,依然是社会消费品零售总额的主体,起着链接生产和消费、满足人民对美好生活向往的作用;住宿餐饮业实现1 129.54亿元,占比6.87%,受疫情影响大幅下滑,甚至低于2020年。

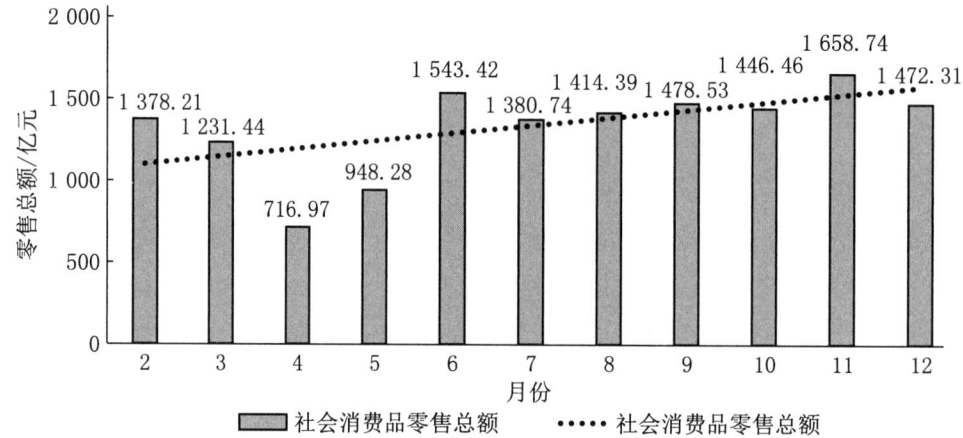

图 1-7　2022 年上海市社会消费品零售总额月度变化

数据来源：上海市统计局。

在所有的经济类型中，港澳台商投资企业 4 889.10 亿元，占比最大，达 29.74%；外商投资企业 3 597.22 亿元，占比 21.88%；这两种类型企业受疫情影响较小，下降 6.90%。其次是私营企业 3 340.73 亿元，占比 20.32%，下降 12.50%。三者占比接近 72.00%，相比 2020 年有所提升，表明上海消费市场中非公有制经济是主体且呈上升趋势。

（二）人均可支配收入位居全国首位，人均消费支出略微下滑

2022 年全市居民人均可支配收入 79 610 元，比上年增长 2.0%（图 1-8）。其中，城镇常住居民人均可支配收入 84 034 元，增长 1.9%；农村常住居民人均可支配收入 39 729 元，增长 3.1%。在全国所有城市中依然居于榜首，高于北京市居民人均可支配收入 2.8 个百分点，连续 10 年位居第一，为上海国际消费城市的建设提供了有力支撑。[1] 全市居民消费价格较上年上涨幅度不大，仅为 2.5%，其中服务价格上涨了 1.8%，消费品价格上涨了 3.2%。在所有商品和服务中，食品烟酒价格上涨幅度最大，达 4.5%；其次是交通和通信，为 4.4%；教育文化和娱乐 3.5%；而衣着类却下降了 1%，畜肉类下降了 1.7%，粮食在 12 月份也较上月下降了 0.3%。物价的稳定为居民生活的有序恢复提供了坚强保障。

---

[1] 数据来源：《2022 年上海市国民经济和社会发展统计公报》。

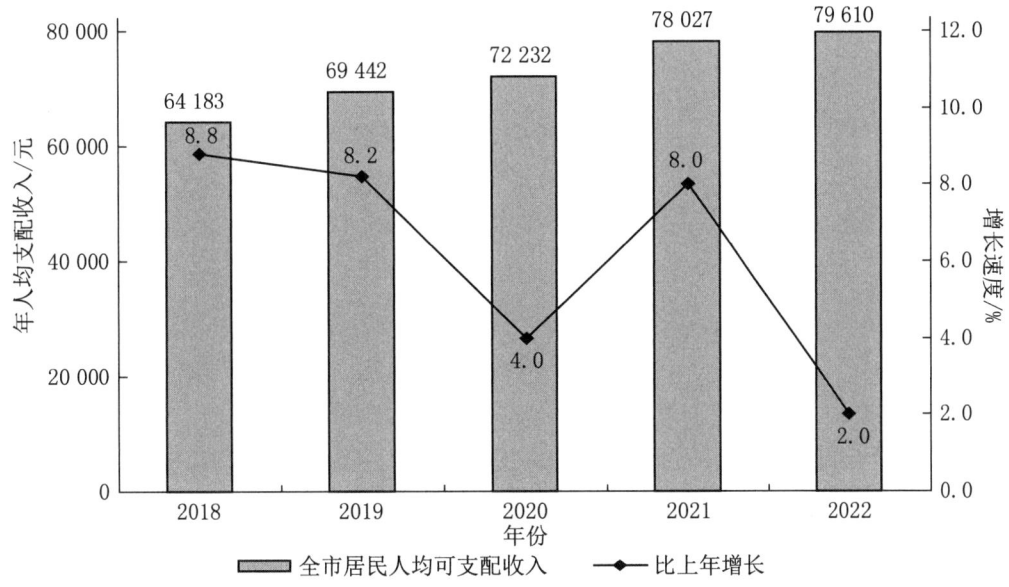

图1-8 2018—2022年上海市人均可支配收入及其增长速度

受疫情等多重因素的影响,全市居民人均消费支出46 045元,比上年下降5.8%。其中,城镇常住居民人均消费支出48 111元,下降6.2%;农村常住居民人均消费支出27 430元,增长0.8%。[1]上海市的居民人均消费支出比第一名的杭州仅低595元,随着生产生活活动的全面稳定和回归,预计2023年上海将重回首位。

(三) 网络购物交易额持续上涨,直播电商规模居全国首位

2022年上海市实现电子商务交易额3.33万亿元,比上年增长2.7%。其中,B2B(企业与企业之间)交易额2万亿元,占比60%,较上年增长3.7%;网络购物交易额1.33万亿元,占比40%,较上年增长1.3%,远高于社会消费品零售总额的增速。网络购物交易额中,商品类网络购物交易额8 359.80亿元,增长6.8%;服务类网络购物交易额4 971.80亿元,下降6.8%。[2]上海口岸出口跨境电商发展迅猛,依托上海丰富的航线资源和优越的营商环境,以主动适应跨境电商产业模式为目标,打造安全、高效、快捷的跨境电商渠道,上海全年出口申报达1.52亿票,同比增长58%,申报总量跃居全国口岸第三位;出口金额达389.10亿元,同比增长2.8倍,助力"中国制造"驶

---

[1] 数据来源:《2022年上海市国民经济和社会发展统计公报》。
[2] 数据来源:《2022年上海市国民经济和社会发展统计公报》。

上出口"快车道"。[1]

根据第三方机构测算,2022年上海直播电商交易额2066亿元,占全国总量的11.8%,居全国城市首位。[2]上海在消费的新模式、新业态、新场景等方面展现出强大的韧性,新消费活力十足,直播经济尤为明显。依托长三角的供应链优势和中国最大的消费城市,直播电商为上海提升数字消费力提供了有效支撑,行业正在由高速发展向高质量发展跨越,为消费者提供了丰富多样的体验,为上海商业市场的繁荣注入了强大活力。

(四)消费中用的商品依然是主力,新能源汽车消费呈快速上升趋势

在2022年社会消费品零售总额的构成中,从商品类别来看,用的商品占比达到53.4%,为最高,远超过穿、吃、烧商品的22.3%、21.4%和3%,这四个类别分别下降了4.4%、2.6%、1.7%和0.4%。这表明即使受疫情影响,但随着生活品质的提高,居民对用的商品需求依然是最大的。

在所有商品消费中增长最快的是新能源汽车,达到了59.4%,成为拉动消费的一个重要引擎;其次是体育娱乐用品、粮油食品和饮料,分别上升了4.7%、3.2%和1.9%。2022年,上海的汽车消费呈现出了强大的爆发力,乘用车销量73.96万辆(图1-9),全国城市排名第一,同比增长0.74%;新能源汽车销量33.48万辆,全国城市排名第一,同比增长37.1%,比排名第二的杭州的21.32万辆多了57.04%(图1-10)。新能源汽车销量渗透率45.3%,全国城市排名第一,较2021年提升12个百分点。从价格区间来看,10万~20万元依然占比最高,达到38.7%,其次是20万~30万元和30万~40万元,分别是24.5%、18.3%。但按照普遍认可的30万元以上为高端车的标准,上海30万~50万元高端车的市场份额已达到28.4%,比主流合资品牌主导的20万~30万元的份额还高,上海汽车消费市场已成为包括主流品牌、高端品牌、新能源品牌在内几乎所有汽车品牌的重点市场[3],上海消费市场既开放又务实的特征在车市显得尤为明显,有质、有量,对全国其他市场具有极强的典型示范效应。

---

[1] 浦东发布.同比增长58%!2022年上海口岸跨境电商出口申报总量跃居全国第三位[EB/OL].(2023-02-06)[2023-10-01].https://baijiahao.baidu.com/s?id=1757008084212526716&wfr=spider&for=pc.

[2] 姜煜.2022年上海"直播零售额"居中国城市首位[EB/OL].(2023-07-05)[2023-10-01].https://baijiahao.baidu.com/s?id=1770567089456956869&wfr=spider&for=pc.

[3] 童济仁汽车评论.2022年少卖两个月车,上海车市凭什么还能拿下三个"中国第一"[EB/OL].(2023-02-03)[2023-10-01].https://baijiahao.baidu.com/s?id=1756797279120436292&wfr=spider&for=pc.

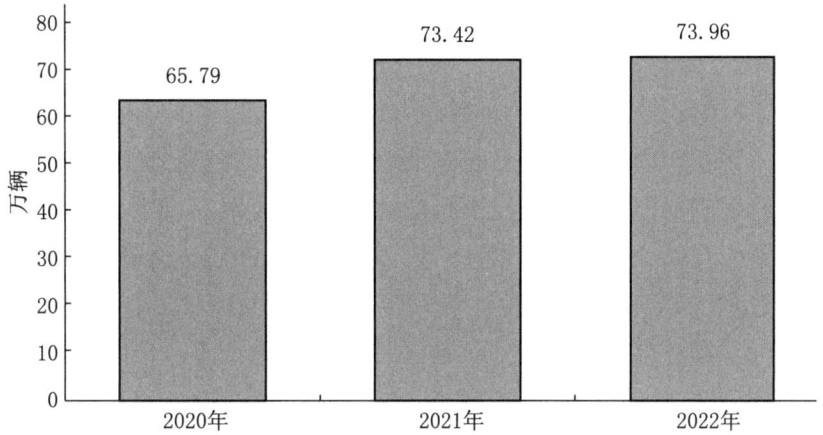

图 1-9　2020—2022 年上海市场乘用车销量

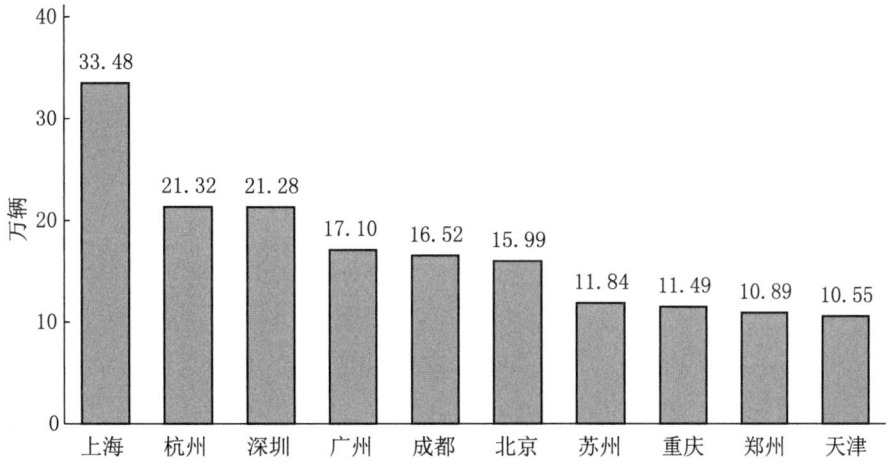

图 1-10　2022 年中国城市新能源汽车销量

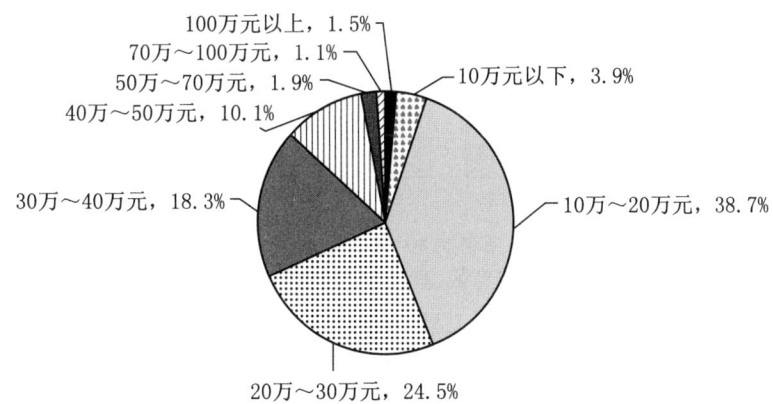

图 1-11　2022 年上海市场各价格段分布区间

(五) 加快国际时尚之都建设,稳居中国奢侈品心脏地位

为加快上海国际消费中心城市的建设,助力上海建成国际时尚之都,提升中国时尚产业水平,上海将时尚消费品产业首次纳入上海"十四五"规划重点产业范畴,出台了《上海市时尚消费品产业高质量发展行动计划(2022—2025年)》,目标是到2025年实现产业规模超5200亿元,年均增速5%。事实上,上海已成为全球顶奢必争之地,奢侈品消费氛围全国第一。从顶奢品牌门店数量上看,全国购物中心门店共有260余家(以"箱包"品类头部品牌为观察对象,且门店统计范围不含美妆香化独立店),上海以近50家领跑全国,占比接近20%,其中包括5家爱马仕(HERMÈS),远超北京3家、成都1家,爱马仕指数无可撼动。奢侈品门店最多的是浦东新区,然后是静安区和徐汇区;目前已形成了8个奢侈品商圈,多于国内其他城市(北京有6个,成都有4个);排名前三的商圈分别是南京西路商圈、陆家嘴商圈和前滩商圈。上海还拥有全国最多的奢侈品品牌总部,主要集聚在恒隆,逐步外溢到南京西路、嘉里中心、会德丰等,已成为时尚和奢侈品行业从业者的集散地。上海同时也是奢侈品从欧美运至中国内地的中转站——商品先从欧美运到上海外高桥保税区,再从上海发往全国各个城市。[1]

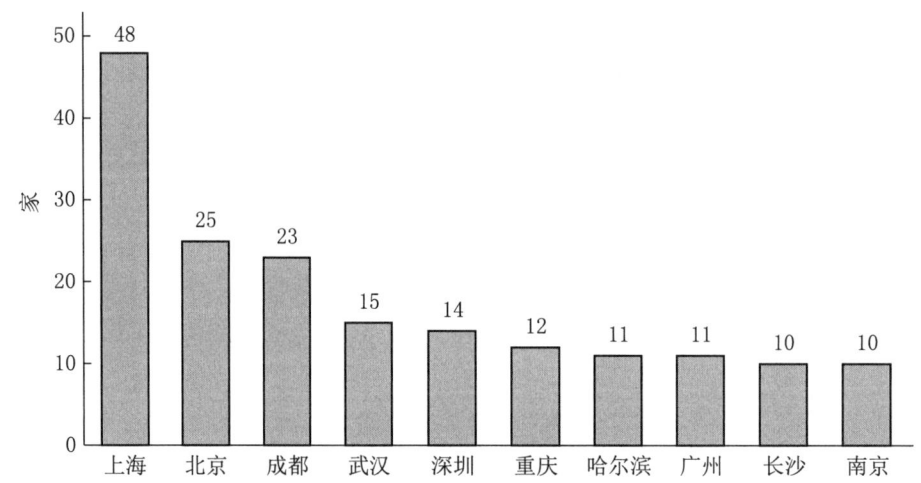

图1-12 城市顶奢购物中心门店数量中国前10名
(不包括香港特区、澳门特区和台湾地区数据)

数据来源:赢商大数据(截至2022年10月)。

---

[1] 愚完.6大顶奢"独宠"上海:恒隆最多,IFC排面最全[EB/OL].(2022-11-14)[2023-10-01]. http://news.sohu.com/a/605794315_121123902。

据相关统计,2022年中国人境内奢侈品消费总额同比2021年下滑15%,最终实现5 475亿人民币,在中国人境内境外奢侈品消费总额中的占比为57%,在全球奢侈品市场占比为22%。在国际奢侈品品牌中国境内线下交易额下降31%的情况下,中国境内的线上交易却达到了31%的高速增长,突破2 200亿人民币。线上交易占比达到破纪录的40%。基于抖音的内容运营、基于小程序的活动策划和基于社交软件的圈层营销是国际奢侈品牌线上业务的三大亮点。[1]上海作为全国中产阶级最为集聚的城市,拥有中国数量最多的高净值人群,他们是顶奢品牌的主要目标顾客。同时,报告显示,中国90后的消费者正在成为奢侈品的中坚力量,贡献了46%的市场份额,预计到2025年25岁以下的消费者在奢侈品市场的占比将达到60%~70%。[2]上海作为中国高知、高学历年轻人群数量最多的城市之一,历来对新品和奢侈品接受度较高,也是奢侈品跨境交易的主要人群的聚集地。

二、 上海商业市场发展趋势

(一) 区域型购物中心成为主流,存量改造是主体

2022年上海商业地产存量达2 665.6万平方米。受疫情影响,一部分预计在2022年入市的项目暂缓开业,全年来看,新增商业体量仍有71万平方米,但增速减缓,面积较2021年减少190.6万平方米。新开购物中心10家(商业体量3万平方米及以上)全部集中在下半年,分别是:万科天空城、古北ART LIVING艺术生活家商业街区、东虹桥中心、龙湖上海金汇天街、MOHO、苏河湾万象天地、山钢和润旭辉里、龙湖奉贤天街、hubo by THE HUB(虹桥TOD地下枢纽商业)、上海金融街购物中心。[3]在这10家购物中心中10万平方米以上的3家,占新开建筑面积的50.0%;5万~10万平方米的购物中心为4家,占新开建筑面积的36.9%;3万~5万平方米的购物中心为3家,占新开建筑面积的13.1%。其中主要以区域型购物中心为主导,如内环的MOHO,外环的龙湖奉贤天街、万科天空城等。

---

[1] 吴卫群.去年,中国让出全球第一大奢侈品消费市场的位置,今年行情会怎样?[EB/OL].(2023-02-14)[2023-10-01].https://export.shobserver.com/baijiahao/html/582827.html。
[2] 唐飞.奢侈品"盯上"中国年轻人:越涨价越大卖[EB/OL].(2023-07-19)[2023-10-01].https://baijiahao.baidu.com/s?id=1771814735772237403&wfr=spider&for=pc。
[3] 上海购物中心协会.上海购物中心2022—2023年度发展报告[EB/OL].(2023-03-14)[2023-10-01].https://mp.weixin.qq.com/s/VmLn5zmGTHSdcWZua7vvrA。

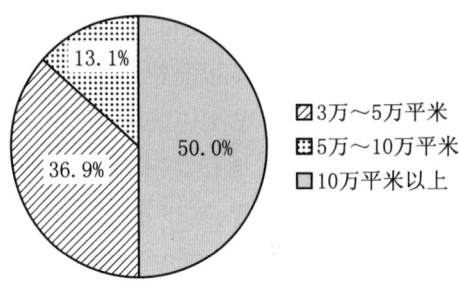

图 1-13 2022 年上海市新开购物中心
不同面积比例

2022年上海存量改造项目总体量达66.1万平方米,共10家。主要是百货商业、购物中心以及卖场在商业业态、消费体验和空间设计上的升级改造。淮海路也将进入商业业态升级,主要是针对存量淮海中路500米区段中的商业薄弱点进行高密度改造提升,从瑞金路到雁荡路的500多米区间内,将先后有5个项目密集改造,平均每100米就有一个项目焕新。以淮海中路为轴,从西至东将分别设置海派风尚集、品质生活坊、复兴艺文聚落以及全时弄潮街四大主题片区,在"高雅时尚"的整体定位基础上转型升级,总体新建和调整的项目面积接近40万平方米,进一步把淮海中路商圈打造成为"人文关怀有温度、建设标准有高度、文化传承有厚度的世界级商圈"。[1]

(二)体验式、个性化和可持续消费受到青睐

2022年,上海消费者追求生活品质的消费理念依然在持续,呈现出较强的惯性。他们对商品品质有了更高的要求,注重切身体验感。在消费者购买运动品牌时,除了购买高品质的商品本身外,还希望得到专业的课程培训。例如,在购买露露乐蒙(lululemon)时要求体验瑜伽课,在实实在在的运动中感受商品的舒适度;在购买耐克(Nike)、阿迪达斯(Adidas)等运动品牌时要求按照需求进行定制,参与跑步、篮球等活动。类似"围炉煮茶"、主题市集、露营微度假、微电影微剧场、智创电玩、新能源车联销等既有中式消费又有时尚体验的跨界业态更受消费者青睐。[2]随着数字化在实体商业的运用越来越普及,运用数字化技术进行运营创新,营造新场景,将成为主要的竞争手段和制胜法宝。"元宇宙"技术的开发运用,将现实场景与虚拟场景有机

---

[1] 张钰芸.“世界级商街”进入密集改造提升期:未来两年内,淮海中路500米区间迎多个重磅项目[EB/OL].(2022-11-23)[2023-10-01].https://baijiahao.baidu.com/s?id=1750271757411946026&wfr=spider&for=pc.

[2] 张仲超.上海购物中心2022/2023年度发展报告发布[EB/OL].(2023-03-15)[2023-10-01].https://www.zgswcn.com/article/202303/20230315170719l172.html.

融合,让人们得到前所未有的情感享受,将是实体零售聚客增流的重要内容。

个性化和差异化依然是上海年青一代的追求。上海年轻人不再仅仅是爱马仕(Hermès)、香奈儿(CHANEL)、迪奥(Dior)等大牌香水的忠实用户,2022年上海年轻客群开始倾向于通过购买小众香水来彰显个性,表达自我。高端小众国际香水业态开始加大布局上海市场,全年新进入中国市场的小众品牌中有60%的首店选择在上海。例如,美国新锐香水品牌Boy smells入驻上海芮欧百货,拥有上百年历史的法国品牌Trudon入驻新天地,等等。小众香水近三年的融资规模占近十年的六成以上。其中,高端本土香水也开始引起资本关注。2022年9月,闻献(DOCUMENTS)获得由凯辉基金和欧莱雅投资的数千万元融资。小众香水的涌现反映了不断升级的消费个性化趋势,小众香水给上海年轻人提供了更多表达自我的选择。[1]随着生活条件的提高,越来越多的市民对各类特色美食的兴趣越来越浓,饮食用餐的习惯发生了变化,在外聚餐用餐的比例持续增加,不断推升购物中心的餐饮业态的比重,一些传统老字号餐饮创新升级,集文化艺术、健身健美、娱乐潮玩于一体的复合型餐饮更受"Z世代"的欢迎。[2]从品牌端的展示空间中不难看出,无论是运动品牌、快消品牌还是一线奢侈品,均通过新思路与新科技展现未来零售行业内可持续发展的趋势。例如,法国奢侈品巨头开云集团以"蓝天苍穹"为主题践行可持续发展方面的核心理念;日本快消品牌优衣库打造"Life Park明日乐境"沉浸式公园空间,打造科技、时尚、品质、可持续四大展区;国际著名运动品牌携手蚂蚁森林发起"耐克旧鞋新生"的小程序,经过技术加工将旧鞋变为环保球场;等等。[3]高端化、智能化、绿色化正成为上海商业转型的方向之一。

(三)新型电商平台崛起,打造中国电商"第三极"

中国的电商行业从双寡头时代、三巨头时代到直播电商、内容电商时代,电商行业的市场集中度不断下降。特别是近几年,一批新型电商平台强势登场,从以直播带来"流量之威"的抖音电商,到屡屡占据热搜以关键意义领袖(Key Opinion Leader,KOL)种草起家的小红书,以及刚刚宣布开源、主攻商品智能开发的梦饷科技等的快速发展,都对传统电商造成了巨大挤压。

---

[1] 百度文库(https://wenku.baidu.com/view/f915454b51d380eb6294dd88d0d233d4b14e3f89.html?_wkts_=1691157601267&bdQuery=上海2022年商业项目年终分析)。

[2] 百度文库(https://wenku.baidu.com/view/f915454b51d380eb6294dd88d0d233d4b14e3f89.html?_wkts_=1691157601267&bdQuery=上海2022年商业项目年终分析)。

[3] 陈云九.戴德梁行"戴"你看2022全年前沿商业热点及2023上海零售商业市场三大趋势[EB/OL].(2023-01-20)[2023-10-01].https://zhuanlan.zhihu.com/p/599619954。

2022年抖音电商商品交易总额（Gross Merchandise Volume，GMV）达到1.41万亿元，同比增长76%，增速超预期的主要原因在于下半年以来抖音电商中货架电商的崛起，2022年第四季度至2023年第一季度，抖音货架电商（含商城、搜索、橱窗）GMV占比接近30%，相比上年上半年有明显增长，货架电商打开了抖音电商增长空间。[1]小红书注册用户3亿多人，月活突破1亿人，主要用户为一线城市及新一线城市追求精致生活的群体，平均带货转化率为21.4%，远高于其他主流平台。用户年龄集中在18至34岁之间，以女性用户为主，占比70%左右，主要是分布在一线和新一线城市的都市白领、职场精英。"年轻""女性化""有钱"是该平台用户的三大标签。2022年小红书男性用户占比从20%上升到30%左右。梦饷科技通过多元化形式降低商品分发门槛、降低商家生产"爆款"的门槛，借助超百万店主的"鱼群爆发力"，已累计为2万多家海内外品牌销售了超7亿件商品。在"超级品牌日"活动中，斯凯奇上线10分钟内销售额突破100万元，最终销售额突破3 300万元，创下行业新纪录；阿芙"超级品牌日"27万件精油售罄，覆盖超过11万的用户，同比上年增长300%；国民童装品牌巴拉巴拉"超级品牌日"销售破1 600万元，品牌斩获新用户超30万人。梦饷科技通过持续在供应链、产品系统、运营服务三个维度赋能下游流量主，让更多品牌和商品有机会通过这个"个性化电商平台"，低成本获取全域流量，拉动销量爆发的同时，实现"品销一体"。[2]短视频、直播电商、潮流电商等这些具有新模式、新面孔、新玩法的新型电商正在上海这片开放与包容的土壤中迅速崛起，依托长三角的强大经济支撑和人才供给优势，叠加上海在互联网政策上的有力支持和优越的营商环境，上海正在成为中国电商发展的"第三极"。

（四）首店能级更高，消费地标显示度更亮

新品首发的数量和质量是衡量城市消费能级的重要指标。2022年，上海新增各类首店1 073家，规模和质量蝉联全国城市首位[3]，其中上海城市级首店已近百家。从品牌能级层面来看，上海仍是奢侈品牌开设各种高能级首店的首选城市。2022年11月，路易威登（LV）首次在中国上海开设单独的家居空间。从业态层面来看，不少国内外设计师品牌在上海落地实体店，如独立设计师张娜打造的"再造衣银行"、独立

---

[1] 中信建投证券.电商行业2022年综述及2023年展望：雨后云初霁，复苏终有时[EB/OL].（2023-04-11）[2023-10-01].https://baijiahao.baidu.com/s?id=1762837053974277169&wfr=spider&for=pc.

[2] 唐玮婕.上海成为中国电商"第三极"？坐看新型平台撑起逆袭之路[EB/OL].（2023-06-14）[2023-10-01].https://baijiahao.baidu.com/s?id=1768668636230929274&wfr=spider&for=pc.

[3] 钱鑫.拿出"真金白银"激发消费市场，打造国际消费中心城市有了"上海路径"[EB/OL].（2023-06-07）[2023-10-01].https://www.163.com/dy/article/I6LHH53T0514A42S.html.

设计师品牌SHUSHU/TONG等;户外品牌继续深入中国市场,知名餐饮品牌开始着力拓展副品牌,如呷哺集团全新品牌"趁烧"欢乐烧肉等。从选址层面来看,商场依旧是大部分品牌首选,但具有历史感的建筑和城市热门地标马路也逐渐受到品牌青睐。[1]

2022年,上海提升了7个上海全球新品首发地示范区能级,建设了15个地标性夜生活集聚区,发布商业空间布局规划。以徐汇区为例,基于海派文化底色和本土品牌集聚基础,依托历史建筑等特质空间,徐汇衡复致力于率先打造以本土国潮为主要商业内容、以街区商业为特色形态的全新商业范式。静安区、徐汇区、嘉定区入选国家级一刻钟便民生活圈试点,建成华山·263老字号品牌馆(一期),上海前滩太古里吸引了超过50个奢侈品牌首次亮相浦东,并在上海疫情解封之后成为中心城区首个重启营业的商业综合体。培育认定首批12家直播电商基地,黄浦豫园商圈、BFC外滩金融中心成为商务部首批全国示范智慧商圈、全国示范智慧商店。根据2022年网络新消费品牌榜单,在全国前500的网络新消费品牌中,上海的数量占比达到了1/5,而且上海前50的平均线上年销售额3.2亿元,平均整体年销售额5.4亿元。有10个品牌销售过10亿元。专利创新显著,64%的品牌拥有专利。[2]

第三节 上海商业企业微观经济运行分析

2022年,上海商业企业因新冠疫情受到严重冲击,一方面,很多线下商业企业因客流减少而被迫关门倒闭;另一方面,新兴的消费需求不断出现,新模式、新业态、新场景不断涌现,以创新为切入口,很多商业企业获得了超常的发展机会。数字化、个性化和可持续已成为行业发展的共识,那些能够为消费者提供良好的顾客体验和服务的企业将拥有更大的竞争力。

一、潮流网购社区——得物

(一)平台介绍

得物(PORIZON)2015年诞生于国际时尚之都——上海,是上海识装信息科技

---

[1] 戴小西.2022上海高能级首店盘点[EB/OL].(2022-12-09)[2023-10-01].https://zhuanlan.zhihu.com/p/590443600?utm_id=0。

[2] 姜煜.2022年上海网络新消费品牌TOP50揭晓[EB/OL].(2023-07-05)[2023-10-01].http://www.sh.chinanews.com.cn/bdrd/2023-07-05/113714.shtml。

公司旗下的新一代潮流网购社区,旗下主要产品得物App集成了全球领先的正品潮流电商和潮流生活社区,服务3亿多中国年轻用户。平台以销售各类新、潮、酷、炫商品为主,涵盖潮鞋、潮服、潮玩、潮搭及3C数码、家居家电等。受到了上海时尚潮流以及兼容并蓄的海派氛围的影响,得物App源源不断地为用户们带来前沿化、个性化的超流新品,深受时尚达人们的喜爱,如今已成为众多一线大牌和潮流品牌发售和运营的首选平台,一跃成为潮流与社交兼具的头部购物平台。

得物App在传统电商模式的基础上增加了鉴别真假与查验瑕疵的服务,开创性地推出了"先鉴别,后发货"的购物流程,通过对商品全面的查验鉴别,为用户提供"多重鉴别,正品保障"的全新网购体验,对电商货品实现了"强中心化的平台监管"机制,让年轻人的线上消费体验更加美好。作为年轻人的潮流生活社区,得物App聚集了一批热爱球鞋、潮品穿搭和潮流文化的爱好者,成为年轻社群日常生活的承载和精神的归属地,是中国潮流文化发展的沃土。

得物通过对潮流文化的传播、时尚消费品的高质量供给,不断满足当代年轻人对美好生活的向往。正如得物App创始人兼CEO杨冰所说,得物"让'潮流'成为品质生活的重要组成部分,用'热爱'创造美好生活的无限可能"。

(二)发展现状

1. 潮流电商"得物"的创立与快速发展

得物App起源于一个篮球论坛"虎扑",2015年虎扑孵化的毒App上线,定位于专门供球鞋爱好者们交流与球鞋鉴定的平台,吸引并积累了大量热爱运动、潮流等垂直领域的忠实用户。2016年毒App新增了购买商品的功能,但还只是局限于在App上认证多家正品淘宝店铺,再将有购买意向的消费者引流到淘宝进行购买;此外,毒App还上线了"发现""小视频""打卡""私信""直播""得物币"等功能,正式开启直播KOL社区,使得用户的社交互动性增加,满足了用户的社交需求。2017年8月,毒App商城上线,在潮流社区平台基础上增加了权威正品电商交易平台,率先以"C2B2C"(通过企业电子商务平台,实现顾客与企业之间、顾客与顾客之间的信息交流)的业务模式出圈,开创了"先鉴别,后发货"的全新交易模式。2018年起,毒App正式脱离虎扑独立运营。2019年,DST Global对毒App完成A+轮融资,催生了估值10亿美元的"独角兽",毒App成为我国最大的专业球鞋转卖平台,入选"2019年中国互联网成长型企业20强"。2020年,毒App正式更名为得物App,由单一的球鞋电商升级为新一代的潮流网购社区,成功吸引了一大批追求潮流文化的年轻用户。

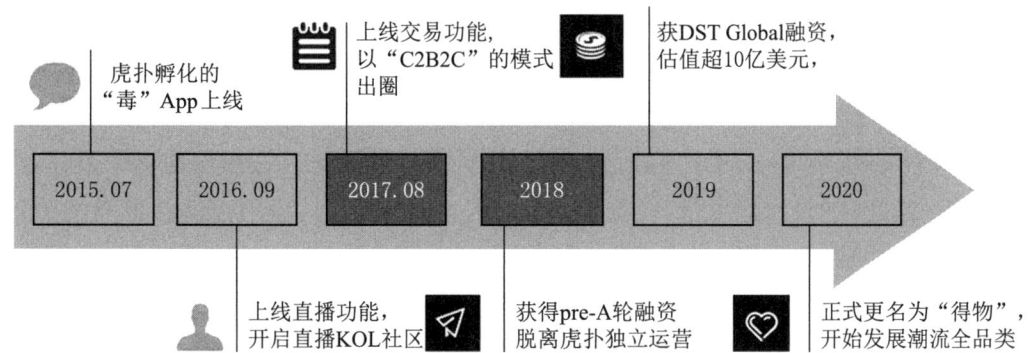

图 1-14　得物的发展历程

内容来源：https://www.yymiao.cn/yunying/pm/82137.html。

经过8年的发展,得物已成功进入全国零售电商排名前五的行列,年交易规模超过1 500亿元。得物持续引入世界各地的高品质商品,同时把中国品牌、中国制造、中国文化推向世界。2020年得物荣获上海百强企业成长50强第一名,获中国互联网百强、上海服务业百强、上海文化企业十强、上海市专精特新企业等荣誉,并成为上海首家获评工信部"优秀企业社会责任报告"的互联网企业。2021年得物市场表现突飞猛进,市场份额在国内电商平台中达到0.5%,位列第八,在潮流电商中一枝独秀,获得了中国财经TMT领袖榜"2021年度可持续高质量发展电商企业"称号。2022年,零售电商共有16家"独角兽",得物紧随抖音和小红书之后,相继获得了2022年"中国互联网百强"第26名、"上海文化企业十强"等荣誉。2023年"五五购物节"启动首月,得物App单月上新超过22万件商品,同比增长超过90%,覆盖超5 000个国内外时尚消费品牌。在拉动时尚消费的同时,得物App还正在成为新品牌和新品类成长的沃土,为传统品牌创造新机会,推动着消费行业整体升级。得物出色的市场表现引起了业界的广泛关注。

得物在初期通过对球鞋的鉴定交流,积淀了忠实的粉丝客户群,从球鞋领域逐步拓展到其他潮流万物,满足了消费群体对正品潮流商品的需求。得物是依托"潮流电商+潮流社区"的双业务模式发展起来的潮品汇集地,越来越多的消费者选择在得物平台上进行商品选购,得物也从最初的一个文化交流社区逐步成长为交易规模过千亿元的电子商务平台,用户规模超过3亿人,在国内每两个90后中就有一个是得物的用户。得物不断通过模式创新、服务创新,利用内容驱动成长,一路乘风破浪,取得了令人瞩目的成绩。

2. 得物的目标用户

据电通中国创意服务线发布的《2022解码Z世代:史上最分裂的一代》报告显

示,Z世代(指出生于20世纪90年代中叶至2010年的年轻群体)正在成为一股不可忽视的经济促进力量和消费力量,他们追求性价比的同时,更注重取悦自己。Z时代在时尚领域的消费金额贡献逐年增大,根据得物App用户数据分析,95后的"Z世代"人群占比达到85%,用户年轻化特色十分鲜明,目标用户主要分布在高收入、高消费的超一线、一线及二线城市,得物用户整体呈现出:高知(视野)、高智(更高学历)、高质(追求更高品质)的"三高"特征。

据艾瑞数据可知,得物30岁以下的用户画像主要分为四类。(1)篮球爱好者:喜欢打篮球、讨论篮球及周边、爱穿球衣球鞋;(2)学生:没有经济压力、追求时尚、喜欢社交;(3)白领:工作稳定、拥有兴趣爱好、追求生活品质;(4)穿搭博主:喜欢在网络社区中展示自我,并获得认可。

从性别来看,得物App男性用户占比54.4%,女性用户占比45.6%,前者高于后者8.8%,这主要是平台初期聚拢了一批忠实的男性篮球爱好者的缘故。但同时也发现女性占比,得物比天猫高21.28%,近期得物女性用户增速较快,这是因为最近国际大牌纷纷进驻得物,并瞄准年轻女性用户,首发推出定制新品,从而俘获大量女性用户的芳心。得物从初期男性用户为主,转变为男性与女性用户并重。年轻女性在时尚潮流消费方面,具有四大优势:一是对最新时尚潮流敏感,注重穿搭细节;二是比男性用户有更强的购买意愿;三是消费决策时,对品牌尤为关注;四是关注悦己、自我表达和生活体验,对契合精神、文化价值的品牌,更愿意分享。

年轻消费者对国潮品牌具有天生的认同感,2023年6月,新华网联合得物App发布的《国潮品牌年轻消费洞察报告》显示,对比十年前,国潮热度增长超5倍,78.5%的消费者更偏好选择中国品牌。年轻用户对国潮商品的消费热度增长超过10倍,在得物发售的新品数量增长了近8倍,在得物App购买国潮商品的90后、00后用户占比高达87%,不少新品一经上线即告售罄。借助得物App在年轻消费者中的影响力,"老字号"国货实现品牌年轻化,获得年轻消费者的认可。

(三)业务模式

1. 潮流电商:汇聚全球正品潮流好物

得物App持续提供多元化、高品质的潮流单品,通过新品首发、时尚潮流、品质新消费、新服务、新体验这五个维度,一直致力于让更多用户通过得物"得到美好事物",满足年轻用户追逐新品的需求。为了契合Z世代追求潮流时尚又特立独行的品牌观,得物App商城的产品定位于潮牌商品,从初期以潮鞋、潮服为主,扩展到如今包括数码、手表、箱包、美妆、汽车等在内的全品类产品。目前,商城中网罗了当前潮品、新锐设计、国际奢侈品、明星主理品牌等,成为引领潮流新消费发展的网上购物圣地。

许多潮品的首发单品第一时间都能在得物商城中找到,还有不少新锐小众设计也能随时带给用户惊喜,甚至经典款、限量款的国际大牌奢侈品近期也出现在商城中,其中也不乏明星同款和超级新品。这些潮流好物以醒目的单品图片方式展示在主页中,琳琅满目,令人眼前一亮,购物体验非常友好,大大地激发了新生代用户的消费欲望。

在消费升级背景下,"买到真货、买到好货"已成为消费者的核心诉求,得物顺应了产业发展的趋势,在商品流通环节中首创了"先鉴别,后发货"质量管理模式,消费者在得物选择商品下单后,卖家需要先把商品发货到得物平台,平台通过收货、质量检验、拍照留档、商品鉴别、防伪绑扣、复查复检、包装、出库这八个步骤,对所有在得物平台完成交易的订单进行履约,从而确保商品的质量和正品属性。得物作为第三方查验、鉴别方,最大程度地保证了消费者的诉求利益,帮助消费者把好质量关。

得物潮牌商品的供货渠道主要有两个途径:(1)企业商家,即品牌官方入驻。目前得物已经成为众多一线大牌和潮流品牌运营发售和新品发售的首选阵地。此外,明星主理品牌入驻也成为主流趋势,张艺兴、华晨宇、韩庚、林允等众多明星主理潮牌均先后官方入驻,并取得不俗的销售业绩。总之,平台目前已吸引5 000多个品牌入驻,多数为中高端品牌或潮牌。(2)个体卖家入驻。得物通过对卖家资质的认证以及分类、分级的严格管控,为商品质量提供更加有力的保障,具体认证流程包括:实名认证—人脸识别—地址备案—协议签署—缴纳保证金—平台审核等六大步骤。目前,得物已拥有庞大的个体卖家,这是保证其货源充足的基础,也是源源不断地为用户提供个性化潮牌的源泉。

2. 潮流鉴定:构建优秀的鉴别机制,营造良性潮流消费市场环境

得物App最吸引消费者的是其首创"先鉴别,后发货"的服务流程,依托C2B2C交易模式,得物App不仅是交易平台,同时也成为一个鉴别平台,通过在售卖交易环节中插入"品牌鉴别"的环节,从而为商品质量提供保障,给消费者带来新的消费体验。

得物App因其强大的鉴别能力获得了广大用户的信赖和认可。得物建立了全世界首个也是最大的商品研究和鉴别查验团队,通过多类目、多品牌商品样本的研究,在商品外观、包装材料、工艺、附件等各方面制定明确的鉴别标准,建立了巨大且详细的商品鉴别档案库。每年有大量商品通过得物进行鉴别,得物还不断迭代更新鉴别方法,建立起了在鉴别领域的核心壁垒。

得物鉴别实力源于自建商品研究团队多年商品研究、一线鉴别团队数亿次鉴别实操经验,以及由此构建的得物正品样本库和查验鉴别体系。为了做好商品鉴别研

究,得物App建立覆盖了13个消费品类、1500多个品牌、10万多个商品的正品样本库,得物商品研究团队遍寻全球,采买用户喜爱的正品商品作为研究样本,通过资料收集、数据对比、档案建立、样本拆解和仪器检测等系统性研究,形成鉴别报告,为一线鉴别团队实操提供参照准则。[1]

得物App还建立了商品鉴别检测实验室,由人均行业经验10年以上的材料分析经验的团队组成,用专业技术和仪器,从商品原料、配方、细节工艺、防伪特点等多维度分析、验证商品真假,辅助商品鉴别,该实验室获得中国合格评定国家认可委员会认可。得物App构建起数字化鉴别体系,并对在售的每一件潮流商品建立了详细的鉴别档案。通过对海量一线球鞋、服饰等产品进行系统性的研究,进行资料收集、数据对比、档案建立,进而形成一套"数据支撑,严谨作业工序,匠人精神,持续学习"的工作方法,对商品实施全量的商品鉴别过程,确保商品的正品属性。同时,将计算机识别、人工智能(AI)辅助等新技术应用于鉴别领域,升级"增强现实(AR)鉴别证书",保证鉴别的准确性和全面性。

在商品质量检验环节中,平台通过质检过程对所有卖家发货的商品进行全量查验,避免有瑕疵的商品流转到客户手中,针对有瑕疵的商品进行排查。如果发现问题比较大的商品会直接拦截,如果商品瑕疵比较微小也会提前与用户一对一进行沟通,以最大可能使用户买到心仪的有品质的商品。

图1-15 得物商品及检验工序

---

[1] 岳鹏.强品质、重质量、优体验 得物App为提振消费注入年轻活力[J].中国质量万里行,2023(3):64-67。

（1）查验——商品品质检验

得物对卖家发货的商品进行质量检验，最大可能地保障用户买到有品质的心仪商品。得物 App 形成了《球鞋质检作业指导书》《服饰质检作业指导书》《箱包质检作业指导书》《手表质检作业指导书》等标准以指导查验过程。

（2）拍照——确保质检结果

为确保产品质量的可追溯性，得物建立了严格的产品拍照标准。以球鞋为例，针对不同的款式，建立了不同的拍照要求和标准。得物 App 建立了《球鞋拍照作业指导书》《服饰拍照作业指导书》《箱包拍照作业指导书》《手表拍照作业指导书》等操作说明以指导拍照过程。

（3）鉴别——提供正品保证

得物 App 投入了大量的人力与物力，搭建了人员、硬件和技术并重的鉴别体系及团队。不仅有大量一线实操人员的经验沉淀，还有专业科研团队进行实验级别的分析检测。得物 App 设计了《鉴别方案设计程序》《商品鉴别管理程序》，根据产品品类及型号，建立了完善的鉴别标准体系，确保鉴别过程标准化。以运动鞋为案例，得物 App 建立了系统的鉴别方法和标准：

① 鉴别内容。运动鞋，从包装资料、附件、帮面外观细节、尺码标等方面比对，鉴别样品和标准样品是否相符。

② 环境要求。鉴别操作环境使用标准光源，确保光线充足，配备表面白色或浅色的鉴别桌和高度适宜的办公椅，避免鉴别环境对结果的影响。

③ 鉴别人员要求。熟悉运动鞋相关知识，具有敏锐的细节观察力、辨色力，掌握鉴别作业流程、成品鞋生产流程、工艺生产流程、相关材料的生产流程及特征、质量差异等专业知识，经过鉴别理论和实际操作的培训，并通过关于运动鞋和所使用材料的生产、特征及质量评估方面的理论考试与运动鞋鉴别的实践考核，获得运动鞋鉴别能力。

④ 交叉比对，综合结果。对同一个商品样本的鉴别，由鉴别团队里的多个鉴别人员分开鉴别，汇总统一结果，最终得出鉴别结论，出具鉴别证书。

（4）防伪——提供正品验证

为了让买家能清晰地区分和识别，经得物交易的商品均配备"得物 App 专用防伪套装"再发送给买家。具体如图 1-16 所示。

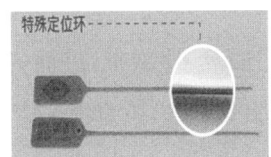

图 1-16　得物 App 专用防伪包装

该套装针对鉴别通过后的商品进行绑定,每件通过鉴别的商品都会匹配独特的防伪套件,内容包括鉴别证书和防伪扣等,其中防伪套件上唯一数字 ID 和二维码是鉴别通过的商品的身份标识,用户可以通过得物 App 扫码查验商品以及验证真伪。

(5) 复检——发货前产品复查核对

复查人员把系统信息与实物信息进行核对,确保信息一致。得物 App 建立《复查操作标准与流程》,指导复检过程的实施,确保运作过程的有效性。

(6) 发货——确保发货准确

经复检产品将进行整体打包,在发货区整体码放,工作人员用扫码枪红外线对准快递运单条码,扫描对应规格箱号扫描播报正常件后,核对扫描枪扫描数与实际数量是否一致,确认无误后点击提交运单并打印交接单,与物流商进行移交。

得物为"好货正品"添加了标签,为消费者带来全新的购物体验,解决了消费者在购买潮流商品、自带文化背景的限量版商品时,所面临的真假难辨的情况。以科技创新驱动业务增长,并持续在数字化、智能化探索创新,持续交出电子商务行业高质量发展新思路,服务于人们的高品质生活。

3. 潮流社区:成为年轻人潮流生活的主场

得物从潮流资讯和潮流社区起家,具有强烈的社区属性,也成为年轻用户精神交流的家园。在得物 App 生活社区版块中,聚集了明星艺人、潮流消费达人、品牌方、爱好者等多元用户,有年轻人分享的穿搭、潮鞋、潮玩、理容、美妆,还有年轻人热衷的运动娱乐,如篮球、滑板、说唱、街舞等。众多年轻潮流爱好者聚集在得物,每天通过创作、分享知识经验,不断产出丰富多元的内容,其中"热爱""坚持"成了年轻人创作的高频词汇,传递着浓郁的积极向上的潮流社区氛围,成为年轻人潮流生活的主场。

得物搭建潮流社区社交平台,让用户随时随地了解目前市场上最时尚的单品是什么,最时尚的潮流是什么。得物打造的这种新社交的资讯传递、用户之间的平级交流,无形中让许多观望中的用户增强了在得物购买产品的欲望。卖家和潮流博主在社区发布新发售的潮鞋装备或一些个性的潮流穿搭会吸引用户,在每个帖子下方都会有相应的商品链接,可以直接跳转到得物的购买平台上,用户购买商品更加方便快捷,完成从"种草"到交易的闭环。[1]用户在收到货完成交易后,平台会通过设置奖励鼓励高质量的"晒单",通过这样优质的营销,引发口碑传播效应,进而实现更大规模的引流、拉新、互动和转化。通过志同道合的朋友之间的推荐,在年轻用户间建立起

---

[1] 张永庆,彭麟茜.C2B2C 模式下潮流电商平台得物 App 竞争力分析[J].经营与管理,2022(10):46-51.

情感连接,在内容营销和场景营销赋能下精准触达用户,提高用户黏性,进而打造从内容种草到电商变现的平台生态闭环。

得物也会与国内的一些经营潮牌的明星主理人进行合作,许多明星入驻得物平台,打造了自主的潮流品牌,吸引了一大批粉丝前来支持。粉丝们可以直接在得物平台上买到被偶像"种草"的潮流单品。得物的平台还具备直播功能,邀请了多个 KOL 来平台进行直播带货及潮流穿搭分享,主播们可以通过社区积极与粉丝进行互动交流,使得物平台也成为潮流打卡之地。

得物为潮流创作者搭建了一个主场,通过提供友好的社区生态和内容创作环境,帮助潮流爱好者、创作者,以及合作的专业内容机构,创作出好的内容作品;以流量扶持方式,吸引平台丰富的品牌资源,帮助创作者获得商业变现机会,进一步激发创作者的创作热情,从而让更多年轻大众了解、分享喜欢的潮流生活方式,获得更多愉悦感。在用户生产内容(User Generated Content,UGC)模式驱动下,得物鼓励年轻用户将他们真实生动的生活体验通过内容创造在平台上进行分享、讨论和互动,从而为品牌推广提供广阔的场景,同时也催生出各种"潮流文化圈子",得物为这些有着极强分享和社交需求的年轻人提供了广阔的交流天地,他们讨论、体验、购买不同的潮流单品,同时不断以"社区分享+直播互动"的形式呈现,加速了消费者认知品牌或者是商品的过程,品牌因此收获了大量用户和支持。

(四)得物核心竞争优势

1. 采用 C2B2C 交易模式,形成持续盈利的商业模式

不同于传统电商平台 C2C(个人与个人之间的电子商务)或 B2C(企业与个人的电子商务)交易模式,得物采用 C2B2C 交易模式,以"先鉴别,后发货"的创新服务流程为其正品的承诺提供保障。C2B2C 是由卖家到平台、再到买家的电子商务模式,交易环节可拆分为:C2B(企业与个人之间的电子商务)和 B2C 两部分。其中,C2B 是指卖家先在平台上标出自己所有的闲置商品的预期出售价格,如果有买家将其拍下,需要卖家将其闲置物品寄到平台,平台根据信息对产品进行鉴定,鉴定无误后则由平台收购。B2C 是平台收购产品后,再经过平台复查、包装等各个环节,进行质量查验和真伪鉴别,出具鉴别证书,再配合得物具有自主知识产权的防伪包装发货给消费者,确保消费者买到真货,买到好货,重塑了商品交付流程,也增强了消费者对在线消费的信任。C2B2C 平台更适用于需要品质担保的商品,平台扮演了"中间商"和"鉴定者"的双重角色,突破了传统电商平台的局限。

在 C2B2C 模式下,得物对在其平台上出售的商品,会收取不低于5%的技术服务

费(限时优惠活动情况除外)、1%的转账手续费,并会根据商品的品类收取8～10元不等的查验费、10～20元的鉴别费以及10元的包装服务费。卖家在上架任何一款商品准备出售时,都要提前向得物支付占出价5%的保证金,这笔保证金只有在交易成功后才能够被退回。得物拥有大型仓库用来存储卖家寄过来的商品,而卖家寄存在得物仓库的商品会以"闪电直发"的方式出售,"闪电直发"的出售价格一般会比普通发货要高,因此得物也利用这一点来吸引卖家大批量地向仓库寄存商品,从而收取寄存费。

2. 树立潮品质量标杆,规范行业新发展

为了促进行业规范发展,企业发布了国内首个"鞋类鉴别团体标准""化妆品鉴别指南",为数字经济、新型消费、互联网电商等产业的健康发展提供了有益借鉴。得物也因此荣获上海市"质量标杆"荣誉称号。

得物牵手多个"鉴定国家队",在不同消费品类鉴别领域起草发布首个鉴别行业标准。2019年至2022年,中检集团、中国质量检验协会、国检中心携手得物App发布国内首个"鞋类鉴别团体标准"、首个"化妆品鉴别团体标准"、首个"钟表鉴定团体标准"。这些标准作为鉴别标准领域的重要里程碑,分别填补了鞋类鉴别、化妆品领域鉴别、名表鉴定的标准空白。2022年11月,中检集团与得物App共同成立国内首个消费品鉴别联合研究团队,在鉴别研究、人才培养、行业标准、技术创新和消费品鉴别等五大体系深入合作,更全面保障消费者权益。2023年,得物App鞋类鉴别服务正式被纳入国家级标准化试点,这也是国家首次将鉴别服务纳入《国家级服务业标准化试点》。得物App还受邀参与"优质服务"系列的首个国家标准——中国标准化研究院牵头立项的《优质服务原则与模型》国标制定,对电商平台的商品质量管理提出新思路。

3. 建立SQC质量管理体系,推动潮流经济高质量发展

得物作为鉴别服务开创者,形成了独特的SQC(Supplier Quality Customer)质量管理模式。得物App的SQC质量管理模式的管理过程借鉴和引用ISO 9001:2015质量管理体系认证,开创了在零售电商领域导入世界先进管理模式的先河。得物App围绕SQC质量管理模式进行了质量体系建设,建立了数十份程序文件、百余份操作规范/作业指导书/制度、鉴别标准体系,充分规范了各个过程/环节各个职能及工作流程,确保各个环节规范化、标准化操作,以保障商品交付及服务的全过程稳定高效运行。

ISO 9001质量管理体系认证范围涵盖了鞋帽服装、化妆品、手表、配饰等鉴别服务过程,认证审查涉及收货、质检、鉴别、防伪等全过程。经过认证机构全面细致的审

查和严谨的论证,一次性通过认证标准审查要求,彰显了得物对"正品保障"的态度,力求为顾客提供真货、提供好货。该模式搭建了人员和数字化并重的鉴别体系,通过严格的选品标准、新潮的体验设计、专业的查验鉴别、规范的履约交付,持续稳定地为用户提供高品质的商品。SQC不仅重塑了商品交付流程,也增强了消费者对在线消费的信任,更好地满足不断升级的品质消费需求。

得物SQC质量管理模式以"一核、四化"为依托,以"商品的查验鉴别"为核心,以"创新系统化""核心能力专业化""场地设施标准化""管理信息化"为支撑,建立完善的售后服务体系,广泛应用高新技术,建立了行业独有的质量管理模式,持续稳定地为用户提供高质量的商品。消费者通过得物App下单购买后,卖家不会直接发货给买家,而是先发货给得物App。得物App需要对商品进行真伪鉴别和瑕疵查验分级,确保是全新正品之后,才能继续发货给买家。从卖家手中售出的商品,到最终送到消费者手里,已经通过鉴别查验工序中的"层层关卡"。

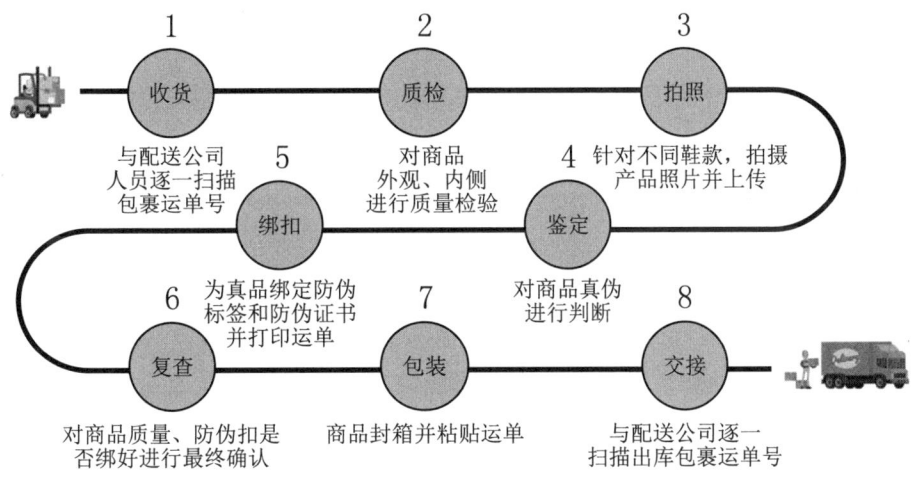

图1-17 得物"先鉴别,后发货"的运行模式

得物对每件商品都要经过"逐件收货、品质查验、拍照留档、多重鉴别、独立绑扣、复核查验、防伪包装、打包出库"八大环节验证工序,并由多位专业鉴别师交叉鉴别,有些还会送往实验室进行成分分析,多重鉴别无误后才会出具鉴别证书,生成唯一数字ID,并配上防伪"四件套"(含鉴别证书、专属防盗扣、专属纸箱和胶带)再允许发货,得物就是经过每天这样重复数十万次的质检流程,赢得了年轻用户对得物App的"正品"信任。

为提升SQC质量管理模式的运行,解决商品订单、物流信息、内部流转及信息交互问题,得物App建立了专业的信息系统,确保运作的效率和有效性。给客户提供快捷准确的商品交付,得物App建立专业的研发团队,根据业务场景研发了智能仓库信息化管理软件系统,集下单、物流、查验、鉴别等综合管理于一体,对SQC质量管理模式各个环节进行管理和监控。该系统基于5G的环境,运用增强现实(AR)、工业互联网等技术,与得物的订单、商品中心、商家平台相融合,实现数据实时传输,消除各部门/业务间信息孤岛的现象,利于管理层开展决策;并能基于业务特定的需求提供定制化服务,满足业务多样化需求。

4. 数字化赋能,打造发展新动能

得物打造了"数实融合趋势赋能平台",基于海量的消费数据、搜索数据、流量数据、商品数据建设了面向消费品产业链的趋势赋能平台,帮助品牌捕捉市场的动向,使得设计的产品能够满足消费者的需求,甚至引领消费者的需求。通过分析每月得物与友商在趋势元素上最新的成交与搜索数据,得出明星产品流行趋势元素、机会趋势元素、差异化趋势元素等大数据,帮助品牌对潜力趋势元素进行识别与预判,最终应用于强化商品供给、产品设计、前台应用、搜索推荐等模块,以消费数据趋势赋能设计,以用户需求引领设计,帮助中国制造、中国品牌实现高质量发展。

为了能够更好地展示商品,得物迭代AR技术、采集3D模型,打造一比一真实商品模型,将AR试鞋技术拓展至AR试妆、AR试挂艺术品等更多元化的生活场景中,模拟商品真实穿搭、展示效果。得物App打造了国内最大的鞋类AR模型库,为用户提供多样化的"云试穿",带来沉浸式购物体验,每天帮助超过30%的用户进行消费决策。得物还建立了全球最大的潮流商品3D模型库,覆盖了球鞋、美妆、箱包、配饰等近10个品类,推出了5项专利创新的AR足部测量功能,不仅可以测量脚的长度和宽度,还能识别用户的脚型和足弓高低,预测潜在的足部问题,误差在3毫米以内,帮助消费者更快而准确地从数万双鞋中选出最合适的鞋款。

(1)线上商品3D展示

作为国内最领先的运动潮流交易平台,得物不断优化用户体验,打造了全球最大的3D球鞋模型库,用业内先进的设备,实现了批量制作3D球鞋模型。通过3D球鞋展示功能,用户可以与单品进行交互式的互动,翻转、放大、缩小、720度全方位查看球鞋的每一处细节,为用户提供全新的购物体验。

(2)线上球鞋AR试穿

用户在选购商品时,可以在商品详情页点击"AR试穿",进入虚拟试穿界面,体验3D模型真实试穿、试妆和艺术品试挂墙等效果。AR球鞋试穿,是潮流与科技的完美结合。用户只需打开相机,对准脚步,就能实时试穿各种球鞋,且效果是即时的,可以很好地跟踪用户的移动和旋转而改变相机的角度。用户甚至可以尝试步行,AR应用程序会跟随用户的脚步。目前得物AR试穿戴使用人数超7 000万,累计使用次数超过3.3亿,做到让消费者足不出户,即刻体验全方位试穿试妆等效果,满足消费者个性化、差异化需求,培养新型消费理念和消费方式。得物在模型贴合度、运动稳定性等方面实现多项创新,基于即时定位与地图创建技术、人体识别技术的运用,真实还原消费场景,技术水平达到全国领先地位。

2021年,得物App将"AR虚拟试穿"功能从鞋类延展至美妆、艺术品领域。通过"AR试妆"功能,用户素颜就能感受上万款美妆商品的"上脸"效果;"AR艺术品实景"则通过真实还原艺术品的展示效果,不仅给用户带来沉浸式体验,也为用户提供了更清晰的购买决策参考,节省了购物的时间和成本,满足了用户线上购物的新鲜感,对年轻人有较强吸引力。

(3) AR足部测量

为精准解决用户线上鞋类尺码选择问题,得物针对性研发了AI足部尺寸测量办法。通过对人体脚部三维重建,高度还原用户脚部模型,然后模拟仪器测量的方法,对重建后的三维脚部模型的关键指标进行测量。得物App的"AR足部测量"功能,是一款基于人工智能和AR技术打造的3D脚型建模工具。得物App重建的足部3D模型,误差在3毫米以内,属于行业领先水平,同时,该功能还能预测用户潜在的足部问题,从数万双鞋中挑选推荐出最符合用户人体工学的鞋款。

(4) 品质检测AI技术

利用人工智能基于图像识别技术在商品的查验鉴别上的深入研究和应用,得物实现了巨大的技术进步。根据线上线下采集的商品图片,通过使用机器学习算法模型进行商品品质检测、辅助真伪鉴别,该方法的实施在提高商品质检、鉴别效率以及准确率的同时,实现了降本提效;使用分割算法对检测区域中的商品的不同目标进行分割,该算法综合了很多优秀算法,能够高精准度地分割出图片中不同的检测面,实现机器的智能化质检与鉴别。

(5) 全链路跟踪管理

得物App实现了商品全链路实时跟踪,运用信息技术,在客户下单到商品发出,再到商品流转过程中的实时状态,实现了可追踪、可溯源、商品质量查验、鉴别全过程的有效监控,确保了SQC质量管理模式运作的持续性。

为了提升运行效率,企业搭建起了完整的供应链履约智能信息管理系统,公司在商品的全链路过程中全面推行商品唯一标识(一物一码),运用先进的信息技术,从客户下单据到商品发出,在商品流转过程中拥有唯一二维码,实施"全过程视频摄像+全过程图片采集",可实现商品质量、查验鉴别全过程的有效监控,确保得物模式运作的持续性。在内外部完善的追踪系统支持下,在任何一个阶段出现问题,都可开展原因的追查和分析。

5. 主动承担社会责任

(1) 建立质量管理体系,促进知识产权保护

得物App利用查验、鉴别技术,对卖家销售的产品进行了"逐件查验、多重鉴别",通过对产品质量、正品的检验,保障消费者权益,以此来建立起得物的卖家信用体系,引导供货方重视知识产权保护,共同营造杜绝假冒伪劣、保护商标知识产权的良好氛围,共建安全放心的市场消费环境。

2021年3月,得物App联动上海警方查扣仿冒的得物App"包装套件"130余万件,有力地切断制假售假的灰色链条,阻止假冒伪劣商品流入消费市场。同时,得物App启动"原创保护计划",在行业内首次高标准治理"打版商品",并联合首批3 000家国内外原创品牌成立联盟,并将原创纳入日常选品标准。成立至今,得物App一直坚持"高品质、高调性"的选品标准,切实保护中国原创,让年轻人获得更多高品质好物,助推时尚潮流产业的高质量发展。

(2) 带动产业链质量提升,实现高质量发展

得物SQC质量管理模式完善了消费品产业价值链,对产品的上下游进行合理的整合,为上游品牌方、生产方给出建议和要求,引导其设计、生产及工艺要求质量提升,带动产业链质量管理水平提升,形成优势互补,创建良性的质量生态共赢体系。实现供需两端的动态平衡,促进中国产品提质升级,以质量和创意赢得消费者的认可与信任,更好地满足消费者不断升级的消费需求。

(3) 领航国潮消费,助力老字号,提升上海城市软实力

得物App积极践行企业社会责任,用实际行动支持和推动着文化繁荣、城市升级、行业发展与社会进步。得物为国潮品牌方和优秀设计者提供孵化平台,助其提升原创设计创新能力,同时利用平台大数据和资源赋能老字号品牌创新。通过分析平台内的消费大数据,快速洞察消费者的消费规律和偏好。通过对平台大量的交易数据进行深度分析,为国潮品牌方提供最新的潮流消费趋势分析,并把场景和数据开放作为育商招商的重要力量,形成生态链强大吸附力。

从2020年起,得物助力上海"五五购物节"连续举办国潮设计大赛,继而又在平台上开设"国货之光"专区,对商品质量好且履约行为良好的国潮品牌,给予更多的流量等正向激励,支持国潮品牌的同时增强年轻用户对中国传统文化的认同感。2021年5月,得物App携手众多国潮品牌方发布《国潮品牌高质量发展倡议书》,推动中国产品向中国品牌转变,深入挖掘传统文化价值内涵,持续增强传统文化对年轻人的吸

引力。得物App在2021年投入3.2亿元、200亿流量和11项专项政策,扶持年轻人创作,持续助力老字号、非遗文化再绽光彩,向年轻人传播传统文化,为中华老字号、国潮品牌注入创新力量,帮助年轻一代树立"国货当自强"的文化自信。依托上海城市形象资源共享平台——IP Shanghai,得物与上海报业集团等多家企业共同开展IP Shanghai项目,向全世界展现上海的经济活力、创新创意、动感科技等,助力上海城市软实力的提升。

得物App以商品的查验鉴别能力为核心,以全链路信息化管理系统为支撑,与完善的售后服务体系一起形成了行业独有的"先鉴别,后发货"的质量管理创新模式,发展成为国际潮流消费品集聚地、全球新品首发地、高端品牌首选地、原创品牌集聚地,更好地满足消费者不断升级的消费需求。

二、打造农产品零售新模式——拼多多

(一)拼多多发展背景及现状

拼多多创立于2015年4月,是上海本土成长的具备新业态的互联网电商企业。拼多多以农产品零售平台起家,深耕农业,开创了以"拼"为特色的农产品零售的新模式,逐步发展成为以农副产品为鲜明特色的全品类综合性电商平台,是全球具备规模的纯移动电商平台,于2018年7月在美国纳斯达克上市。

截至2021年6月,平台年度活跃用户数达到8.499亿人,商家数达到860万家。到2022年,拼多多的商家数已经高达1 000多万家了。这些商家的类型十分多样。拼多多早期以农村电商起家,因此最初入驻的商家以农村小店铺为主。随着平台规模的扩大和用户需求的不断变化,现在的拼多多平台上可以看到各种类型的商家,比如服装、家居、数码产品、食品等。相较于其他电商平台,拼多多的商家数量是颇具竞争力的。拼多多平均每日在途包裹数逾亿单,是中国大陆地区用户数最多的电商平台,更是全世界最大的农副产品线上零售平台。从GMV的角度来看,2022年,国内GMV接近万亿规模的电商平台有6家,其中阿里凭借旗下淘宝天猫稳坐鳌头,GMV规模达到8.3万亿元。京东与拼多多不相上下,凭借过往优势,京东以3.47万亿元的GMV领先于拼多多的3.3万亿元。再往后是美团的1.6万亿元、抖音电商的1.41万亿元和快手的0.9万亿元。按照目前的发展速度,拼多多的GMV在2023年超越京东,稳居行业第二位,已几乎成定局。

2022年,拼多多的自我造血能力明显加强了,盈利基础进一步夯实。拼多多营收达到1 305.576亿元,同比增长39%,营收增长速度远超美团(2022年营收增速

23%)、阿里(2022年营收增速19%)、快手(2022年营收增速16.2%)以及京东(2022年营收增速9.9%)。在被誉为"最难之年"的2022年,一家千亿元规模以上企业能实现39%的营收增幅,实属奇迹。拼多多实现营业利润304.019亿元人民币(约合44.079亿美元),较2021年的68.968亿元人民币增长341%。归属于普通股东的净利润为315.381亿元人民币(约合45.726亿美元),较2021年的77.687亿元人民币增长306%。销售及营销费用为543.437亿元人民币(约合78.791亿美元),较2021年的448.017亿元人民币增长21%,主要原因就是对Temu、多多买菜两项未盈利业务的投资,促销和广告活动支出增加。一般及行政费用为39.649亿元人民币(约合5.749亿美元),较2021年的15.408亿元人民币增长157%,主要原因是与员工相关的成本增加。

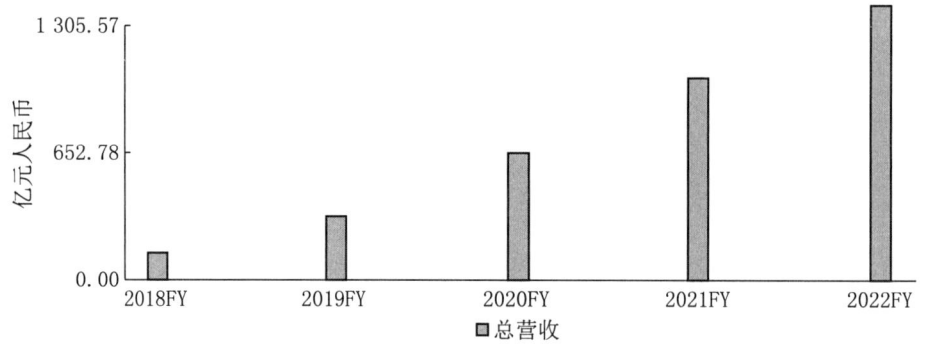

图1-18 拼多多不同财年营收

从2016年至2020年,拼多多连续五年亏损大约252亿元。所幸,拼多多模式跑通后,飞轮效应开始显现。2021年的财报显示,拼多多首次实现盈利,如果不按美国通用会计准则(Non-GAAP),归属于拼多多普通股股东的净利润为138.295亿元(约合21.702亿美元)。当有人在担忧拼多多的盈利是否昙花一现时,2022年的财报让所有人吃了一颗定心丸。2022年,不按美国通用会计准则,归属于拼多多普通股股东的净利润为395.297亿元(约合57.313亿美元)。从138亿元到395亿元,这是一个巨大飞跃,说明拼多多夯实了盈利基础,自我造血能力持续加强。

作为新电商开创者,拼多多致力于以创新的消费者体验,将"多实惠"和"多乐趣"融合起来,为最广大的用户创造持久的价值。近年来,拼多多通过创新的交互体验,将娱乐和商品交易融合,大幅改变传统电商的消费者触达和交互形式,降低营销和交易成本,让利于供需两端。通过产品创新、数据分析和资源倾斜等,与中小企业共同成长,培育、发展更多中国品牌,为最广大用户提供更多品质、实惠的国货选择。

在激烈的头部电商的竞争中,各大电商都形成了品类基本盘。得益于中国农业的发展,拼多多有了鲜明的农产品销售标签,农业也成为拼多多的长期战略之一。作为腿上有泥的新电商,拼多多深入到最基础产业带以及最基层村庄,从供应链入手,始终与中国农民、农业一起共同成长。拼多多致力于农产品上行,坚持打造"农地云拼+产地直发"的模式,以稳定的需求重塑农产品流通链条,以产地直发取代层层分销的模式,从而为农货上行搭建起一条高速通路。2020年,拼多多成为中国最大的农(副)产品上行平台。

拼多多坚持对农业科技领域长期投入。2021年8月设立"百亿农研"专项,由董事长兼CEO陈磊担任一号位。该专项不以商业价值和盈利为目的,致力于推动农业科技进步,以农业科技工作者和劳动者进一步有动力和获得感为目标。拼多多直连全国超1 000个农产区,助力农副产品出村进城及农民增产增收。多多买菜创新供应链及"田间直达餐桌"模式,进一步提升农副产品流通效率,以市场化及科技普惠引导农业现代化升级,培养新农人,有效赋能农业。

近年来,电商平台之间的竞争已经逐渐演变成一场持久战。2022年,拼多多利用微信的流量实现营收和利润同时暴涨,在线营销服务收入和交易服务收入做出了巨大贡献。所谓的"在线营销服务收入",指的就是电商广告收入;"交易服务收入"则是佣金收入。2022财年,拼多多在线营销服务和其他收入为1 027.219亿元人民币(约合148.933亿美元,占比约80%),较2021年的725.634亿元人民币增长42%。交易服务收入为276.265亿元人民币(约合4 005.5亿美元,占比约20%),较2021年的141.404亿元人民币增长95%。这两项主营业务的爆发式增长,意味着拼多多正在成为越来越多商家和消费者的选择。另外,拼多多商品销售收入为2.092亿元人民币(约合3 030万美元),较2021年的72.461亿元人民币下降了97%。

拼多多目前自营商品占比较低,成本压力较低。整体来看,只要平台内商家和用户的活跃度够高,就容易收获不俗的利润。而在消费下行大环境的影响下,消费者开始愈发偏爱高性价比商品,拼多多正好契合了这一趋势。平台同商家紧密合作服务消费者,提升消费体验,在用户数量见顶的同时努力提升客单价。另一方面,越来越多的商家也来到平台寻找增长机会。商家在拼多多上的收益主要来自销售额,而拼多多为商家提供了多种卖家服务,如商家培训、广告推广、物流配送等。拼多多的佣金也相对较低,大多数商家可以获得相对高的收益。同时,拼多多还提供了丰富的优惠券和促销活动,吸引更多的消费者购买商品,从而增加商家的收入,自然出现了营收增长。

（二）2022：拼多多高质量发展转型之路

1. 致力下沉市场，积极实施品牌策略

致力于下沉市场是拼多多能在强敌环伺的电商市场立足的关键点。在持续夯实农产品的"品类基本盘"的同时，拼多多积极强化"品牌策略"，这个着力点不仅与消费者对低价优质商品的追求有关，也和产业升级息息相关。

从2019年起，拼多多开始实施"百亿补贴"计划，针对品牌商家进行大额补贴，不断打造爆品。截至2022年底，拼多多"百亿补贴"入口的日活用户已经突破1亿人次，参与计划的国内外品牌超过2 800家，热门补贴商品超过23 000款。拼多多的"百亿补贴"为商家提供活动保障和大批客流量的同时，也在吸引更多的商家入驻，从而有助于进一步获取佣金报酬和广告费用。"百亿补贴"计划配合品牌策略，进一步强化了拼多多全品类低价好物的用户心智。"百亿补贴"的活跃用户规模占拼多多整体用户的比例，从2021年年初的12％提升至2022年5月的20％，且体现出更高的用户黏性，以及消费者对拼多多平台品牌产品的认可。

在成立最初，拼多多上有九成都是白牌商品。白牌商品，主要指无品牌商品，通常直接由厂家或厂家的分销方发货，价格相比品牌商品有优势。以往白牌商品的单价低、品牌认识不足，很难长期在货架电商和直播电商当中获得流量进行运营竞争。目前拼多多正在从产业带挖掘特色供给。产业带商家有制造能力，可以按需生产，一旦通过品牌化提升用户信任后，其销售额会显著增长。目前拼多多品牌结构已经出现了变化。华安证券观测数据显示，截至2022年11月，第三方品牌商家GMV占比已接近33％，白牌和新品牌商家GMV占比则为67％。

拼多多从三个维度推行品牌化战略：提升现有品牌扶持力度、引进优质品牌以及扶持代工厂走向品牌。首先，提升现有品牌扶持力度。不同于百亿补贴1.0重点补贴白牌商品的策略，百亿补贴第二阶段聚焦头部品牌，通过打造品牌专场、提升折扣力度两个方式来吸引消费者。其次，引进优质品牌。"超新星计划""2022多多新国潮行动"的主要策略是通过提供整套服务计划来吸引品牌的加盟，其中包括流量资源包、定制化销售计划、全链路数字化升级等服务。最后，扶持代工厂走向品牌。"新品牌计划""新品牌计划2.0"的核心在于孵化新品牌，为白牌厂商赋能，助力代工厂从品牌代工厂转型为自主品牌。

虽然拼多多的品牌化活动众多，但品牌化战略的推行还是以百亿补贴为核心。自百亿补贴于2019年6月上线后，累计推出了持续700天以上的优惠促销活动。在2020年5月22日，拼多多将百亿补贴升级至2.0，品牌、补贴力度乃至补贴品类都做出了调整。进入2022年,拼多多启动"2022多多新国潮行动",以"品质国潮,美好生活"为理念,旨在进一步发挥平台最广大消费者以及数字技术优势,持续推动新国货、新国潮直连新消费,通过四大举措扶持国产品牌,助力中国实体经济发展。四大举措分别是:

第一,联合100个产业带,至少助力1 000家国潮品牌、新锐品牌、老字号拥抱新消费。为此,拼多多特别在"多多新国潮"活动中设置了老字号专区和新国潮专区,通过爆款打造、直播专场等方式拉动老字号、新国潮迅速出圈。"2022多多新国潮行动"走进马克华菲,当天的直播吸引了141万网友围观点赞,店铺单日销量同比增长超过320%。

第二,投入百亿量级的"扶持资源包",培育10个百亿新国潮品牌,100个十亿国潮品牌。在价格扶持上,活动进行期间,直播间的商品都可以在百亿补贴的基础上获得二次优惠。比如说,原价1 799元的海鸥女士自动机械手表,直播间优惠价只要999元;原价1 549元的匹克滑雪板,直播间优惠价格为901元;原价1 899元的小天鹅洗衣机,直播间优惠价格为1 499元;等等。

第三,成立专项团队,启动秒杀扶持计划、百亿补贴造星计划,对入围的品牌、商品进行全覆盖,为国潮品牌提供定制化方案。拼多多联合立白集团开启的直播活动吸引210万网友涌进直播间围观,留香珠等爆款产品上线即被秒空,助力立白冲上家居生活榜单第一。

第四,开展全链路合作新模式,推动品牌在生产、技术、数据和管理等层面,实现数字化升级。联合优秀国产美妆品牌珀莱雅开展的直播,230多万网友打卡了作为亚洲化妆品行业样板的珀莱雅的研发中心和生产工厂,珀莱雅官方旗舰店新增了超过10万名粉丝,直播间多款产品上线后瞬间售空,其中,"早C晚A"套装、羽感防晒等产品的单日订单量增幅甚至超过了370%。

拼多多投入十亿计级别的专项流量和补贴资源扶持乡村手工业和第二产业进行品牌化升级,同时在产品结构、设计研发、生产制造、品牌打造等方面,为制造业品牌提供全链路的数字化服务。作为全国乡村振兴重点帮扶县之一的甘肃庆阳环县2021年实现了羊产值8年增长近7倍的"狂飙",科技转化及产业发展的效率大幅提升。拼多多的另一关注重点是制造产业带竞争力的提升,将"小东西"变成"大产业"。2022年以来,"多多新匠造行动"先后对蒲编、宫灯、木梳、厨具、陶瓷、玻璃等产业带优质产品进行专项扶持,相关品类普遍实现翻倍增长,并涌现出一批匠心品牌。[1]目

---

[1] 董静怡,闫硕.拼多多2022年财报:折射消费回暖　重金押注科技研发[N].21世纪经济报道,2023-03-21(004)。

前拼多多已经成为老字号品牌、新国潮品牌强势增长的新高地,平台先后涌现出50多个销售额过亿的老字号品牌、30多个销售额过亿的新国潮品牌。其中,百雀羚销售额位列老字号品牌第一,上海家化位列老国货集团前三,张小泉、谭木匠、回力、海鸥手表等均呈现爆发式增长。

2022年,拼多多开始启动"多多出海扶持计划",正式上线跨境电商平台Temu后,通过提供交易平台、品牌孵化、物流支持、法律支撑和资源补贴等一体化出海服务,助力中国制造企业从品牌代工升级为品牌出海。该计划将投入100亿元资源包,首次打造100个海外品牌,支持1万家制造企业直接连接海外市场,帮助中国制造业升级海外。

2. 坚持长期农业战略,积极布局多多买菜

拼多多从成立伊始,无论是在投入的资金规模方面,还是在组织支持和经营方面,一直在强化农业领域,建立坚实的竞争壁垒。经过几年的探索,拼多多找到了属于自己的与农产品产业带共同成长的路径——"农地云拼"。也就是针对中国农产品分散和小规模种植的行业特点,将高度分散的消费需求进行平台拼团、工具(快团团)和创新运营模式(社区团购)等"拼"模式实现"集单",与农产品的供给侧在线上实现精准匹配,真正形成了产销直连。

助力农业发展是拼多多的核心战略。2022年,拼多多为了加速推进农产区的"数实融合",发起了"农云行动",与举办了三届的"多多农研科技大赛"一起,进一步优化了大规模、精准和高效的供需匹配,不断提升农业产业的技术水平,推动农业科技化。结合从成立之初一直实行的农产品商家零佣金政策,2022年拼多多继续围绕增供给、扩消费、稳产销、培人才、强科技、帮基建等六个方面深入推进助农惠农。消费者通过拼多多的电商平台和电商工具能以高性价比买到原产地农产品,农户虽然卖得便宜,却仍比中间商的收购价高,利润自然有保障;而且有了平台作为保障,提供技术和产业服务,使得整个农业的产业链的抗风险能力相应得到提升,拼多多自然而然地成长为国内最大农产品上行平台。

除了"农地云拼"的创新之外,从2019年至2022年,拼多多连续举办了4届农货节,辐射产区从2019年的500个、2021年逾1100个扩展至2022年的近2000个。2022年更是升级为"超级农货节",成为在所有电商平台中对农产品品类施行优惠持续天数最多、产区规模和补贴力度最大的促销活动。

在拼多多的长期农业战略中,多多买菜是其中的关键一环。2020年疫情暴发,多多买菜顺势上线。多多买菜是拼多多的社区团购业务部分,在社区团购市场中的地位相当稳健。根据国金证券研究的数据显示,截至2022年上半年,多多买菜在社

区团购市场的份额达到了45%,美团优选紧随其后,占比为38%。

社区团购的核心竞争力在于将更低的价格传递给消费者。多多买菜早已认识到了这一点,并成为所有团购平台中采购成本最低的平台之一。然而,要实现这一目标并不容易。多多买菜的成功法宝主要有两个方面:规模大和残酷的优胜劣汰机制。

首先是规模大。拼多多是国内用户最多的平台。凭借其错位竞争策略,该平台已经成功占领了下沉市场的一席之地。通过长时间的深耕和努力,多多买菜已经形成了规模效应。正是因为规模的扩大,多多买菜拥有了话语权,能够运行优胜劣汰的残酷竞争机制。

其次是残酷的优胜劣汰机制。为了不断压低价格,多多买菜迫使商家进行供应链的内部优化,淘汰那些无法适应生态的商家。只有能够在低价竞争中生存下来的商家,才能留在多多买菜的供应商圈内。多多买菜以"价格第一"为选品准则,通过激烈的竞争找到最强的供应商,从而实现最低价格采购。此外,多多买菜库存单位保持在1000个左右,选品机制擅长打造高性价比爆品,需求集中提升上游议价能力,以此获取更低的采购价格。

回顾社区团购的发展历程,不难发现,社区团购的参与方太多,涉及用户、供应商、团长和物流,需要有极强的运营能力和极高的管理水平,还涉及供应链建设、物流配送等核心竞争力。因此,履约一直是社区团购的难点。2022年2月,多多买菜推出了"农云行动",多多买菜与许多生鲜产地的农户和当地政府建立了合作关系,与农产品商家直接对接仓储、冷链等专用农货物流体系,以确保整个农产品供应链的高效率和低成本。此外,拼多多积极布局冷链基础设施、快递代收点等弥补物流短板。冷链物流方面,拼多多在全国范围内建设冷库、冷链物流体系基础设施,提高农产品上行的规模和效率。截至2022年3月31日,累计已有近4万款农货上线百亿补贴频道,只需几小时就可将生鲜农产品运到仓库,大幅缩短流通时间。据不完全统计,拼多多的"直发"服务已经覆盖了上千个农产品产地,全国范围内拥有近300个中心仓,以及上千个共享仓或加工厂。虽然拼多多只投资了中心仓,共享仓、加工厂、网格仓以及物流仓储都是由第三方服务提供,然而拼多多采用的这种资源整合的经营策略,避免了重资产的投入,大大降低了中间环节的成本,也是拼多多赢得价格战、获取高利润的重要手段之一。

同时,拼多多不断尝试扩大业务协同效应,布局批发业务,团点兼具快递代收点功能。2022年2月起,多多买菜团队通过"千人地推"和"高额补贴"等方式开展快递代收业务的推广。要成为加盟商需要先成为团长,多多买菜在利用社区团购业务链路补齐物流短板的同时给团长增收。截至2022年5月底,多多驿站日快递代收量已达3 000万单。

对于平台而言,想要把业务布局到全国各地,尤其是越需要下沉、越远的地方,对于履约能力的要求就越高。拼多多在温控、品控、盘货等智能仓储物流基础设施投入的增长,显著增加了拼多多的成本,但这对于其未来发展产生的正向影响是直观的。社区团购的未来发展依然大有空间,而那些在履约能力上能够做到更加出色的企业,有望在新一轮竞争中发挥更大的势能,也能真正推动社区团购走向更加成熟。

3. 研发升级,拼多多重投农业科技

技术创新是业务高质量发展的航向标与动力源。拼多多是一家电商公司,同时也是一家技术公司。拼多多2022年全年总研发费用为103.847亿元人民币(约合15.056亿美元),首次超过了100亿元,较2021年的89.926亿元人民币增长15%,持续助力供应链提效,推进消费体验升级。

2022年是拼多多从"重营销"向"重研发"战略转型的第二年。"研发"不只是2022年的关键词,更是接下来助力拼多多高质量发展、创造长期价值的动力源。拼多多财务副总裁刘珺认为,公司仍处于"投入期",技术创新是业务高质量发展的航向标与动力源,未来将继续加大投入,助力供应链提效、推进消费体验升级。比如通过技术背景,对整个农业产业链中不同的环节都进行投入,带动更多的农产品上行。同时发挥拼多多整个的平台优势,让更多农业研究的成果更快地走向市场。在制造业领域,通过不断的投入,帮助更多的制造工厂进行数字化升级,从而提升效率。

拼多多一直实行农产品零佣金政策,拼多多对农业的浓厚兴趣及对研发的持续投入至今不变,而被改变的是平台上不断丰富的品类、持续改善的品质与服务。从关注产品"有没有"到"好不好",从吸引"流量"到服务好"留量",研发投入让平台的高质量发展成为可能。通过向研发要品质,"重投农研"正给拼多多带来积极效应。作为全国乡村振兴重点帮扶县之一的甘肃庆阳环县,2021年实现了羊产值8年增长近7倍的"狂飙"。在此期间,当地大力发展科技养羊,遍邀国内外科研专家出谋划策,还建起了"羊硅谷",科技转化及产业发展的效率得以大幅提升。同时,助力金乡大蒜电商年销近9亿,带动农户变身产业工人,对当地农民增收起到了很大的作用;让千年美食金华火腿花式转型,截至2022年12月,精元、帕华、炎瑞等十余家地标认证品牌店铺已入驻拼多多等新电商平台,打开新消费市场。

同时,拼多多以销量反哺科研,加速供给侧的品种培优、标准化生产以及品质提升;推动农业前沿技术的探索、应用以及产业难题的攻坚;助力制造业产业带及农产区的"数实融合"。在农业方面,拼多多通过技术背景对整个产业链中不同的环节进行投入,带动更多农产品上行,同时发挥拼多多的整体平台优势,让更多的农业研究成果更快走向市场。比如拼多多发起的"农云行动",优化大规模、精准、高效的供需匹配,引导农产区加速"数实融合";提升前沿科技在农业转型升级中的支撑能力,助力科技转化;加大新农人扶持力度,让乡土风物特产持续出村进城。

作为国内最大的农产品上行平台,拼多多2022年年底在全国20多个省份发起"暖冬行动",帮助解决各地农产品面临的存储、流通等问题,累计收购农产品近1 500万公斤,推动应季农货在线上加速销售,助力农户增产增收。

推动制造业提档升级、助力"数实融合",是拼多多业务布局的另一大重点。2022年以来,拼多多先后推出"多多新国潮""多多新匠造""多多出海扶持计划"等多个专项活动,深入百余个制造产业带,助力国货品牌、乡村好物直连国内外市场,并从产品结构、设计研发、生产制造、品牌打造等方面为制造业品牌提供全链路的数字化服务,助力传统企业和制造工厂转型升级。据了解,"多多新匠造行动"走进湘西凤凰蒲编、河北藁城宫灯、安徽榔桥木梳、山东章丘铁锅、广东潮州陶瓷、山西祁县玻璃等一批乡村产业带,对优质产品进行专项扶持。受益于此,拼多多平台传统手工艺品的商家规模增幅翻倍,相关品类普遍实现翻倍增长。[1]

作为中国最大的农产品上行平台,拼多多积极利用新模式、新技术推动农业数字化发展。近年来,拼多多还落地了一系列全球性、高水平农业赛事活动,比赛以农业发展面临的"卡脖子"难题为赛题,例如封闭空间如何以更低的能耗,更短的生长周期,种植出产量更高、品质更好的蔬菜。比赛胜出的技术会得到逐步的推广,从而有效地促进了科研成果的转化和垂直农业标准化模型的建立。首届大赛的成果AI种植系统曾向云南昆明滇池西岸的100余户草莓种植户提供服务,有农户将自家的两亩(1亩约合666.67平方米)草莓接入该系统后,不仅实现了单产季增收三四万元,还节省了近4 000元的肥料成本。在农业技术愈发重要的背景下,AI技术、智慧农业的应用,无疑是推动农业现代化的重要举措,为我国农业劳动人口老龄化、农业科技缺人才缺技术、资源环境约束趋紧等农业生产重大现实挑战提供了有效解决方案,也是提升我国农业国际竞争力的途径之一,在加速农业科技成果转化的基础上,有望进一步改变农业生产方式,创造更大的社会价值。

自公司战略转向"重研发"至今,拼多多充分发挥数字化平台优势,优化供需两端的大规模、精准、高效匹配,提升前沿科技在农业、制造业转型升级中的支撑能力,助推"数实融合"。从"百亿补贴"到"百亿研发",拼多多在研发费用上的投入取得了看得见的成效。以低价的方式发展电子商务,是平台打击竞争对手的短期策略,长期来

---

[1] 陈晴.提升科技能力　拼多多持续加码技术创新[N].中国商报,2023-03-24(007)。

看则是不可持续的。唯有创新,即技术创新和模式创新双轮驱动才能共建健康、融合、共赢的数字商业生态。

4. 高使用时长高留存,多多视频破圈年轻用户

2022年2月,拼多多App增加"多多视频"一栏,并开始重点推广。平台采用现金提现的方式吸引用户观看视频,用户每观看一个视频内容,其绑定的微信账户立刻有现金到账。通过浏览任务栏中规定的品类、商家页面达到一定时间,用户也可获得相应的金币激励。多多视频用户渗透率的提升效果显著,短短半年时间,从年初的8%提升至25%。从产品设计上看,多多视频和抖音等短视频产品类似,采用单列信息流模式,注重用户的沉浸式体验感,但不支持用户自主搜索。内容上除了种草内容外,还有包括剧情、美食、美妆、农村户外、影视讲解等,覆盖面较广。

多多视频对于提升用户使用时长和留存的效果逐渐显现。内容多元有助于获取更加丰富的用户标签,优化精准投放,通过提升广告转化率来拉升货币化率。用户留存率仅次于"签到""每日领红包"等日频激励用户使用的入口,随着更多内容创作者和商家的加入,用户留存率有望维持或提升。多多视频使用时长表现优于微信视频号,从用户画像的差异来看,多多视频成功吸引了更多年轻消费者。年轻消费者的消费能力更强,大量的年轻消费者涌入是拼多多营收持续上升的一个重要基础。

5. 海外业务初见规模,启动"2022多多出海扶持计划"

为进一步发挥跨境电商对外贸和国民经济的拉动作用,我国持续出台政策以支持行业发展。截至2022年2月底,我国共有132个跨境电商综试区,覆盖全国30个省市区。除了继续助推农业和制造业的"数实融合"外,拼多多也在大力发展跨境电商业务。

近几年,拼多多通过极其高效的运营和产品策略,充分利用微信流量加速新用户开发,使行业用户增量加速见顶的同时创造了一个新的主打拼购的电商业态。接下来,拼多多也一样要面对中国电商用户增长见顶的问题。拼多多跨境电商业务以新技术赋能出海业务,有效消除贸易和物流的隔阂,直连海外需求侧和国内供给侧,助力中国制造企业越过中间环节,直达海外消费者。

"2022多多出海扶持计划"重点推出以下五大扶持举措:第一,对于出海制造企业长期采取零保证金入驻、零佣金的优惠政策,持续让利企业和商家;第二,投入百亿元级别的资源包,联合100个产业带,首期打造100个出海品牌,扶持10 000家制造企业直连全球市场;第三,提供全方位的基础设施服务,包括国内外仓储、跨境物流以及售后服务等,为制造企业打通"全链路"的跨境通道;第四,推出一体化的出海解决方案,包括语言文化、产品标准、知产服务、法律援助、贸易仲裁等,维护中国制造企业

的正当合法权益;第五,开展"多多出海"专场培训,针对不同类型的产品推出定制化课程,助力企业快速开拓海外新市场。

拼多多旗下跨境电商平台Temu,于2022年9月在海外应用商店正式上线。平台沿袭拼多多"拼得多,省得多"的经典做法,夏季女装价格多在10美元以下,很多饰品、日用品的价格甚至不超过1美元。互联网大数据服务商点点数据显示,自2022年11月以来,Temu下载量始终位于美国iOS总榜Top10。从上年9月上线至2023年,其双端下载量已积累超2500万次。继美国、加拿大、新西兰、澳大利亚、欧洲市场之后,Temu又进入日本、韩国等东南亚电商市场。Temu一度被视为国际B2C快时尚电子商务公司SHEIN的最有力竞争者。

Temu采取的是供货模式,卖家相当于供应商,拼多多确认选品和价格后,将货品发送到拼多多国内仓库,后续由拼多多负责定价及推广,此模式下商品品质能够更好地得到保障。目前Temu商城总体商品数量有限,预计会在短期内快速丰富产品数量,同时网站界面和功能较为简单,后续会逐步完善。拼多多出海的优势在于国内的供应链能力,挑战在于履约和获客。凭借拼多多在国内强大的供应链能力,Temu有望打造成全品类低价平台。拼多多在海外物流仓储方面未有太多的积累,同时北美流量获客成本也明显高于国内。而Temu的前端还在不断拓展,显然给后方的履约成本造成压力。尽管在"最后一公里"上拼多多选择与第三方服务商合作,但全托管模式还是要求平台有强大的仓储能力,质检、入库仓储都需要拼多多亲力亲为。拼多多的海外扩张有望成为新的增长推动力,但短中期营销费用的投入将对利润端形成较大压力。

(三) 拼多多未来发展展望

当前消费下行的环境中,拼多多的优势十分突出。截至2022年年末,拼多多已经连续七个季度实现盈利,绑定了下沉市场和低价优质的拼多多,几乎势不可挡。无论是连续十年盈利的唯品会,还是连续七个季度盈利的拼多多,都在证明着一个道理:消费者对于低价优质商品的需求永远都会存在。而满足了消费者最直接需求的拼多多,能够"一枝独秀",实现逆势增长就不奇怪了。

有分析师认为,把拼多多定义成一个流量转化公司,可能更有利于理解它的商业模式。简单地讲就是左手花大钱从各种渠道买流量,右手把这些流量卖给小商家。拼多多增值的部分就是流量的价差和逐渐积累的拼多多用户。但显然,拼多多通过长期农业战略的实施以及科研投入,想做的事情更多。2023年是一个复苏之年,不过对于拼多多来说,挑战也有不少。首先,强敌环伺,昔日不把拼多多放眼里的阿里和京东,已经把拼多多当成最大假想敌,2023年必然会通过多种策略遏制拼多多。其次,拼多多平台的商家侵犯知识产权、售假、虚假宣传问题依然没有根绝,甚至在某些领域很突出,这些问题都有可能给拼多多带来致命一击。所以,拼多多也是时候开展更多自查自纠式的"清朗行动",让平台不仅仅发展得更快,还要更好。再次,以农产品上行为标签的拼多多,如何促进农产品标准化、保证消费者的消费体验也是一个关键问题。整体上,如何让消费者享受低价的同时也能享受更高质量的服务和产品,拼多多还有很长一段路要走。只有让平台生态中的各个参与者发挥所长且良性互动、实现多方共赢,才能保障平台生态的繁荣和长远发展。

第四节 上海商业政策环境分析

一、分类管理,多措并举,加快经济恢复

为贯彻落实国务院稳经济一揽子政策措施,有力有序推动经济加快恢复和重振,2022年5月,上海市人民政府印发了《上海市加快经济恢复和重振行动方案》(以下简称《方案》)[1],《方案》为各类市场主体纾困解难,对各市场领域实施分类指导,精准管控,从投资政策、金融服务、消费市场、要素保障等多个维度,多措并举,保障全面有序地推进经济恢复和振兴。

(一)全面有序推进复工复产复市

一是加强对企业复工复产复市的支持和服务,分类指导、动态修订各行业领域复工复产复市疫情防控指引,支持汽车、集成电路、生物医药等制造业企业以点带链,实现产业链供应链上下游企业协同复工,稳步提高企业达产率。逐步推动批发零售、金融、交通物流、房地产、建筑等行业复工达产,抢抓农时推动各类农业生产单位复工,在具备条件后有序推动餐饮、居民服务、文旅会展等人员聚集型行业复工。建立长三角产业链供应链互保机制,共同保供强链。

二是畅通国内国际物流运输通道,加快推广使用全国统一互认的通行证,提升跨省运输中转站运行效率,推广无接触物流方式,提高货运通行效率。严格实施港口、机场防疫生产保障措施,优化提货方式和口岸检疫流程,保障产业链供应链和航运物

---

[1] 上海市商务委员会.上海市人民政府关于印发《上海市加快经济恢复和重振行动方案》的通知[N/OL].(2022-05-29)[2023-08-14].https://www.sh.gov.cn/。

流有序运转。

（二）多措并举稳外资稳外贸

一是支持外资企业恢复生产经营，建立重点外资企业复工复产专员服务机制，实行专人跟踪服务，帮助重点外资企业解决复工复产、物流运输、防疫物资等突出问题，切实稳定外资企业的发展预期。保障重大外资项目顺利推进，启用重大外资项目线上服务系统，市、区联动，线上线下协同，保障在谈、签约、在建项目尽快恢复运转，实施专人跟踪服务。积极争取一批重大项目尽快落地。支持跨国公司在沪设立地区总部和外资研发中心。

二是切实帮助外贸企业纾困，加快落实国家出台的外贸支持政策，对加工贸易企业在国家实行出口产品征退税率一致政策后，允许对前期多转出的增值税进项税额转入抵扣。企业申报退税的出口业务，因无法收汇而取得出口信用保险赔款的，将出口信用保险赔款视为收汇，予以办理出口退税。鼓励港口企业减免特定时期内的货物堆存费，鼓励航运公司减免特定时期内的滞箱费，倡导港航相关企业减免外贸进出口相关物流操作费用。强化外贸企业政策性金融支持。加大出口信用保险支持力度，扩大中小微企业覆盖面，优化承保理赔条件，在上海"单一窗口"开设在线报损索赔通道，建立保费缓缴机制和快赔先赔机制，应保尽保、能赔快赔。对于符合"专精特新"等条件的中小微企业，在原有出口信用保险费率基础上，实施不低于10％的阶段性降费，加大保单融资支持力度。支持中国进出口银行上海分行设立进出口业务专项信贷额度，建立快速评审通道，积极运用政策性优惠利率贷款或向总行争取其他利率优惠政策，降低企业融资成本。

三是着力稳定外资外贸企业预期和信心，加强与外资企业高管面对面沟通，帮助外资企业解决实际问题，加大总部企业走访沟通力度，切实修复和提振外资企业信心。助力外贸企业履约订单，实施通关便利化措施，采取收发货人免于到场查验模式，支持企业在线办理通关业务，建立重点企业重点物资通关绿色通道，提升货物通关和提离效率。上海国际仲裁中心等有关争议解决机构为外贸企业维权提供法律咨询和援助，对符合条件的仲裁费用予以减免、退还和缓交。为外资企业派驻上海的外籍员工及家属、开展重要商务活动的全球高管和专业技术人员，以及外贸企业重要海外客户办理来华邀请函和出入境手续提供便利。

四是更好地发挥外贸外资专项资金引导作用，统筹用好国家外经贸发展和上海市商务高质量发展等专项资金，调整资金使用方式，加大资金支持范围和力度，重点用于2022年度稳外贸稳外资，对产业链供应链重点外资项目给予资金支持。

(三) 大力促进消费加快恢复

一是以大宗消费为抓手拉动消费,大力促进汽车消费,年内新增非营业性客车牌照额度4万个,按照国家政策要求阶段性减征部分乘用车购置税。2022年12月31日前,个人消费者报废或转出名下在上海市注册登记且符合相关标准的小客车,并购买纯电动汽车的,给予每辆车10 000元的财政补贴。支持汽车租赁业态发展。完善二手车市场主体登记注册、备案和车辆交易登记管理规定。实施家电以旧换新计划,对绿色智能家电、绿色建材、节能产品等消费按规定予以适当补贴,支持大型商场、电商平台等企业以打折、补贴等方式开展家电以旧换新、绿色智能家电和电子消费产品促销等活动。

二是完善消费供给保障体系,抓紧规划建设一批集仓储、分拣、加工、包装等功能于一体的城郊大仓基地,推动应急物资储备基地建设,确保应急状况下及时就近调运生活物资。优化配置社区生活消费服务综合体,支持智能快件箱、智能取餐柜和快递服务站进社区、进园(厂)区、进楼宇,支持冷链物流网络及前置仓布点建设,加强末端环节及配套设施建设。

三是以节庆活动为契机促进消费,优化"购物节"方案,适时推出主题购物节活动,鼓励发展夜间经济,提振消费信心。支持大型商贸企业、电商平台等企业以多种方式发放消费优惠券,支持文旅企业发放文旅消费券,鼓励文旅企业在"乐游上海"等平台进行免费推广,带动形成消费热点。对具有市场引领性的创新业态、模式以及创意活动,并对消费市场增长有突出贡献的企业适当予以资金支持。

四是支持文创、旅游、体育产业发展,用好电影事业发展、文化创意产业发展、旅游发展、体育发展等专项资金,采用无偿资助、贷款贴息等方式,加大对演出场所、电影院、实体书店、健身场馆等扶持,支持一批文创园区、文创企业和文体旅游项目,助力文创产业、旅游产业和体育产业尽快恢复发展。对符合条件的旅行社,旅游服务质量保证金暂退比例由80%提高至100%。鼓励企业、社会团体委托旅行社开展党建、公务、工会、会展等活动,旅行社可按规定开具发票作为报销凭据。

(四) 全力发挥投资关键性作用

一是积极扩大有效投资,全力推动在建项目复工复产,优化政府投资项目审批程序,实行格式化审批、简化审批流程、分期审批及供地等措施,促进新项目开工建设。积极采取容缺后补等方式,加快推进重大产业项目开工建设。支持铁路大通道、轨道交通网络、航空枢纽、港口、能源、内河航道、水利、地下综合管廊等基础设施重点项目加快开工建设,推动集成电路、新能源汽车等一批重大产业项目加快落地,在项目审批、要素保障等方面加大支持力度。加强城市更新规划编制、政策支持和要素保障。年内完成中心城区成片旧区改造,全面提速零星旧区改造,年内新启动8个以上城中村改造项目。中心城区旧区改造联动政策推广至五个新城,优化完善城中村改造政策。积极拓宽融资渠道,支持发行地方政府专项债券用于城市更新项目。健全住房租赁体系,推进保障性租赁住房建设筹措和供应。完善住房租赁法规政策,加强住房租赁管理和服务。促进房地产开发投资健康发展,建立房地产项目前期审批绿色通道,及时启动新一批次市场化新建商品住房项目上市供应,进一步缩短前期开发、拿地、开工、销售全流程时间,完善房地产政策,支持刚性和改善性住房需求。

二是加强投资项目要素和政策支持,加强资源性指标"六票"统筹,试行市重大项目推进实施所需的水面积、绿地、林地等相关指标跨年度统筹平衡。聚焦自贸试验区临港新片区、虹桥国际开放枢纽、五个新城建设、南北转型等重大战略任务,支持各区申报地方政府专项债券。适当扩大地方政府专项债券支持领域,将新型基础设施等纳入支持范围。加快地方政府专项债券发行和使用进度,进一步发挥基础设施不动产投资信托基金(REITs)作用,落实好"上海REITs20条"支持政策,推动更多符合条件的存量基础设施项目发行REITs,遴选保障性租赁住房项目等开展REITs试点,支持盘活存量资金用于新建项目。

三是充分引导和激发社会投资,深入推进企业投资项目备案制改革,实行立项、用地、规划、施工、竣工验收等各审批阶段"一表申请、一口受理、一网通办、限时完成、一次发证"。在临港新片区深化实施企业投资项目承诺制改革试点,向其他有条件区域推广。提升环评与排污许可证管理服务,加大环评豁免和告知承诺力度,扩大环评与排污许可"两证合一"范围,优化排污许可证办理和变更手续。进一步扩大民间投资领域,鼓励和吸引更多社会资本参与市域铁路、新型基础设施等一批重大项目,鼓励民间投资以城市基础设施等为重点,通过综合开发模式参与重点项目建设。实施社会投资项目"用地清单制"改革,支持扩大企业债券申报和发行规模。加强银政联动和银企对接,鼓励金融机构对接重点项目,加大对基础设施建设和重大项目的支持力度,提供优惠、便捷的融资支持。市区合力加大对"专精特新"企业的支持力度。

(五)强化各类资源和要素保障

一是加大财政跨周期调节力度,加快财政支出进度,统筹使用各类收入和专项资金,调整优化支出结构。加快各类涉企专项资金的拨付和执行进度,做到早分配、早使用、早见效。完善专项资金使用和评价方式,统筹用于对经营困难的企业给予房租、贷款利息、担保费、稳岗就业等补贴。

二是强化金融助企纾困功能,鼓励金融机构对中小微企业和个体工商户贷款、货车司机贷款及受疫情影响、符合条件的个人住房与消费贷款等,实施延期还本付息,不影响征信记录,并免收罚息。推动试点银行将无缝续贷服务对象从小微企业拓展至中型企业。积极开发线上无缝续贷产品,按照"零门槛申请、零费用办理、零周期续贷"导向,支持中小微企业融资周转无缝续贷,将商业汇票承兑期限由1年缩短至6个月,并加大再贴现支持力度。鼓励银行类金融机构设立企业纾困专项贷款,积极用好国家各类再贷款支持政策和普惠小微贷款支持工具,对重点领域和困难企业加大信贷投放力度。继续推动实际贷款利率稳中有降。深入实施"浦江之光"行动,孵化培育更多优质科技型企业,升级企业库和政策库,为企业上市提供精准化服务。支持金融机构发行金融债券,为重点领域企业提供融资支持,对民营企业债券融资交易费用能免尽免,进一步拓宽企业跨境融资渠道。支持融资担保机构进一步扩大中小微企业融资担保业务规模,鼓励市有关部门和各区对中小微企业通过政府性融资担保机构担保获得的银行贷款,实行贴息贴费政策。鼓励小额贷款公司、典当行等地方金融组织对困难行业、中小微企业和个体工商户适当降低贷款利率、担保费率、典当综合费率等融资成本,通过展期、无还本续贷等方式减轻客户还款压力,积极帮助中小上市企业缓解资金流动性压力。支持更多符合条件的资产管理机构参与合格境外有限合伙人(QFLP)试点和合格境内有限合伙人(QDLP)试点,鼓励试点企业在沪设立全球或亚太投资管理中心,便利其开展跨境双向投资业务。

三是保障土地要素供给,对公开招标拍卖挂牌方式出让的地块,加快建立线上交易机制。允许受让人申请延期缴付或分期缴付土地出让价款。优化土地出让条件,合理确定住宅用地起始价,降低商业办公用房自持比例。适当增加2022年度建设用地计划,加大净增建设用地指标,支持保障各区重点产业项目用地需求。对于建设用地指标确有缺口的区,可由市级指标采取"直供"方式解决。

(六)切实加强民生保障工作

一是多渠道稳定和扩大就业,鼓励有条件的国有企业新增就业岗位,支持有空余编制的事业单位适度增加人员招聘名额,积极通过政府购买方式开发社区公益性岗位。加大社区卫生和公共卫生岗位、社区工作者岗位招聘力度,鼓励各区招聘储备中小学优秀师资,吸纳更多高校毕业生就业。加大培训补贴力度,对本单位实际用工的从业人员开展与本单位主营业务相关的各类线上职业培训,每人每次补贴600元,

2022年年内不超过3次。获得技能人员职业资格证书、职业技能等级证书的劳动者可享受职业技能提升补贴。支持职业院校按规定备案成立职业技能等级评价机构为毕业学年学生提供服务,2022届院校毕业生年底前可回原校参加技能等级认定并享受职业技能提升补贴。全面加强就业服务,对相关重点企业建立"一对一"工作机制,支持采用共享用工等方式解决短期用工矛盾,企业可与职工协商弹性工作制稳岗。加大高校毕业生就业创业工作力度,鼓励企业、基层、机关事业单位等吸纳高校毕业生,对招聘上海市高校应届毕业生的企业,符合条件的,3年内按照实际招用人数给予每人每年7 800元的税费减免优惠,落实高校毕业生自主创业税收、补贴等支持政策和见习补贴、一次性求职创业补贴政策。依托"一网通办"简化高校毕业生就业手续,提升就业服务效率。加强对灵活就业的监测与服务,开展新就业形态从业人员职业伤害保障试点。做好欠薪垫付工作,简化程序提高垫付效能。全面落实各类人才计划和政策,优化人才直接落户、居转户、购房等条件,加大海外人才引进、服务和支持力度,加快实施人才安居工程,完善教育、医疗等服务,深入推进海聚英才创新创业系列活动,进一步吸引和留住各类人才。

二是保障群众基本生活,进一步加强重要民生商品价格监测和市场监管,切实做好生活物资保供稳价工作。在继续实施社会救助和保障标准与物价上涨挂钩联动机制的基础上,通过发放一次性补贴、爱心礼包等形式,保障困难群众生活。

(七)保障城市安全有序运行和优化营商环境

一是保障城市核心功能正常运转和城市安全,完善重要功能性机构和企业服务保障专班协调机制,确保金融、贸易、航运、科创等城市核心功能持续稳定运转。保障能源安全供应,提高煤炭采购和储备水平,增强电力和天然气调度保供能力,增加市外来电供应,支持重点能源项目建设,保障经济恢复和迎峰度夏用电需求。加强粮食生产和储备,及时发放农资补贴,优化种粮补贴政策,适当提高粮食最低收购价水平。严格落实安全生产责任,深入开展安全大检查,全面排查整治安全隐患,保障城市运行安全。

二是强化为企服务,主动关心和服务企业,送政策上门,积极进行政策辅导、解释政策流程、推动政策直达,帮助企业排忧解难。建立企业诉求快速回应和解决问题的服务机制,在"一网通办"、随申办、上海市企业服务云推出服务专栏和工作平台,及时解答和处理企业复工复产复市过程中的具体问题。完善市、区两级稳商招商服务协调机制,用好上海外商投资促进服务平台,建立"问题台账""服务台账",集中解决一批影响企业投资发展的瓶颈难题,激发企业投资活力。

三是实施市场主体纾困优化营商环境专项行动计划,建立营商环境监督员、"体验官"制度,切实提升企业感受度。提高"一网通办"全程网办率,通过线上审批、线上服务、线上帮办、电子证照应用、告知承诺办理、自动顺延许可证有效期限等方式,推进惠企利民政策"精准推送""免申即享",为疫情防控期间企业和个人办事提供便利。积极协助企业和个人开展信用修复工作,因疫情影响而导致的企业合同逾期、延迟交货、延期还贷等失信行为,不将其列入失信名单。加大政府采购支持中小企业力度,提高中小企业在政府采购中的份额。落实国家支持平台经济规范健康发展的具体措施,稳定平台企业及其共生中小微企业的发展预期,鼓励平台企业加快重点领域技术研发突破。支持投资类企业准入和注册,实施更加便捷的工作流程。加强法律服务保障,建立公共法律服务热线,对企业受疫情影响造成的合同违约、订单延迟、劳资关系等纠纷,及时提供法律咨询、法律援助、法律服务指引和调解等服务。

二、鼓励跨国公司在沪设立总部,发展更高能级的总部经济

为加快发展更高能级的总部经济,进一步鼓励更多跨国公司在上海设立总部型企业,实施"总部增能行动",实现更深层次、更宽领域、更大力度开放,上海市人民政府印发了修订后的《上海市鼓励跨国公司设立地区总部的规定》(以下简称《规定》)[1],《规定》界定了跨国公司地区总部的含义和认定条件,并针对跨国公司地区总部提出若干资金运作与管理、贸易便利、科技创新支持等便利性措施。

(一) 跨国公司总部的界定

跨国公司地区总部(以下简称"地区总部"),是指在境外注册的母公司在本市设立,以投资或授权管理形式履行一个国家及以上区域范围内投资、管理和服务职能的唯一总机构。跨国公司须以具有独立法人资格的企业组织形式在本市设立地区总部。

跨国公司总部型机构(以下简称"总部型机构"),是指未达到地区总部标准,由境外注册的母公司或外商投资性公司在本市设立的,实际履行一个国家及以上区域范围内投资、管理、营销、结算、支持服务等总部职能的外商投资企业(含分支机构)。

跨国公司事业部总部(以下简称"事业部总部"),是指在境外注册的母公司具有以功能、业务、产品、品牌、服务等为依据细分的事业部制组织架构,由其或外商投资

---

[1] 上海市商务委员会.上海市人民政府关于印发修订后的《上海市鼓励跨国公司设立地区总部的规定》的通知[N/OL].(2022-11-09)[2023-08-14].https://sww.sh.gov.cn/.

性公司在本市设立,以投资或授权管理形式负责事业部在一个国家及以上区域范围内投资、管理和服务职能的唯一总机构。跨国公司须以具有独立法人资格的企业组织形式在本市设立事业部总部。

(二) 跨国公司总部的认定条件

1. 申请认定地区总部,应当符合下列条件

一是具有独立法人资格的外商投资企业;

二是境外母公司直接或间接持股不低于50%,母公司资产总额不低于2亿美元;

三是注册资本不低于200万美元;

四是基本符合前述条件,并为所在地区经济发展做出突出贡献的,可以酌情考虑认定。

2. 申请认定总部型机构,应当符合下列条件

一是具有独立法人资格的外商投资企业或其分支机构;

二是境外母公司直接或间接持股不低于50%,母公司资产总额不低于1亿美元;

三是注册资本不低于100万美元,如以分支机构形式设立的,总公司近3年累计拨付的运营资金不低于100万美元。

3. 申请认定事业部总部,应当符合下列条件

一是符合地区总部认定条件的(一)至(三)条;

二是在本市持续经营1年以上,本企业上一年度营业收入占境外母公司事业部营业收入的比例不低于10%,企业上一年度营业收入不低于10亿元人民币。

除上述条件外,申报企业须在3年内无严重失信行为,或者至申报之日起失信行为已修复。

(三) 资金运作与管理

人民银行上海总部、国家外汇管理局上海市分局为总部企业设立跨境资金池提供适配服务。符合条件的总部企业可以按照有关规定,通过不同类型跨境资金池在境内外成员企业之间集中开展本外币资金归集、调拨、结算、套保、投资、融资等业务,在跨境资金池框架下便利总部企业的境内外资金运作。高能级总部企业可以按照有关规定开展本外币一体化资金池业务,提升跨国公司跨境资金统筹使用效率,降低企业汇兑风险及财务成本。

符合条件的总部企业在办理资本项目外汇收入(包括资本金、外债资金、境外上市调回资金等)及其结汇所得人民币资金的境内支付时,可以凭"资本项目外汇收入

支付便利化业务支付命令函"直接在符合条件的银行办理,无须事前逐笔提交真实性证明材料。

总部企业按照有关规定使用人民币跨境结算的,银行可以在"展业三原则"的基础上,参照优质企业标准,凭"跨境业务人民币结算收/付款说明"或收付款指令,直接为总部企业办理货物贸易、服务贸易跨境人民币结算,以及资本项目人民币收入(包括外商直接投资资本金、跨境融资及境外上市募集资金调回等)在境内的依法合规使用。

(四)贸易便利

总部企业开展具有真实贸易背景的新型国际贸易,可以按照有关规定,在银行直接办理相关外汇收支手续,由银行按照国际通行规则,提供便利化跨境金融服务。符合条件的总部企业可以申请纳入离岸贸易"白名单"。

总部企业设立国际贸易分拨中心,上海海关、国家外汇管理局上海市分局等部门对其采取便利化的监管措施。符合条件的总部企业可以申请上海市国际贸易分拨中心示范企业评定。

总部企业可以按照有关规定,在综合保税区内开展航空航天、船舶、轨道交通、工程机械、数控机床、通信设备、精密电子、高端医疗设备等产品维修业务,并根据维修商品目录,开展全球维修业务。在确保风险可控前提下,符合条件的总部企业可以在海关特殊监管区域外开展高附加值、高技术含量、符合环保要求的保税维修业务。

符合条件的总部企业可以被评定为出口退税一、二类企业。

总部企业可以加入上海国际贸易"单一窗口",获得通关物流动态信息、口岸资讯、金融支持等专属服务。

上海海关加强对总部企业的海关信用培育,将符合条件的总部企业优先纳入海关信用培育重点企业名单,优先培育、优先认证,成为高级认证企业后享受AEO(经认证的经营者)通关便利。根据总部企业最新发展和需求,海关探索集团式、产业链供应链化的海关信用培育认证模式,以贸易便利化为重点,创新监管制度和监管模式,着力提升通关效率,为其进出口货物提供个性化通关便利。

上海海关支持总部企业开展关税保证保险试点。对总部企业试验用进出口材料实施风险评估、分类管理,促进研发试验用材料进出口便利化。

(五)科技创新支持

总部企业可以按照有关规定,申请参与本市研发公共服务平台、众创空间、创新平台等建设,申请承担政府科研项目,与高校、科研院所共同建立专业领域技术创新联合体,并由相关部门提供辅导和帮助。

符合条件的总部企业可以申请加入本市生物医药试点企业和物品"白名单"。总部企业研发用食品、化妆品样品在符合要求前提下,可以享受通关便利化措施。

(六)商事登记

上海市市场监管局为总部企业开展市场登记"全程网办",为申领、应用电子营业执照和电子印章提供便利。

(七)项目投资

本市支持总部企业开展项目投资,符合条件的项目可以列入市重大外资项目清单,市、区统筹推进项目准入、规划、用地、环保、用能、建设、进出口、外汇等相关事项,加快项目落地实施;符合相关条件的,给予资金支持。

(八)人才引进

总部企业聘雇紧缺急需留学回国人员,符合相关条件可以办理本市户籍,聘雇符合条件的海外人才申请上海市海外人才居住证(B证)可以享受附加分及相关待遇。引进国内优秀人才的,符合相关条件,可以办理本市户籍。

总部企业境外专业人才符合相关条件的,可以参与职称申报评审。总部企业贡献突出的高级管理人员可以被相关单位推荐参评白玉兰友谊奖。总部企业可以被相关单位优先推荐申请加入上海市市长国际企业家咨询会议。

取得国际专业资质或具有特定国家和地区职业资格的金融、规划、航运等领域专业人才,经相关行业主管部门备案后在总部企业提供服务的,其境外从业经历可以视同国内从业经历(有行业特殊要求的除外)。总部企业中取得永久居留资格的外籍人才领衔承担国家科技计划项目的,可以担任本市新型研发机构法定代表人。

对在总部企业工作的外籍高级管理人员,市公安局出入境管理局、市卫生健康委、市人力资源和社会保障局等部门在符合相关政策的前提下,为其家属在停居留、医疗服务、申请人才公寓等方面提供便利。符合条件的外籍高级管理人员的外籍子女,可以以国际学生身份申请本地学校就读。

(九)出入境便利

总部企业符合条件的中国籍人员可以申办亚太经合组织商务旅行卡。对总部企业聘用的中国内地居民,提供商务出境便利。

总部企业需要多次临时入境的外籍人员可以按照有关规定,申请办理入境有效期不超过 5 年,停留期不超过 180 日的多次签证。对总部企业邀请,因紧急商务需入境的外籍人员,可以按照规定,在口岸签证机关申请办理口岸签证入境。

需要在本市长期居留的总部企业聘雇的外籍人员可以按照规定,申请办理 3 至 5 年有效的外国人居留许可。

总部企业的外籍高级管理人员按照《外国人在中国永久居留审批管理办法》等相关规定,可以被优先推荐申办在华永久居留。

上海海关(出入境检验检疫部门)为总部企业高级管理人员办理健康证明提供绿色通道。

(十) 知识产权保护

总部企业在上海市场具有较高知名度且受侵权假冒情况较多的涉外商标,可以被推荐纳入《上海市重点商标保护名录》。总部企业可以向市知识产权局申请依托跨区域知识产权行政保护协作机制开展异地维权。

三、 加快建设国际消费中心城市,完善商业空间布局

为加快建设国际消费中心城市,全力打响"四大品牌",围绕"强功能、提能级、推动高质量发展、创造高品质生活"的主线,指导本市商业空间合理发展、有序布局,2023 年 1 月,上海市商务委员会、上海市规划和自然资源局共同组织编制了《上海市商业空间布局专项规划(2022—2035 年)》(以下简称《规划》)[1],《规划》坚持"以人民为中心,以需求为导向;统筹城乡,严控规模;合理布局,分类引导;精准管控,提升品质"原则,统筹全市商业空间实际情况和未来需求,加强对商业设施的建设和更新,建设布局协调、结构合理、层次分明、功能健全、配套完善、经营有序、可持续发展的商业空间布局体系。在满足建设国际消费中心城市需要的前提下,做好总量调控,到 2025 年,全市商业建筑总面积达 1 亿平方米;到 2035 年,规划商业建筑总量控制在 1.2 亿平方米左右。

(一) 构建"4+ X+ 2"新商业体系

"4"是四级商业中心体系,由国际消费集聚区和国际消费窗口、市级商业中心、地

---

[1] 上海市商务委员会.上海市规划和自然资源局关于印发《上海市商业空间布局专项规划(2022—2035 年)》的通知[N/OL].(2023-01-20)[2023-08-14].https://sww.sh.gov.cn/。

区级商业中心、社区级商业中心构成。"X"是X个特色商业功能区,由特色商业街区、首发经济示范区、夜间经济集聚区、主副食品保供基础设施、交通枢纽型商业等构成。"2"是两个配套支撑系统,包括商贸物流体系、商业数字化体系。要完善各级各类商业中心、特色商业功能区和配套支撑系统的功能布局、等级规模、设施配置标准、业态引导等要素。要加快建设改造提升"一江一河"交汇处"黄金三角"功能区和"大虹桥"区域,重点打造面向全球、引领长三角的国际开放枢纽门户,构建东西两片国际级消费集聚区。要大力发展社区商业,更好服务保障民生,满足居民日常生活基本消费和品质消费,加快打造业态多元集聚的"15分钟便民生活圈"。

(二)构建商业中心体系

1. 打造国际级消费集聚区

充分发挥黄浦江、苏州河交汇处"黄金三角"功能区的空间资源优势,以及"大虹桥"面向全球、引领长三角的国际开放枢纽门户条件,划定东、西两片国际级消费集聚区。培育多个具有"买全球、卖全球"国际消费特征的特色功能节点,打造上海链接国际、面向世界的国际消费窗口,例如浦东迪士尼小镇、青浦长三角一体化示范区水乡客厅、浦东临港新片区免税消费窗口、宝山吴淞国际邮轮码头等。

东片国际级消费集聚区以"一江一河"交汇处的"黄金三角"功能区为核心,依托南京东路、南京西路、小陆家嘴、淮海中路、豫园商城、北外滩、徐家汇等市级商业中心,发挥上海商业策源地的消费文化底蕴,联动周边文化、旅游、体育、休闲、金融、健康养老等各类高等级消费空间共同组成,打造引领全球的消费高地。总用地面积约为11平方千米,规划商业建筑规模约为600万平方米。

西片国际级消费集聚区以虹桥国际开放枢纽和虹桥副中心为依托,发挥"大交通、大商务、大会展"的区域优势,持续放大进博会溢出带动效应,推动交易服务平台深化建设,打造联系亚太、面向世界、辐射国内的重要商贸流通中心。总用地面积约为5平方千米,规划商业建筑规模约为50万平方米。

2. 打造市级商业中心

确定29个市级商业中心。主城区重点结合中央活动区突出全球城市核心功能,聚焦南京东路、南京西路、徐家汇、中山公园、陆家嘴—张杨路等地区,同时依托江湾—五角场、真如、吴淞、莘庄等城市副中心强化全球城市的专业功能。主城区外进一步提升五大新城和浦东机场—东站等重点地区的商业能级。主城区市级商业中心共23个,包含5个远期市级商业中心。主城区外市级商业中心共6个,包括临港新片区商业中心、浦东机场—东站商业中心(远期)以及其他新城商业中心。新城商业中心立足交通枢纽和新城中央活动区,发挥对长三角地区的辐射带动作用,打造区域消费枢纽节点。

3. 打造地区级商业中心

在城市总体规划确定的公共中心体系基础上,根据居住、就业等消费人口分布优化布局。主城区以现状为基础,重点填补服务盲区,以空间集约、品质提升为主要优化方向。主城区外对应总规确定的规划市域城乡体系,合理控制商业中心数量与规模,重点聚焦5大新城、核心镇,及部分有文化旅游产业特色的中心镇、重点地区。本次规划共确定45个地区级商业中心,其中主城区内31个,主城区外14个。主城区内的地区级商业中心中,22个位于中心城,9个位于虹桥、川沙、宝山、闵行主城片区。主城区外共确定了14个地区级商业中心,其中6个位于5大新城内,8个位于新城外。

4. 打造社区级商业

城镇地区的社区级商业设施可分为"社区级商业中心"和"邻里商业设施"两个层级。乡村地区应根据人口分布特征和生产生活方式合理配置。以社区居民和就业人口为服务对象,满足居民日常生活消费需求,兼顾个性化、品质化,打造业态多元复合的"15分钟便民生活圈"。

(1) 社区级商业中心

对应15分钟社区生活圈,满足居民日常多元化的消费需求,功能相对完善。主要服务本社区居民,服务人口3万~5万人;服务半径主城区内800~1 200米,主城区外1 000~1 500米。人均商业建筑规模建议为1.0~1.5平方米/人,单处设施建筑面积建议为1万~2万平方米,不宜低于5 000平方米。商业街型社区级商业中心,沿街店铺相连长度不宜低于200米,不宜超过500米。满足从基本保障到品质提升的各类消费需求,包括零售、餐饮、生活服务、文化娱乐、体育休闲、医疗康养等。

(2) 邻里商业设施

对应5分钟社区生活圈,就近满足居民最基础、便捷的生活服务。主要服务就近居住居民,服务半径建议为300~500米。人均建筑规模建议为0.4~0.6平方米/人。以居民基本生活服务保障为主,提供使用最频繁、距离敏感最高的各类功能业态。

(3) 乡村配套商业设施

对应乡村生活圈,以行政村为单元,满足基本日常生活需求,提供便民服务。服务周边乡村居民,服务半径为800~2 000米,服务人口为100~500户。不设人均指标与单处规模要求,建议单处设施规模宜在50~600平方米,部分功能可利用露天场地。鼓励设施根据人口密度和空间分布共享合并,相对集中设置。以乡村居民基本生活服务保障为主,兼顾生产服务配套,可包括便利店、杂货店、药店、理发店、餐厅、金融服务、维修点、末端配送、农产品销售展示等功能。

(三) 构建特色商业功能区

1. 特色商业街区

挖掘全域风貌、文化、旅游资源培育海派特色街区。全市在各级商业中心范围外共规划82个特色商业街区,其中主城区内54个,主城区外28个。主城区内20个为现状特色商业街区,包括衡山坊、思南公馆、上生新所等;34个为规划新增,例如东斯文里、金陵路、乔家路等。主城区外7个为现状特色商业街区,如南翔古镇、朱家角古镇等;21个为规划新增,包括展现古镇风貌的罗店、廊下、张堰等,代表特色产业的马桥人工智能小镇,以及彰显生态景观的长三角水乡客厅等。

2. 首发经济示范区

着重打造首发首秀首展地标。推动"全球新品首发地示范区"建设,选取滨江滨河、历史地段等区域举办具有重大影响力的国际、本土品牌和潮牌的新品首发、首秀、首展等活动,提高时尚首秀、剧目首演等活动的举办频率。全面提高特色品牌首店比重。提升商业中心的首店入驻数量和比例,吸引国内外高影响力品牌的首店、旗舰店、概念店、展示厅入驻,汇集本土领军性原创品牌总店、首店,打造一批具有国际影响力的商业综合体。

3. 夜间经济集聚区

在全市构建由滨水夜经济活力带、地标性夜生活集聚区和夜间经济特色示范项目组成的"1+15+X"夜间经济空间布局体系。打造1条世界顶级滨水夜经济活力带。以一江一河交汇口为中心,重点聚焦黄浦江杨浦大桥至上中路隧道段,及苏州河静安、虹口、黄浦、普陀、长宁段的滨水区域,展现全球卓越城市水岸风貌,汇集类型多元的高能级公共活动,形成世界顶级的消费体验场景。形成15个地标性夜生活集聚区。根据辐射范围、功能特色、载体类型、服务人群等要素,汇集特色业态,融合独特场景,塑造鲜明地区特征,展现丰富多元的全球城市夜间魅力。培育X个夜间经济特色示范项目。在全市各区打造一批标志性夜市和夜间经济特色项目,形成代表上海本地特色的,以生态、文旅、观光等功能为主的夜间消费目的地。

4. 交通枢纽商业

打造汇集全球资源的国际消费门户。依托高能级对外交通枢纽,汇集全球顶尖商务、贸易、信息、交通、客流等资源,打造集购物、免税、娱乐、商务、酒店、体育、艺术等功能于一体的国际消费门户。虹桥国际开放型枢纽依托进博会外溢功能,促进特色消费发展,扩大免税购物场所,构建进口商品展示交易新平台。浦东机场—东站体验型枢纽,联动龙阳路商圈,提升客运枢纽的综合商业服务水平与消费体验,打造一站式、体验性、智慧化的国际消费门户。推动洋山特殊综合保税区、外高桥保税区、浦东机场综合保税区创新升级,大力发展保免退税经济。联动重点商圈、机场、涉外宾馆酒店和旅游景区开设退税商店,加大免税店和退税商店推介力度。建设轨道交通站点周边一公里消费圈。鼓励围绕轨道交通站点周边一公里范围内集中布局餐饮购物、商务办公、文化娱乐、公共服务等多种功能。完善轨道交通站点内及地下通道沿线的商业配套。鼓励建设轨道交通上盖、地下商业街等多样化的商业空间。

5. 农产品批发市场

进一步完善覆盖全市、辐射长三角、服务全国,与上海超大城市发展相适应的,由中心批发市场、区域批发市场(专业批发市场)、零售市场构成的三级市场保供体系,确保主副食品安全与稳定供应,强化商品集散、供需平衡、价格形成、信息发布、食品安全等功能,逐步实现国内外资源配置能力增强、市场交易方式优化升级、基础设施完善先进、新技术新业态新模式持续发展,保障市场供应量足价稳、优质安全、便利惠民。构建"4+6+N"的主副食品保供空间布局体系。在全市构建由东南西北四大中心批发市场、六大区域批发市场、N个专业批发市场组成的"4+6+N"空间布局体系。中心批发市场、区域批发市场作为城市保供的基础底板,着重夯实城市主副食品保供能力;专业批发市场作为补充,为市民提供多元化、精细化、适应新兴消费需求的品类供给。引导批发市场向规模化、立体化、复合化方向发展。鼓励批发市场在满足交易功能的同时,融合加工、仓储、配送、教学体验、中央厨房等多元功能,鼓励与周边区域功能联动,打造城市特色消费地标。

(四)完善配套支撑体系

1. 商贸物流暨应急保供体系

完善四级商贸物流基础设施体系,构建"区域物流枢纽—转运分拨中心—社区物流配送设施—末端物流设施"四级商贸物流设施体系。规划八大物流枢纽集聚区,包括浦东空港物流枢纽集聚区、虹桥物流枢纽集聚区、外高桥物流枢纽集聚区、四团物流枢纽集聚区、西北物流枢纽集聚区(徐行)、西南物流枢纽集聚区(新浜)、陆家浜物流枢纽集聚区(昆山)及青浦智慧物流聚集区。在靠近商贸物流配送需求区域,兼顾居住与就业人口分布,划分转运分拨中心的服务片区。根据部分时效性高的货种、即时性的配送需求,可并立或联合配置前置仓。加强末端物流设施,同步完善冷链物流支撑体系,围绕农产品生产、流通、消费等多个环节,为重要冷链物流基础设施提供空间支撑的空间体系。此外,着力推进应急保供基础设施体系建设。基于商贸物流体系,应对应急保供需求,形成由"城郊大仓基地—应急物资储备基地—街镇保供中转站—末端保供基础设施"构成的四级应急保供基础设施体系,实现"平—战"功能快速转化。

2. 商业数字化体系

完善数字终端基础设施建设,支持商圈 5G 应用场景创新,鼓励布局各种智慧配送终端和智慧零售终端,如无人机、无人配送车、智能快递柜、智能取餐柜等。通过和大数据应用、云计算应用企业合作,构建线上虚拟的消费空间,打造覆盖面广、类型丰富的新零售智能应用场景。线上线下融合赋能商业服务,推进传统商业数字化创新,培育全领域、全流程的实体商业企业数字化经营能力,逐步实现商圈核心业务在线化、运营管理数字化、消费场景智慧化,打造线上线下融合新空间。培育多样化数字消费新生态,重点推动产品数字化、营销数字化、场景数字化、运营数字化。打造直播电商高地,加快优质直播平台培育,支持直播电商平台设立上海特色品牌专区、举办专场活动,鼓励设立直播旗舰店,建设主题鲜明、特色突出、示范性强的直播电商基地。

第二章　上海商业网点发展研究

第一节　上海商业网点发展概况

上海市商业网点发展概况是从商业网点整体性出发,以消费数据为核心要素,分析上海市商业网点的消费特征和消费趋势。

报告分析所用数据来源包括银联消费大数据[1],具体含各商圈[2]的消费额统计、用户消费能力统计和用户消费类型统计等数据。辅助数据包括上海市区县行政区划及上海市环线等地理信息(GIS)空间矢量数据。本节内容涉及的分析方法包括海量数据可视化、GIS叠置分析方法和空间统计分析方法。

一、上海行政区月平均消费趋势

使用上海市2020—2022年银联消费数据,对上海市商业网点月平均消费进行分析。统计结果发现,2022年,上海市部分行政区消费水平较2021年出现一定幅度下降,其中黄浦区月均消费下降幅度较大,由2021年的362亿元/月下降至2022年的184亿元/月,跌幅达49%。其次是静安区、金山区、徐汇区和浦东新区,静安区由2021年的159亿元/月跌至2022年的83亿元/月,金山区则由2021年的29亿元/月跌至2022年的18亿元/月,徐汇区由2021年的121亿元/月跌至86亿元/月,浦东新

---

[1] 为保持数据分析和结果的一致性,本年度使用的2022数据沿用2020和2021年银联智策数据采样方式。未来年度报告将采用经过商户治理、建模生成的分品类全量银联智策在沪交易数据进行消费趋势分析,并基于全量数据优化行政区和商圈级别消费数据。
[2] 本章所指商圈为银联消费大数据中按照商铺密度、交通条件、人流状况等要素划分的商圈。

区由2021年的364亿元/月跌至273亿元/月,其跌幅分别为48%、38%、29%和25%。2022年度也有部分行政区消费水平较2021年产生一定的涨幅,其中,虹口区涨幅为104%,但其近三年月平均消费相对较低,处于20亿元/月~50亿元/月的第四梯队;崇明区涨幅为56%,但其月平均消费为上海16个行政区中最低;松江区涨幅为38%,其近三年月平均消费均在55亿元/月左右;宝山区的涨幅为20%,近三年月平均消费70亿元/月。

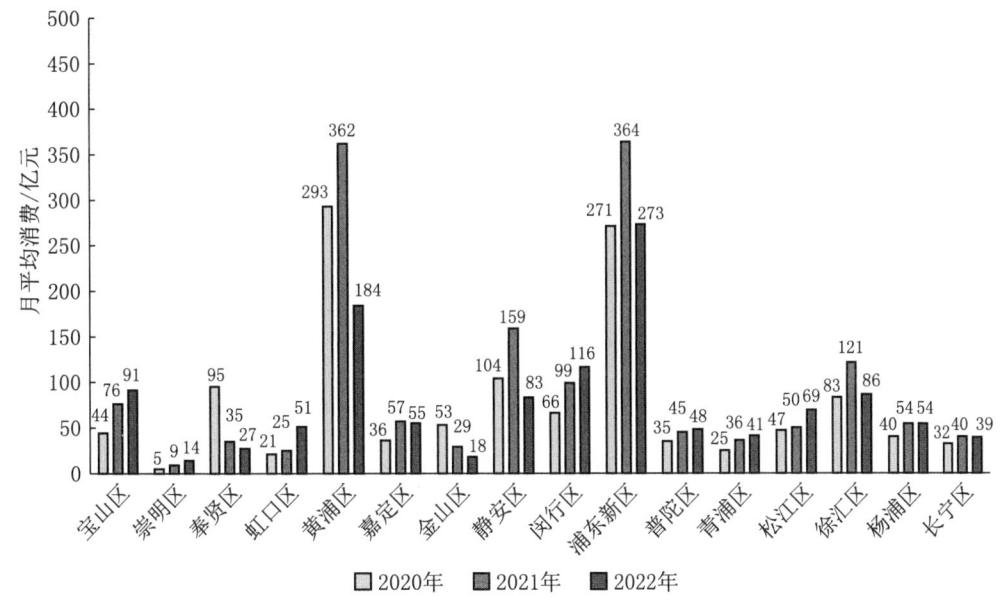

图2-1 2020—2022年上海市各区月平均消费水平

二、上海商业网点外来消费分析

(一) 分省份评价

依据全国30个省份和直辖市(除港澳台区域和上海本地)在沪消费全量数据统计分析2022年度来沪消费总额,有助于理解全国来沪消费贡献度和分布特征。

如图2-2所示为2022年上海所有商圈整体消费总额分省份的统计结果(港澳台区域和上海本地除外)。从图2-2可以看出,2022年全国各个省份中,浙江省来沪消费总额最高,达271亿元。江苏省、北京市和广东省紧随其后,年消费金额分别为216亿元、116亿元和102亿元。五至八位依次为山东省、四川省、安徽省和湖北省,其消费总额在30亿~50亿元。其他省份消费总额均在30亿元以下。区域分析可以发现,长三角区域内省份的消费总额在前七位,消费占比达47%;北京市、广东省(含广州市、深圳市)消费总额在前四位,消费占比达19%;其他区域消费占比总计为34%。

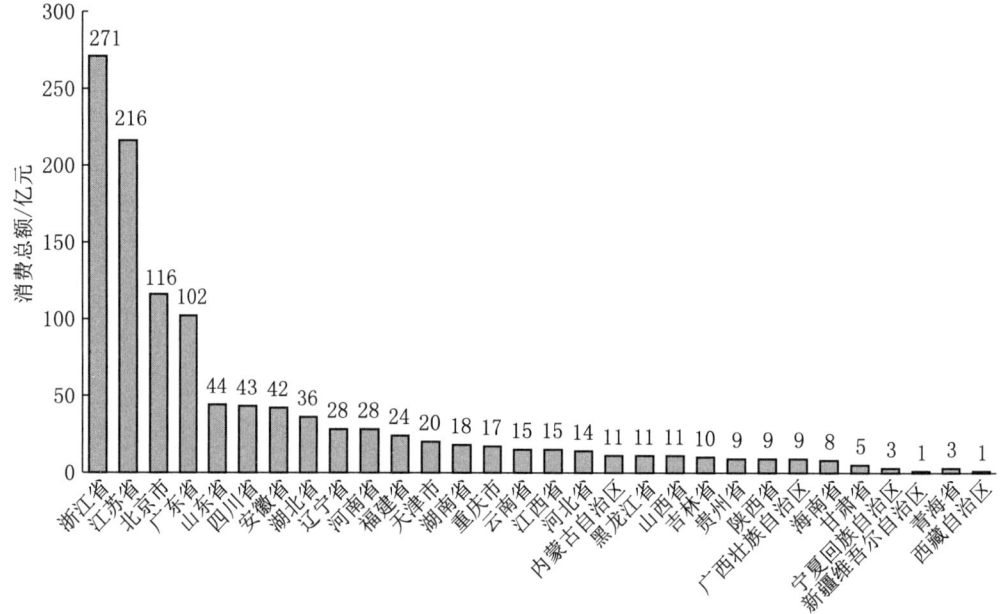

图2-2 2022年上海所有商圈整体消费总额分省份统计结果(港澳台除外)

(二)分地市评价

图2-3、图2-4和图2-5所示为2020年、2021年和2022年上海所有商圈整体消费总额处于前30位的城市及对应的消费额(上海本地除外)。整体上,2020年位序最高城市的年消费金额达52亿元,2021年增至329亿元,2022年跌至179亿元,但仍然高于2020年消费金额。对于2020—2022年来沪消费额最低城市的消费额,从2020年的8亿元升至2021年的23亿元,2022年降至8亿元。2022年所有处于前30位的城市消费总额相比2021年跌幅基本均高于50%,其中跌幅最高的前三位城市为温州市、合肥市和苏州市,2022年消费总额相较2021年跌幅分别为76%、78%和70%。跌幅最低的三个城市为天津市、南京市和武汉市,其2022年消费总额相较2021年跌幅分别为35%、38%和47%。区域分析可以发现,2022年长三角区域内消费总额前30位的地级市的消费占比达56%;北京市、广州市和深圳市消费占比达23%;其他区域消费占比总计为20%。

在位序上,从图2-3、图2-4和图2-5可以看出,三年排名前二的均有北京市。苏州市、宁波市、南京市和深圳市三年的位次也相较稳定,均位于前十。郑州市和青岛市从2020年的前四位降至2021年和2022年的十五名以外。广州市、成都市和杭州市从2020年的十名以外升至2021年和2022年的前八位。天津市和嘉兴市从2020年和2021年的十名以外升至2022年的前十位。2021年不同城市的消费总额梯队下降速度快于2020年，2022年消费总额的梯队下降速度则更加明显。

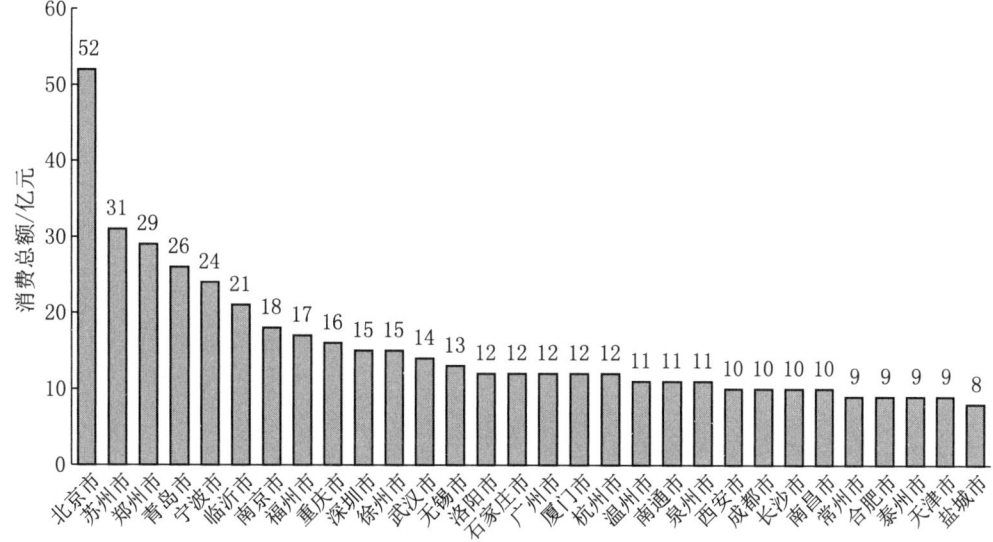

图2-3　2020年上海所有商圈整体消费总额分城市前30位统计结果（港澳台除外）

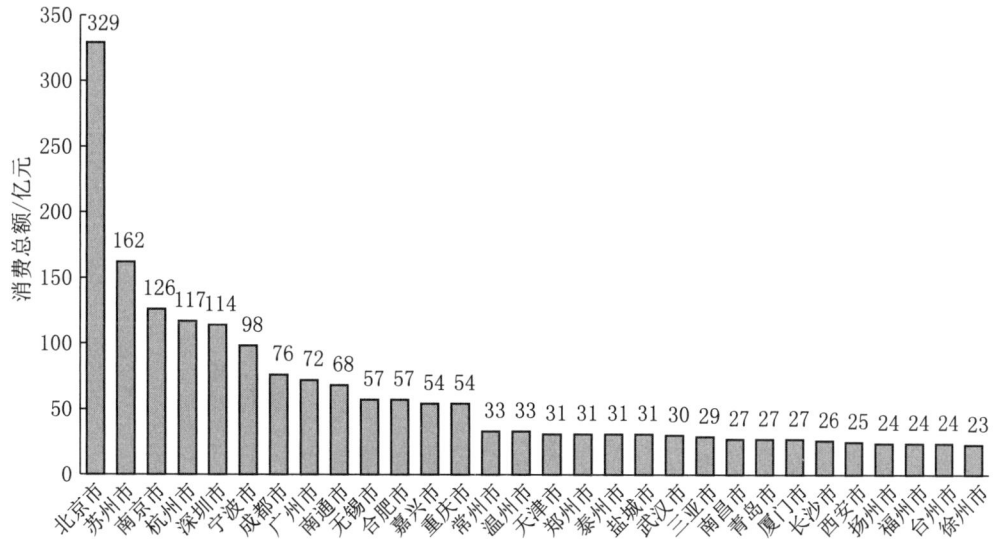

图2-4　2021年上海所有商圈整体消费总额分城市前30位统计结果（港澳台除外）

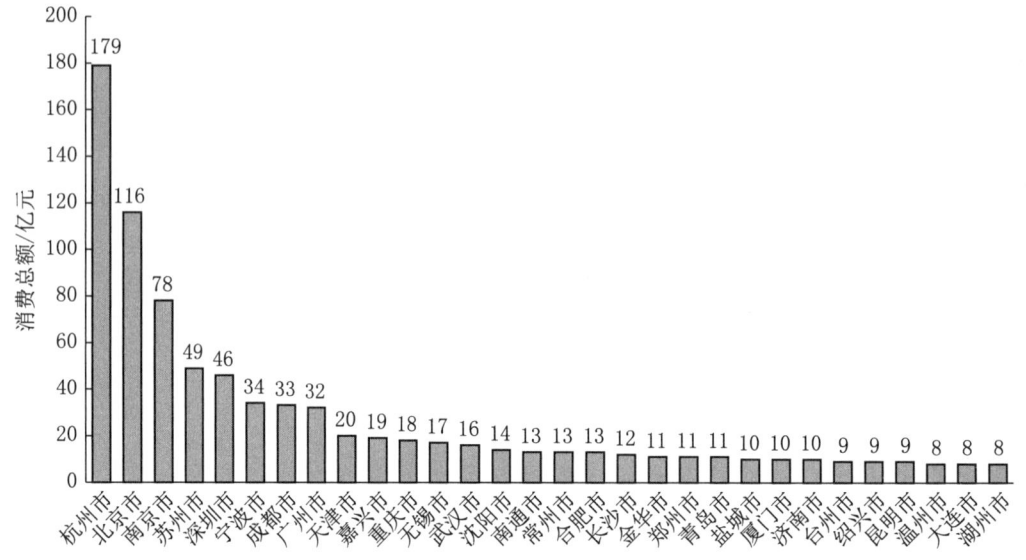

图 2-5　2022 年上海所有商圈整体消费总额分城市前 30 位统计结果(港澳台除外)

三、上海商业网点消费画像分析

(一)总体消费能力

上海市银联交易数据将消费者消费能力分为显著低、低、相当、高、显著高和高额消费六个类别。2022年,全部类别中"消费能力相当"的占比最高,"消费能力高"类别为其次,两者占比差距较小,均在34%左右。其他类别均在25%以下(图2-6)。

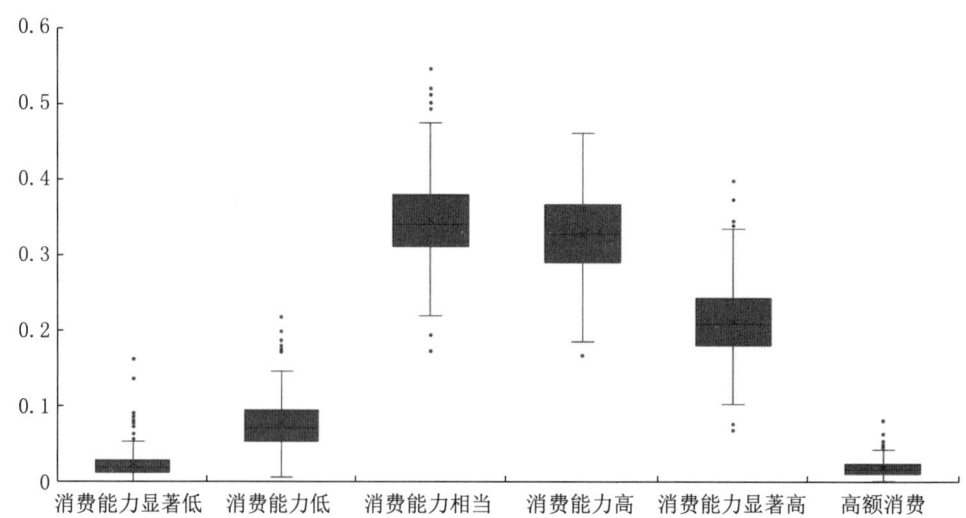

图 2-6　2022 年居民消费能力等级及占比箱线图

(二) 消费群体类型

上海市银联交易数据将居民主要消费群体类型分为高端人群、文艺小资、白领人士、潜力客户、打拼生活、大宗交易、日常超市、小微批发和低频消费共九类。[1]2022年,白领人士、打拼生活和日常超市依然是排名前三的消费人群,其中白领人士占比近30%,打拼生活消费类型占比高于20%,日常超市消费类型占比高于10%,此三类占比总和超60%,是上海居民三大主力消费类型(图2-7)。

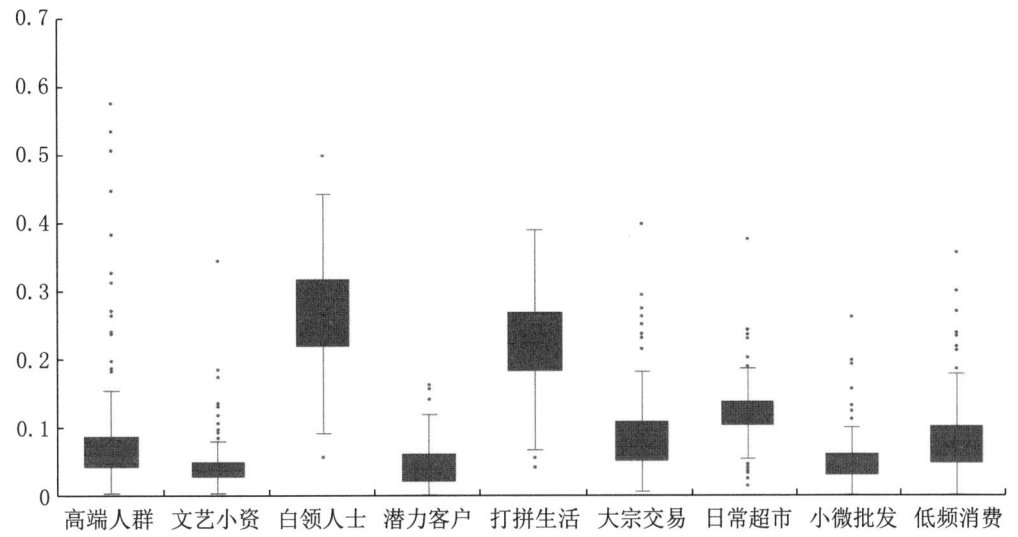

图2-7 2022年居民不同消费类型占比箱线图

(三) 区域消费能力

对上海市各区域居民消费能力进行统计与分析。从各区域的总体态势上看,展现出与总体居民消费能力的高度相似性。2022年上海除奉贤区、嘉定区和金山区外,其余所有区域"消费能力相当"类型的消费能力均是占比最高的部分,基本均在

---

[1] 银联基于持卡人近六个月交易,综合交易品类、笔均和消费自由度等维度对持卡人进行分类。其中高端人群为"贡献佣金收入高,奢侈品消费金额、卡均金额最大,跨境消费倾向强"的消费群体;文艺小资为"追求生活情调,消费集中在百货服装"的消费群体;白领人士为"追求生活品质,消费集中在电子餐饮"的消费群体;大宗交易为"显著代表从商人群,贡献总交易金额最大,笔均金额最大"的消费群体;潜力客户为"注重生活,呈现显著的高水平消费倾向,但目前消费频率及金额总体较低"的消费群体;打拼生活为"目前消费水准较低但有提升空间"的消费群体;小微批发为"卡均交易金额仅次于商贾富豪,但交易类别以批发类为主"的消费群体;日常超市为"消费主要为发生在超市的日常类消费,资金较紧缺,取现概率高"的消费群体;低频消费为"趋于流失或渐入睡眠状态的客户,用卡次数最少"的消费群体。

31%~37%。其次是"消费能力高"的人群,占比在35%左右(图2-8)。

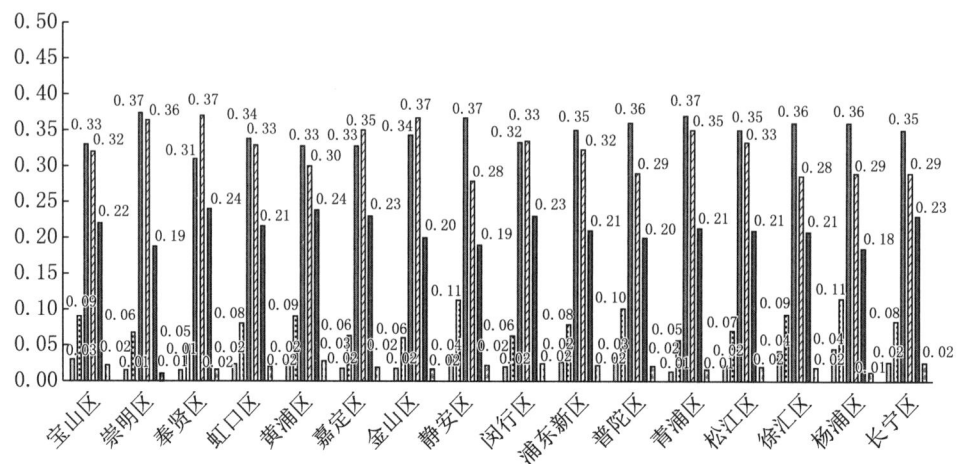

图2-8 2022年各区居民消费能力等级及占比

从各区域具体的消费能力来看,杨浦区、静安区、徐汇区和普陀区"消费能力显著低"和"消费能力低"的人群占比最高,分别为16%、15%、13%和13%,说明该区域内低端消费能力人群较为集中。上海市各区域"消费能力相当"类型的消费占比相对较高,达到36%左右,其中崇明区、静安区和青浦区"消费能力相当"人群占比均高于36%,说明该区域以中端消费能力人群为主。

奉贤区、嘉定区和闵行区"消费能力高""消费能力显著高""高额消费"三类人群占比之和最高,分别为62%、59%和59%,说明该区域是高端消费的主要集中地。

（四）区域消费群体

根据上海银联交易数据,对上海各区域居民消费群体进行统计分析发现,2022年,上海市各区域高端人群占比最高的是黄浦区和长宁区;文艺小资占比最高的是长宁区;白领人士在上海各区域的分布相对均衡,维持在22%~33%;潜力客户在长宁区和宝山区有着明显的比例优势;青浦区、金山区、崇明区、嘉定区和奉贤区是上海打拼生活型消费的主阵地,其占比等于或高于25%;大宗交易类型占比最高的是徐汇区,占比为12%;日常超市交易占比最高的是杨浦区、普陀区、静安区和黄浦区,高达14%;小微批发在各个区域的占比均在4%~7%;杨浦区和静安区的低频消费显著高于其他区域(图2-9)。

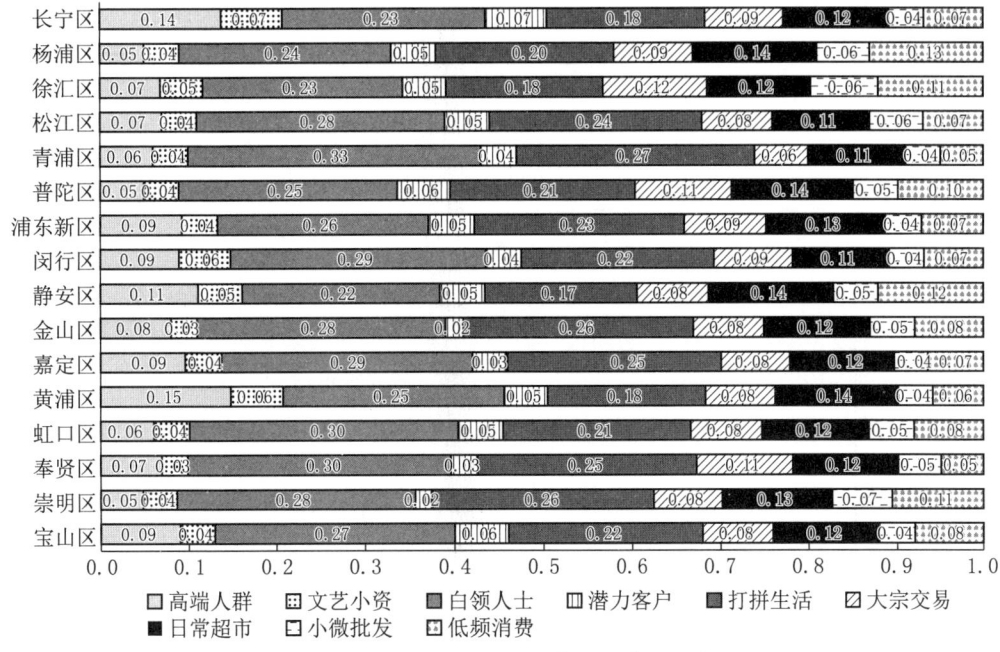

图 2-9 2022 年各区居民消费人群类型及占比

第二节　上海商业中心发展评估

一、上海商业中心发展评估概述

报告根据《上海市商业空间布局专项规划(2021—2035 年)》,选取位于上海中心城区的 18 个大型市级商业中心为评估对象,并通过银联商圈数据进一步确定和绘制了每个商业中心的空间位置和空间范围。[1]表 2-1 列出了上海 18 个市级商业中心及其所在区。从表中可以看出,浦东新区和黄浦区的市级商业中心数量最多,各有 3 个,约占总量的 33%。长宁区、虹口区、静安区、普陀区和闵行区各有 2 个市级商业中心。徐汇区和杨浦区各有 1 个市级商业中心。

本节基于 2022 年银联消费大数据开展市级商业中心的本地消费基底洞察和外来消费力评价。首先,本报告从消费能力、消费水平、消费群体、消费类型四个维度入手,开展市级商业中心基底洞察。其次,对于市级商业中心引力评价,本报告从外来消费的商业中心偏好、商业中心的外来消费排名两个维度进行对比分析。再次,本报

---

[1] 本节所指市级商业中心采用《上海市商业空间布局专项规划(2021—2035 年)》中对市级商业中心的界定,下同。

告考量交通便利度、主力消费类型、基础购物设施及其他配套设施,评估上海市级商业中心区域禀赋。最后,利用量化评价方法综合多维数据开展2022年上海商业中心发展综合评估。

表2-1 上海市18个市级商业中心及其所在区

编号	商业中心	所在区	编号	商业中心	所在区
1	中山公园市级商业中心	长宁区	10	虹桥国际商务区市级商业中心	闵行区
2	四川北路市级商业中心	虹口区	11	国际旅游度假区市级商业中心	浦东新区
3	南京东路市级商业中心	黄浦区	12	中环(真北)市级商业中心	普陀区
4	南京西路市级商业中心	静安区	13	虹桥—古北市级商业中心	长宁区
5	徐家汇市级商业中心	徐汇区	14	淮海中路市级商业中心	黄浦区
6	五角场市级商业中心	杨浦区	15	北外滩市级商业中心	虹口区
7	大宁市级商业中心	静安区	16	吴中路市级商业中心	闵行区
8	前滩市级商业中心	浦东新区	17	陆家嘴市级商业中心	浦东新区
9	豫园市级商业中心	黄浦区	18	真如市级商业中心	普陀区

二、 上海商业中心消费基底评价

(一)消费能力

不同商业中心消费人群消费能力分析,指基于银联消费数据的消费能力级别,分商业中心统计不同消费能力人群占比,并通过统计图与地图相结合的方式,对统计分析结果进行可视化,可视化结果如图2-10所示。依据消费金额可将消费人群划分为消费能力显著低、消费能力低、消费能力相当、消费能力高、消费能力显著高和高额消费等六类。[1]从图2-10可以看出,六类消费人群普遍占比最高的是"消费能力相当"的消费人群,其次是"消费能力高"的人群,再次是"消费能力显著高"和"消费能力显著低"类别人群,占比最低的是"高额消费"消费人群。从各市级商业中心具体消费能力来看,前滩市级商业中心和虹桥-古北市级商业中心的"消费能力高"、"消费能力显著高"和"高额消费"类别人群占比最高,高达97%;其次是吴中路市级商业中心、北外滩市级商业中心和真如市级商业中心,占比分别为96%、95%和92%。

---

[1] 消费属地到消费目的地的六类消费人群累计占比为100%;商业中心(消费目的地)的某类消费人群占比为统计所有属地该类消费人群占比均值,其六类消费人群累计占比不为100%。

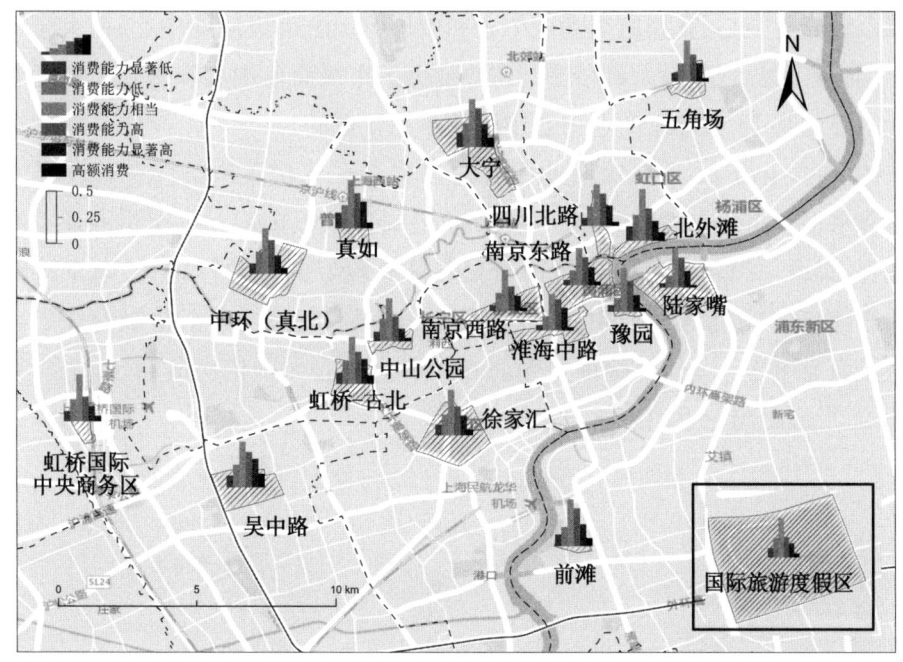

图 2-10　2022 年上海各市级商业中心消费能力空间分布

整体而言,如果以"消费能力相当"为分界线,消费能力整体较高的市级商业中心有前滩市级商业中心、虹桥-古北市级商业中心、吴中路市级商业中心、北外滩市级商业中心和真如市级商业中心。

(二)消费水平

消费金额反映了商业中心的消费水平,根据银联消费数据,将上海 18 个市级商业中心分为五个梯队。[1] 从图 2-11 可以看出,消费水平最高的第一梯队包括两个市级商业中心,分别为南京西路市级商业中心和南京东路市级商业中心,其消费水平均在 323 亿元以上,地理位置上主要分布在黄浦江沿岸。第二梯队是四川北路市级商业中心、陆家嘴市级商业中心、淮海中路市级商业中心和豫园市级商业中心,其消费总额均超过 158 亿元,主要位于上海中心城区,且临近第一梯队的两个市级商业中心;第三梯队是徐家汇商业中心、五角场市级商业中心、吴中路市级商业中心和虹桥-古北市级商业中心,其消费总额均超过 73 亿元;第四梯队是中山公园市级商业中心、

---

[1] 五个梯队:根据消费金额将上海市级商业中心消费水平分为五个梯队,第一梯队消费金额在 4 亿~34 亿元;第二梯队在 35 亿~72 亿元;第三梯队在 73 亿~157 亿元;第四梯队在 158 亿~322 亿元;第五梯队在 323 亿~445 亿元。

北外滩市级商业中心、真如市级商业中心和中环(真北)市级商业中心;而大宁市级商业中心、前滩市级商业中心、虹桥国际中央商务区市级商业中心和国际旅游度假区市级商业中心则是18个市级商业中心中消费水平较低的。

整体而言,上海18个市级商业中心的消费水平与其区位条件有着较强的关联性。消费水平较高的市级商业中心主要分布在外环线以内,与《上海市商业空间布局专项规划(2021—2035年)》国际级消费聚集区有较好的一致性,包括南京西路市级商业中心、南京东路市级商业中心、陆家嘴市级商业中心、徐家汇市级商业中心和北外滩市级商业中心。其他市级商业中心在消费力中心周围依次分布,且主要集中分布在浦西,形成距离越近消费水平越高的格局。

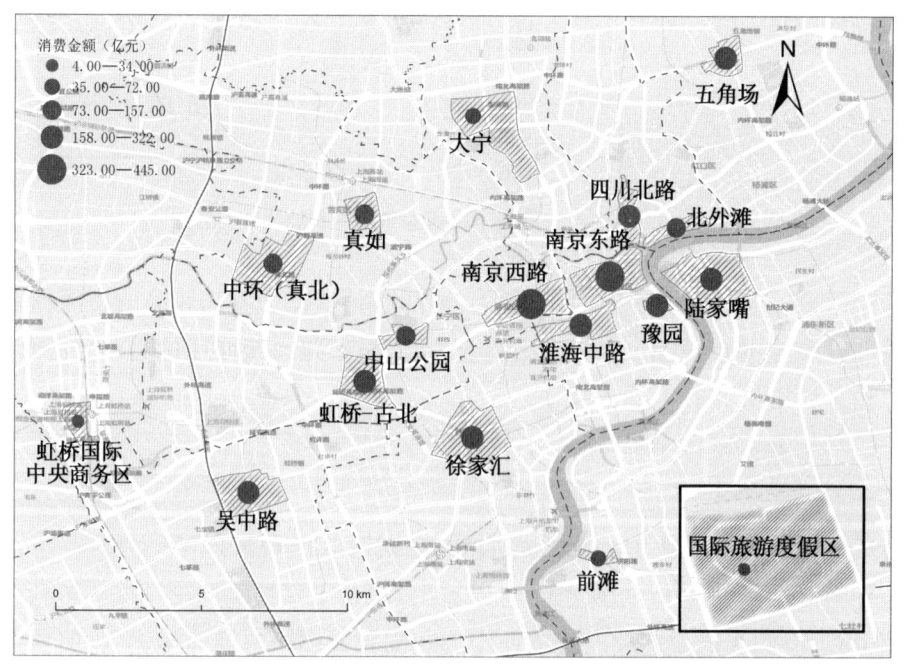

图 2-11　2022 年上海各市级商业中心消费水平空间分布

(三) 消费群体

银联交易数据按照消费群体类型,将客群分为"高端人群""文艺小资""白领人士""潜力客户""打拼生活"五类画像,报告分析了上海18个市级商业中心消费群体类型的空间分布情况。

从图2-12可以看出,在各大市级商业中心消费类型中,"白领人士"类别的人群占比最高,说明上海商业中心消费人群以白领阶层人群为主。其次是"高端人群""打拼生活""文艺小资"类别人群,此三类人群在各市级商业中心的分布比例相当,基本均在8%~43%。"潜力客户"类型的消费在各市级商业中心的分布比例均较低,占比基本均在20%以下。

从单个市级商业中心消费群体类型来看,真如市级商业中心、四川北路市级商业中心、虹桥-古北市级商业中心、国际旅游度假区市级商业中心、大宁市级商业中心、中环(真北)市级商业中心、吴中路市级商业中心、徐家汇市级商业中心、淮海中路市级商业中心、南京西路市级商业中心和陆家嘴市级商业中心均呈"白领人士"和"高端人群"占比最高,"打拼生活"人群位列第三的分布特点,说明市级商业中心消费人群主要由富裕阶级以及白领阶层组成。豫园市级商业中心、前滩市级商业中心和五角场市级商业中心"白领人士"均占比最高,"打拼生活"其次,这与上海市中心以高端消费为主的商业中心产生了鲜明对比,反映这些地区的白领阶层和工薪阶级分布较广的特点。黄浦江沿岸市级商业中心的"文艺小资"和"潜力客户"人群占比之和在20%左右,明显低于外围城区市级商业中心,其占比基本均在35%左右。

综合来看,上海市高端人群消费主要分布于南京东路市级商业中心、北外滩市级商业中心等上海核心区域,"白领人士"和"打拼生活"则围绕上海核心城区呈环状分布。"文艺小资"和"潜力客户"类别人群在上海商业中心消费分布普遍较少,且主要分布在中心城区外围区域。

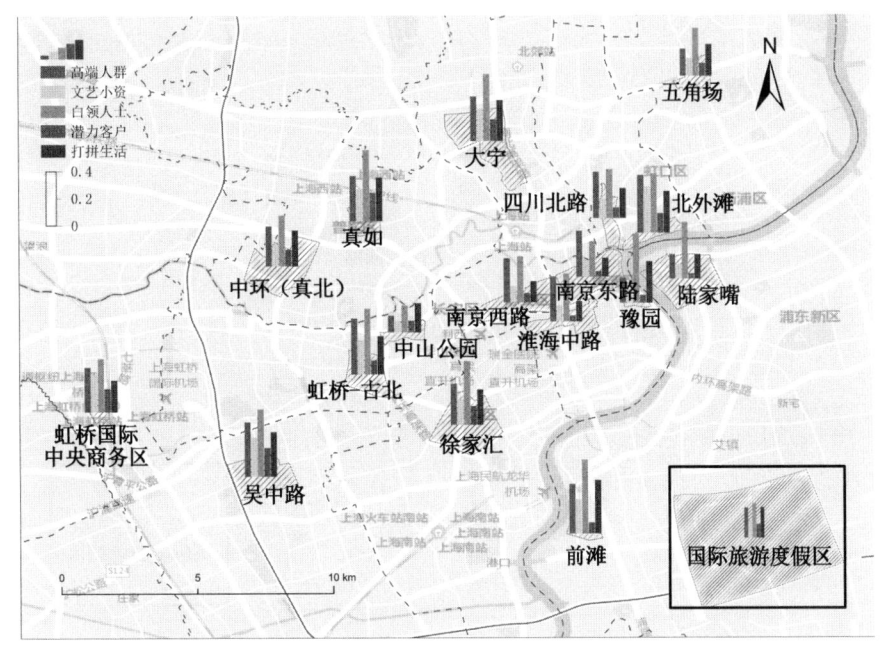

图 2-12　2022 年上海各市级商业中心消费群体类型空间分布

图 2-13 展示了"大宗交易""日常超市""小微批发""低频消费"四种消费在上海的分布格局。总体上,"日常超市"和"大宗交易"在 18 个市级商业中心的占比均较高,"低频消费"和"小微批发"在各市级商业中心的占比均较低。

从单个市级商业中心的消费情况来看,"大宗交易"在真如市级商业中心、虹桥-古北市级商业中心、五角场市级商业中心、中环(真北)市级商业中心、虹桥国际中央商务区市级商业中心、吴中路市级商业中心、徐家汇市级商业中心、淮海中路市级商业中心、南京西路市级商业中心和陆家嘴市级商业中心都是分布比例最高的消费目的类型。四川北路市级商业中心、前滩市级商业中心、中山公园市级商业中心、国际旅游度假区市级商业中心、大宁市级商业中心、南京东路市级商业中心和北外滩市级商业中心的"大宗交易"消费类型排名第二,体现出"大宗交易"消费在上海市的普遍性。

四川北路市级商业中心、豫园市级商业中心、前滩市级商业中心、中山公园市级商业中心、国际旅游度假区市级商业中心、大宁市级商业中心、南京东路市级商业中心和北外滩市级商业中心以"日常超市"为主的消费特点,说明这些地区以居民的自发消费为主,居民消费能力较强。18 个市级商业中心中,北外滩市级商业中心、大宁市级商业中心、国际旅游度假区市级商业中心和真如市级商业中心"小微批发"为主的消费目的结构占比较高,且在上海黄浦江沿岸的市级商业中心"小微批发"类型占比普遍低于主城区外围的市级商业中心。

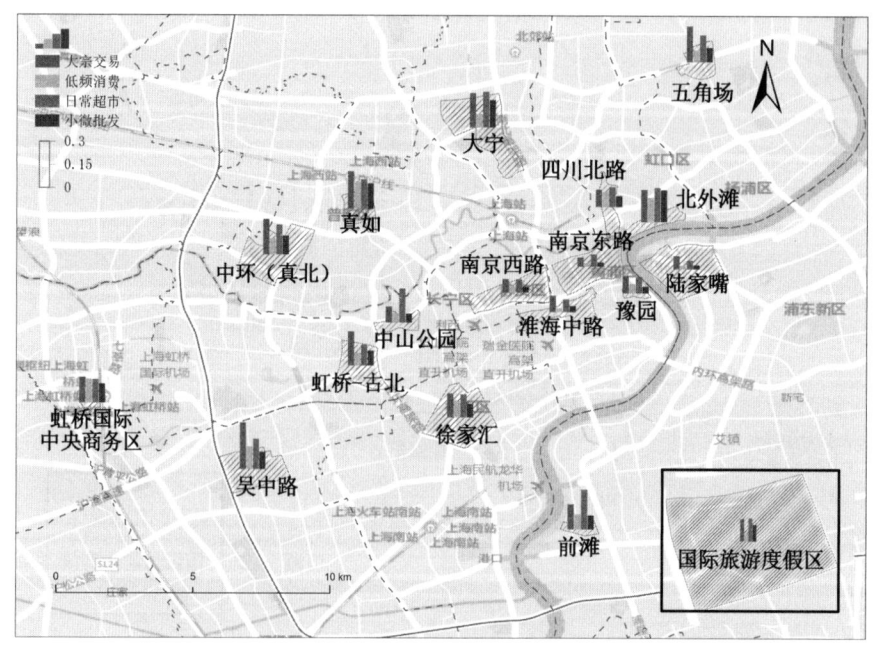

图 2-13 2022 年上海各市级商业中心消费目的空间分布

(四) 消费类型

上海银联交易数据将消费类型分为零售、生活服务、餐饮、休闲娱乐、住宿和其他六个类别,研究分析了上海18个市级商业中心的消费类型占比。从图2-14可以看出,真如市级商业中心、豫园市级商业中心、虹桥-古北市级商业中心、中山公园市级商业中心、国际旅游度假区市级商业中心、中环(真北)市级商业中心、徐家汇市级商业中心、南京西路市级商业中心、南京东路市级商业中心和陆家嘴市级商业中心的零售业态占比最高,除真如市级商业中心、中山公园市级商业中心、中环(真北)市级商业中心外,其他7个市级商业中心的零售占比基本均超过50%,其中豫园市级商业中心、虹桥-古北市级商业中心、国际旅游度假区市级商业中心、徐家汇市级商业中心、南京西路市级商业中心和陆家嘴市级商业中心的零售占比高达60%以上,且主要集中在黄浦江西岸,充分体现了零售在上海居民消费比例中占据主要位置。

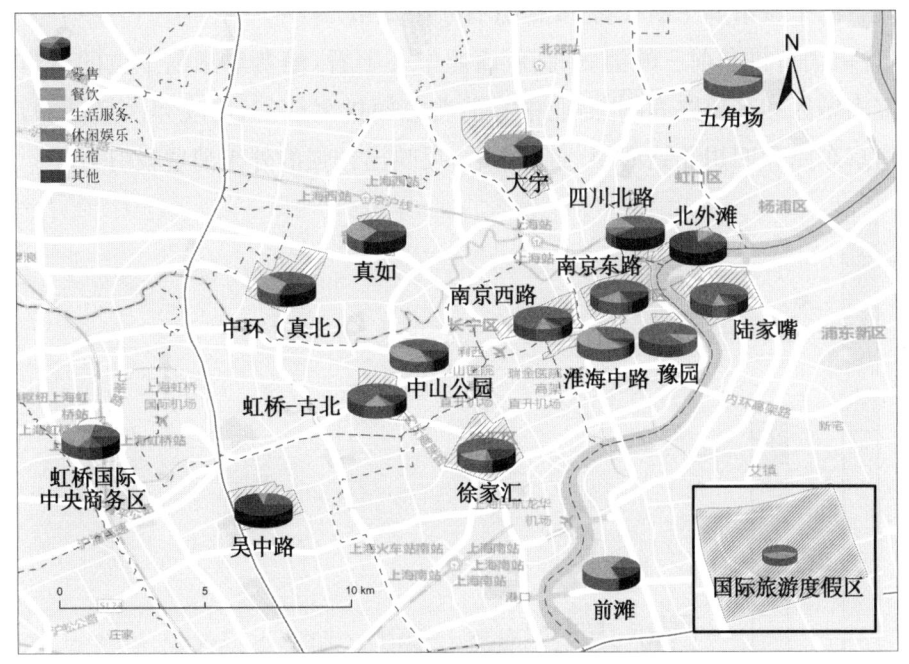

图2-14　2022年上海各市级商业中心消费类型空间分布

前滩市级商业中心、五角场市级商业中心、大宁市级商业中心、虹桥国际中央商务区市级商业中心和淮海中路市级商业中心的生活服务占比较高。餐饮、休闲娱乐和住宿类型在上海各市级商业中心中占比均较低,其中虹桥国际中央商务区市级商业中心餐饮、休闲娱乐和住宿类型占比较高。

总体来说,零售为多数市级商业中心的主要消费类型,且其占比的多少与市级商业中心的消费力具有较强的关联性,基本呈现越是中心城区且消费力越强的市级商业中心,其零售占比越高的格局。

三、上海商业中心消费引力评价

(一)外来消费的商业中心偏好

根据上海长三角地级市银联交易数据,筛选长三角地区来沪消费总额排名前十的地级市,并从银联大数据定义的上海 194 个商圈/商业中心中筛出长三角地区各地级市来沪消费排名前三的商圈/商业中心,以分析上海商业中心外来消费的消费目的地偏好。

从图 2-15 可以看出,长三角地区来沪消费总额排名前十的城市,分别是杭州、南京、嘉兴、宁波、苏州、盐城、常州、无锡、台州和合肥,其中江苏省有五个城市,占比 50%,其余四个城市属于浙江省,安徽省有一个城市。

从各市消费排名前三的消费商圈/商业中心上看,消费总额前十位的城市中,陆家嘴、宝山城区和平凉路商圈/商业中心消费总额排名前三,出现频次最高的是南京西路、南京东路和四川北路商圈/商业中心,反映出较强的外来消费吸引力。

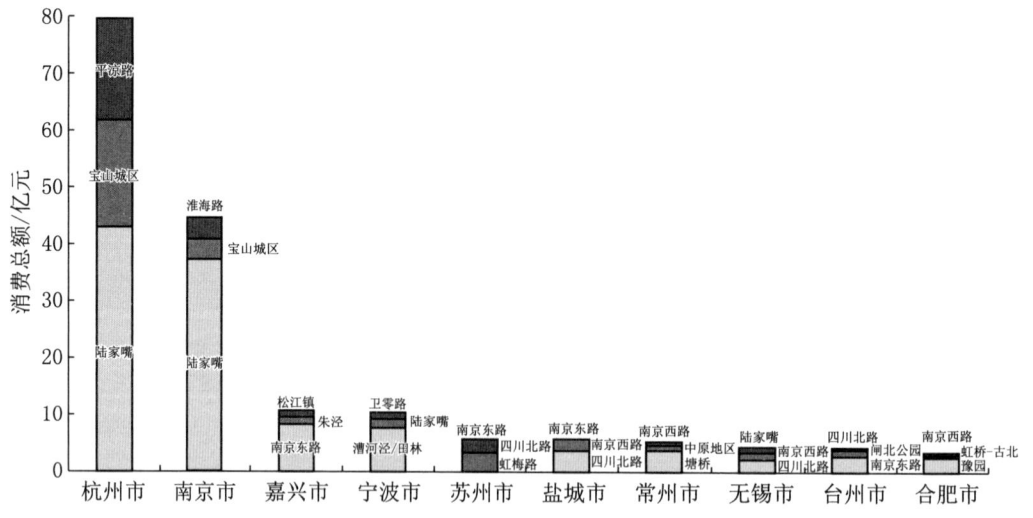

图 2-15 2022 年长三角地区来沪消费总额排名前十的城市中前三的消费商圈/商业中心

四川北路和南京西路商圈/商业中心消费集中了江苏省的城市。宁波和无锡消费排名前三的商圈/商业中心均有陆家嘴。杭州和南京消费排名前三的商圈/商业中心均有宝山城区。盐城和无锡消费排名前三的商圈/商业中心均为消费频次较高的商圈/商业中心,其余 8 个城市均有低频商圈/商业中心,包括嘉兴市消费排名前三的朱泾和松江镇。消费总额排名前二的杭州和南京,其消费排名前三的商圈/商业中心均有频次较高的宝山城区和陆家嘴,其余均为低频商圈/商业中心。

总体来说,长三角地区来沪消费总额排名前十城市中有五个城市属于江苏省。消费总额前三位的商圈/商业中心为陆家嘴、宝山城区和平凉路,消费频次排名前三消费商圈/商业中心集中于南京西路和四川北路。

(二)商业中心的外来消费排名

根据上海银联交易数据,筛选出上海 18 个市级商业中心排名前三的消费城市。从图 2-16 可以看出,在 18 个市级商业中心排名前三的城市消费总额上,南京东路市级商业中心、四川北路市级商业中心、豫园市级商业中心、南京西路市级商业中心、陆家嘴市级商业中心和淮海中路市级商业中心等 6 个市级商业中心的消费总额较高,明显高于虹桥国际中央商务区市级商业中心、前滩市级商业中心、五角场市级商业中心等上海外围城区的市级商业中心。

从各市级商业中心排名前三的消费城市上看,18 个市级商业中心消费排名前三的城市,集中在苏州、杭州、南京、金华、常州、无锡、宁波和合肥,出现的频次最高的是苏州、杭州和南京,大多数市级商业中心消费排名前三的城市也是苏州、杭州和南京。

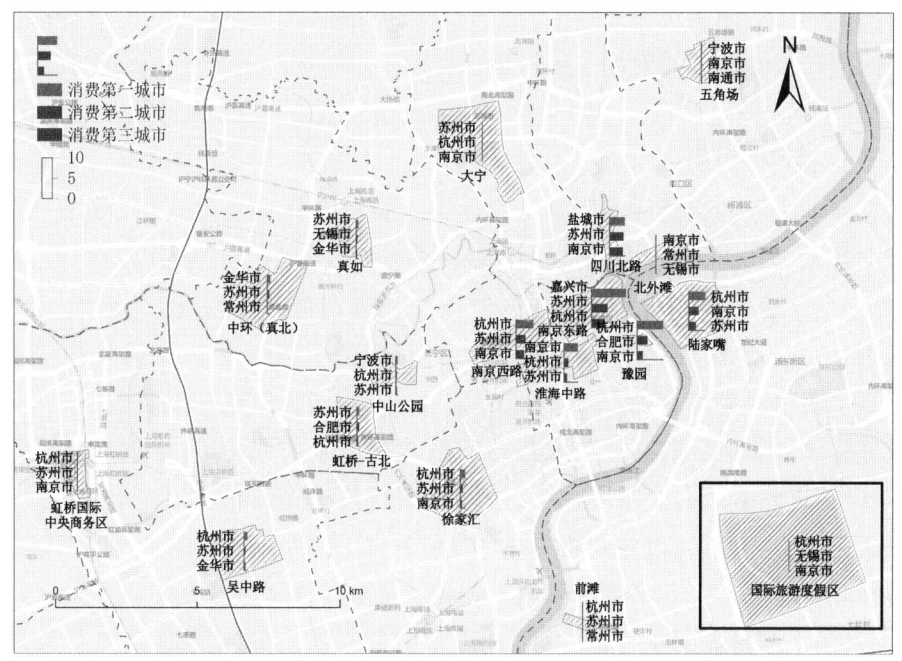

图 2-16　2022 年 18 个市级商业中心中排名前三消费城市

从消费总额看,杭州、苏州和南京在市级商业中心中排名最前,分别达 23 亿元、16 亿元和 14 亿元。对比图 2-16 分析结果发现,18 个市级商业中心消费总额最高的城市依然是苏州、杭州和南京三个城市。

总体来说,排名前三城市消费总额较高的市级商业中心集中于上海黄浦江沿岸的中心城区,消费总额由中心城区向外围城区逐渐递减,且中心城区的市级商业中心与外围城区的消费总额差异较大。各市级商业中心消费排名前三的城市主要集中于苏州、杭州和南京三个城市。

四、 上海商业中心区域禀赋评价

为了对上海市市级商业中心开展区域禀赋评价,本部分内容以 2022 年上海市高德兴趣点大数据(Point of Interest,POI)为数据基础,从交通便利度、主力消费类型、基础购物设施和其他配套设施等维度进行客观评价。按照市级商业中心的边界围栏统计兴趣点大数据,分析 18 个市级商业中心区域禀赋特征。兴趣点数据包含购物服务、餐饮服务、生活服务和休闲娱乐服务等诸多类别,本报告抽取在市级商业中心具有一定占比且能够表征其商业业态结构的子类做析。在商业中心的交通便利度分析中,选用公交车站、地铁站、汽车站作为交通站点,分析市级商业中心的交通便利程度;统计购物中心、便利店以及超市的数量,表征基础购物设施;其他配套设施选取餐饮、教育、银行以及医院的数量等进行统计。

(一)交通便利度

每个商业中心的交通便利度是指商业中心覆盖范围内公交车站、汽车站以及地铁站点的数量之和,指数越大,则说明该商业中心的交通区位优势越大。

对 18 个商业中心分别计算交通区位指数并进行数据可视化,结果如图 2-17 所示。从图中可以看出,陆家嘴市级商业中心、徐家汇市级商业中心、豫园市级商业中心和南京东路市级商业中心具有最好的交通区位优势,交通站点数量在 453 以上。具备较好交通区位优势的商业中心包括南京西路市级商业中心、淮海中路市级商业中心和虹桥-古北市级商业中心,其交通站点数量位于 256～452 区间。再次是吴中路市级商业中心、五角场市级商业中心、中环(真北)市级商业中心和大宁市级商业中心,交通站点数量位于 156～255 区间。相比而言,前滩市级商业中心交通区位优势最弱,交通站点数量不足 64 个。尽管在现实中几乎所有的大型商业中心都具备较好的交通条件,但将这些商业中心进行对比时,彼此仍然可能存在较大差异,18 个商业中心交通区位优势的分析,正体现了这一客观事实。显然,陆家嘴市级商业中心、徐家汇市级商业中心、豫园市级商业中心和南京东路市级商业中心比其他市级商业中心更具交通区位优势,且具有相似交通区位优势的市级商业中心存在集聚现象。

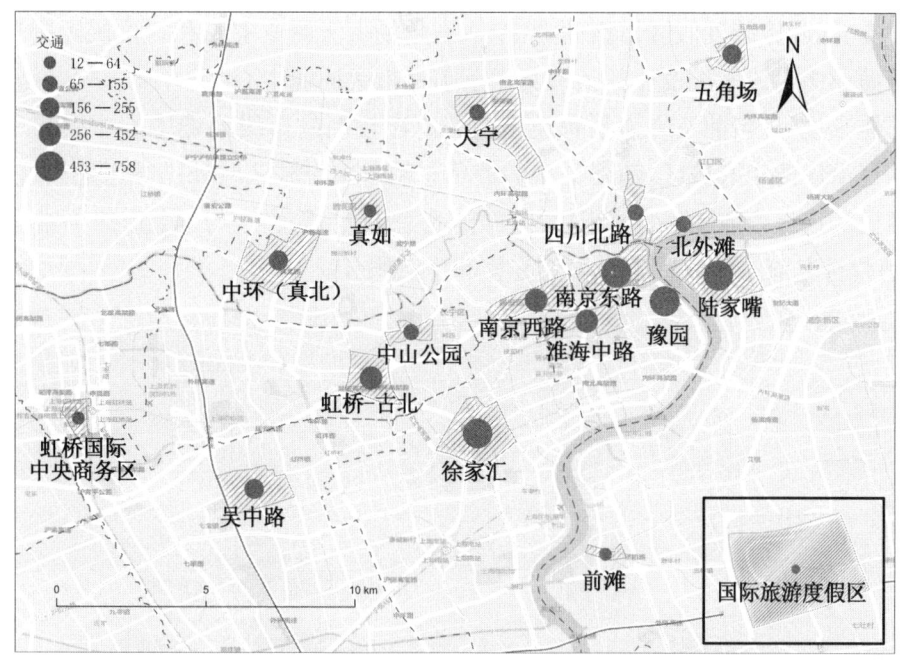

图 2-17 2022 年 18 个市级商业中心交通区位优势空间分布格局

(二)主力消费类型

根据上海银联交易数据,筛选上海 18 个市级商业中心排名前三的消费类型。从图 2-18 可以看出,在 18 个市级商业中心排名前三消费类型的消费总额上,南京西路市级商业中心、南京东路市级商业中心、四川北路市级商业中心、豫园市级商业中心、陆家嘴市级商业中心和淮海中路市级商业中心消费总额较高,明显高于大宁市级商业中心、国际旅游度假区市级商业中心、虹桥国际中央商务区市级商业中心等外围城区的市级商业中心。

从各市级商业中心排名前三的主力消费类型上看,上海 18 个市级商业中心消费排名前三的消费类型,集中于零售、生活服务、房地产服务、保险金融服务、餐饮、休闲娱乐和批发业等七种消费类型,除四川北路市级商业中心、国际旅游度假区市级商业中心、吴中路市级商业中心和北外滩市级商业中心外,其余 14 个市级商业中心排名前二的消费类型均为零售和生活服务,说明零售和生活服务在上海各市级商圈中消费力较高。房地产服务的消费主要集中在真如市级商业中心、四川北路市级商业中心、虹桥-古北市级商业中心、大宁市级商业中心、中环(真北)市级商业中心、吴中路市级商业中心、淮海中路市级商业中心、陆家嘴市级商业中心和北外滩市级商业中心。休闲娱乐消费类型集中在豫园市级商业中心。餐饮的消费集中于中山公园市级商业中心、国际旅游度假区市级商业中心、五角场市级商业中心和虹桥国际中央商务区市级商业中心。而批发业的消费集中于前滩市级商业中心。

总体来说,排名前三主力消费类型消费总额较高的市级商业中心主要集中于上海黄浦江沿岸的中心城区,消费类型的消费总额由中心城区向外围城区逐渐递减,且中心城区的市级商业中心与外围城区的消费总额差异较大。18个市级商业中心有14个消费排名前二的消费类型均为零售和生活服务。

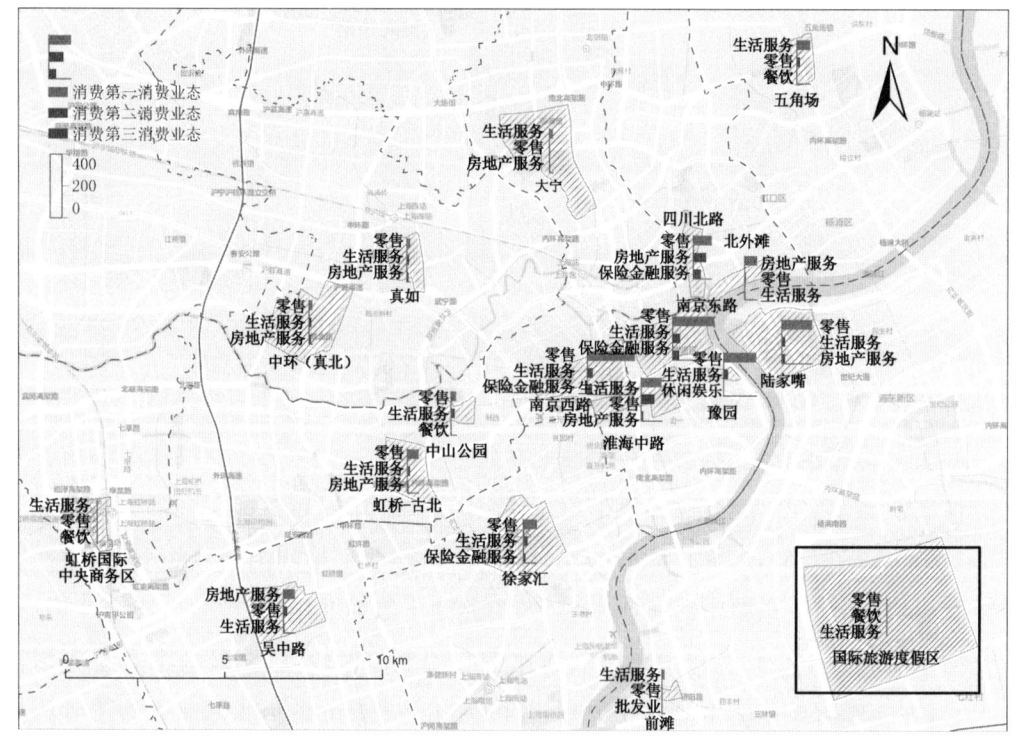

图 2-18　2022 年 18 个市级商业中心前三主力消费类型

(三)基础购物设施

每个商业中心的基础购物设施指商圈覆盖范围内购物中心、便利店以及超市的数量之和,指数越大,则说明该商业中心的基础购物设施优势越大。

对 2022 年 18 个市级商业中心分别统计基础购物设施数并进行数据可视化，结果如图 2-19 所示。从图中可以看出，南京东路和豫园市级商业中心具有最好的基础购物设施优势，购物中心、便利店以及超市数量在 161 以上。具备较好基础购物设施优势的市级商业中心包括淮海中路、虹桥-古北、徐家汇、南京西路、陆家嘴和吴中路市级商业中心，其基础购物设施数位于 61~160 区间。再次是四川北路、大宁、五角场、中环（真北）、中山公园、真如、国际旅游度假区、北外滩和虹桥国际中央商务区市级商业中心，基础购物设施数位于 10~60 区间。相比而言，前滩基础购物设施最弱，数量仅为 9 个。中心城区市级商业中心如南京西路、南京东路、徐家汇和陆家嘴比其他商业中心更具优势，空间上具有相似基础购物设施优势的商业中心存在集聚现象。

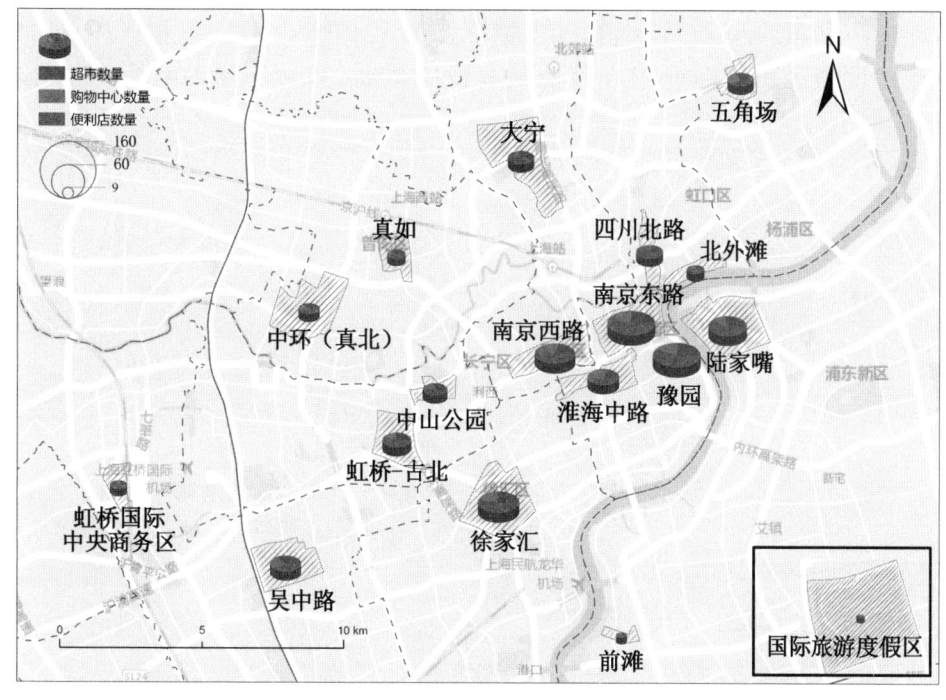

图 2-19　2022 年 18 个市级商业中心基础购物设施空间分布格局

从基础购物设施的构成占比可以发现，便利店业态在商业中心中的占比总体最高，其次是超市和购物中心。值得注意的是，淮海中路市级商业中心的基础购物设施构成较其他市级商业中心明显不同，其占比业态从大到小依次是购物中心、便利店、超市，其购物中心数量为 30 家，占比达 39.5%，反映该商业中心较强的商业属性和聚客能力。

（四）其他配套设施

每个商业中心的其他配套设施指覆盖范围内餐饮、教育、银行以及医院的数量之和,指数越大,则说明该商业中心的其他配套设施优势越大。

对 2022 年 18 个市级商业中心分别计算其他配套设施指数并进行数据可视化,结果如图 2-20 所示。从图中可以看出,南京东路、陆家嘴、徐家汇、豫园和南京西路市级商业中心具有最好的其他配套设施优势,餐饮、教育、银行以及医院的数量在 801 以上。具备较好其他配套设施优势的市级商业中心包括淮海中路、五角场、虹桥-古北和吴中路商业中心,其他配套设施指数位于 401～800 区间。再次是大宁、中环(真北)、四川北路、北外滩、虹桥国际中央商务区和真如市级商业中心,其他配套设施指数位于 101～400 区间。相比而言,前滩、国际旅游度假区市级商业中心其他配套设施最弱,数量不足 100 个。中心城区

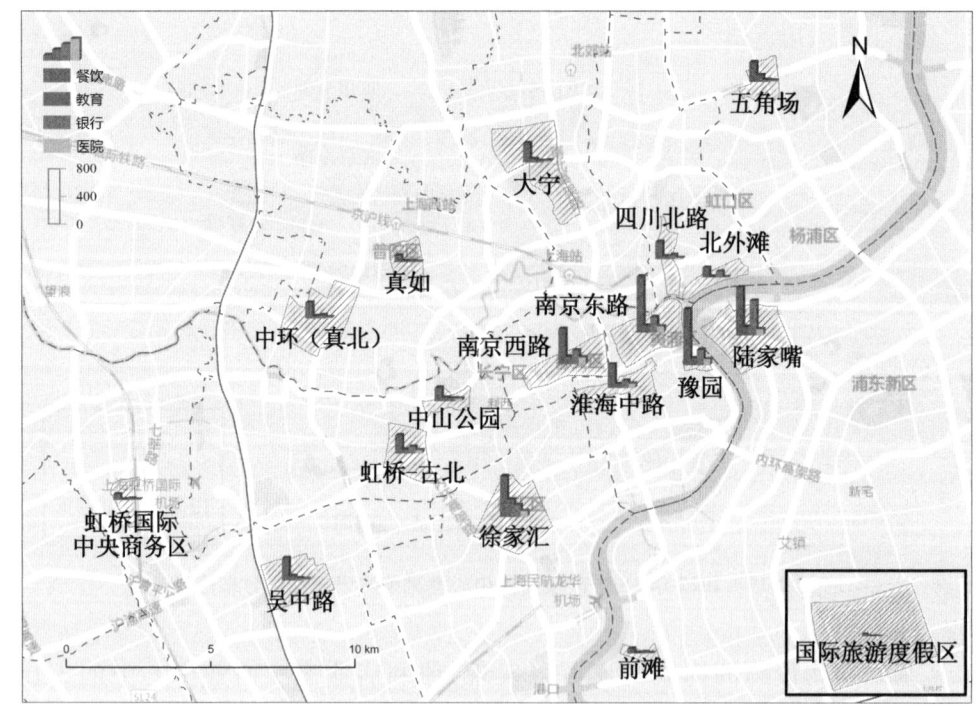

图 2-20　2022 年 18 个市级商业中心其他配套设施空间分布格局

市级商业中心如南京西路、南京东路、徐家汇和陆家嘴市级商业中心比其他商业中心更具其他配套设施优势,空间上具有相似区位优势的商业中心存在集聚现象。

从其他配套设施的构成占比可以发现,餐饮在市级商业中心中的占比总体最高,其次是银行、教育和医院。其中,南京东路市级商业中心餐饮店铺数高达511家,在所有市级商业中心中数量最高,占比达56%。仅次于吴中路市级商业中心餐饮店铺数量占比(68.9%);陆家嘴市级商业中心银行及网点数量为502家,占比高达35.7%,在所有市级商业中心中数量及占比均为最高;徐家汇市级商业中心学校及教育机构数量为254,占比达13.9%,在所有市级商业中心中数量及占比均为最高;南京西路市级商业中心医疗机构数量为97家,占比为7.1%,在所有市级商业中心中数量及占比均为最高。不同商业中心优势业态类型较为不同,反映了各商业中心区域属性及资源供给能力。

五、 上海商业中心综合评估

前述内容从本地消费基底洞察和外来消费引力评价两方面评估了上海市级商业中心消费能力,并从交通便利度、主力消费类型、基础购物设施和其他商业配套量化评价了各市级商业中心区域禀赋。在此基础上,报告综合商业中心多维评估数据,运用熵权法构建市级商业中心量化评估模型,探索关键影响因子;根据模型因子得分,对商业中心进行综合评价和排序;结合上海市级商业中心总消费力排序进行对比研判,以期为商业中心发展提供决策支撑。

(一) 评价数据

市级商业中心配套评估数据源包括两部分:区域基础数据兴趣点大数据;采用基于手机信令的上海市商业中心人口数据,分析不同商业中心常住人口和流动人口数量及空间分布开展市级商业中心评价。

其中,区域基础数据包含住宅小区数量、面积、户数等;写字楼人口面积、楼层、租金等。基于手机信令的人口数据可以体现城市商业中心的人口时空分布和迁徙情况,其高时间分辨率(1 h)和空间分辨率(50 m)相较于传统统计年鉴数据有较大优势,可以洞悉各商业中心空间范围内的常住人口和流动人口变化情况。本报告综合评价部分采用的人口数据包括2022年居住人口、工作人口以及月平均客流共三类数据。详细数据清单见表2-2。

表2-2 商业中心区位禀赋及综合评价数据清单(2022年)

数据维度	数据名称
区域基础	住宅小区数量
	小区总面积
	小区总户数
	小区平均建成时间
	小区均价(中位数)
	写字楼数量
	写字楼总面积
	写字楼总楼层
	写字楼平均建成时间
	写字楼租金(中位数)
交通便利度	公交站点
	地铁站点
	汽车站点
基础购物设施	购物中心数量
	超市数量
	便利店数量
其他配套设施	餐饮数量
	医院数量
	教育数量
	银行数量
常驻人口	居住人口
	工作人口
流动人口	天客流平均值

(二)熵权分析

报告对上海市级商业中心进行客观、量化评价,从而避免人为评价的主观性和不可量化的弊端。由于18个市级商业中心数量较少,无法反映全市商业中心发展状况,本报告将《上海市商业空间布局专项规划(2021—2035年)》市级远期建设商业中心(11个)以及区域级商业中心(5个),共34个商业中心纳入总体样本,研究范围覆盖除崇明以外所有行政区。34个商业中心经数据处理后进行熵权分析,数据维度参照表2-2。

熵权法源自于香农提出的"信息熵"概念,熵值大小代表信息的不确定程度,熵值越大,信息度越高。熵权法可以客观科学地反映现实规律,确定不同维度因子的权重大小,较为真实地反映本市商业中心评价效果。本章所有指标均为正向影响力指标,首先将14个维度的数据进行标准化处理(取值范围为0~1),分别计算各指标信息熵值和效用值,进而确定权重系数,为便于展示,将熵权结果乘以100(结果见图2-21)。

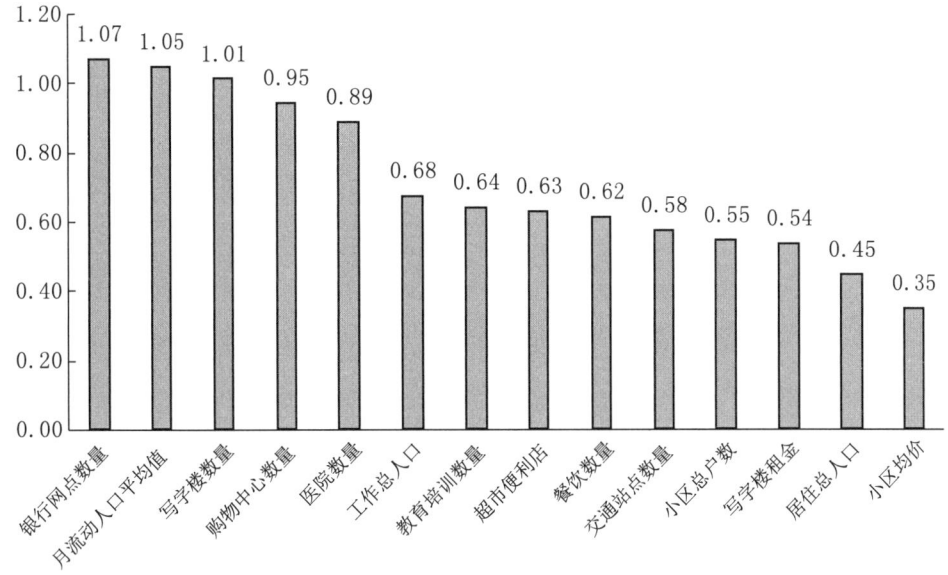

图2-21　熵权法各因子权重系数排序

图2-21结果表明,银行网点数量、月流动人口平均值、写字楼数量、购物中心数量以及医院数量为权重系数排名前五的指标,其取值范围为0.89~1.07,为重要因子,其他因子影响程度相对较低。权重系数乘以各维度均一化值,得到全市商业中心综合评价结果(表2-3)。结果可知,综合排名前五的商业中心分别为南京东路、豫园、陆家嘴、徐家汇和南京西路。

表 2-3　上海市 34 个商业中心评价维度及熵权法评价结果

	小区总户数	小区均价	写字楼数量	写字楼租金	购物中心数量	超市便利店	餐饮	医院	教育	银行	交通	居住总人口	工作总人口	平均值	综合得分
真如	1.5	1.9	1.0	2.0	0.9	0.9	0.5	0.4	0.3	0.3	0.4	0.7	0.5	0.5	11.7
四川北路	0.7	1.9	2.4	2.2	1.5	2.0	1.7	1.5	0.9	1.3	1.1	1.0	1.4	0.7	20.3
豫园	1.6	2.1	10.1	4.2	9.5	6.3	6.2	8.0	2.4	4.7	4.6	4.5	6.8	3.7	74.7
前滩	0.0	3.5	0.4	5.2	0.3	0.1	0.3	0.2	0.1	0.4	0.0	0.0	0.0	0.2	10.6
虹桥-古北	2.4	1.3	3.6	2.5	3.0	2.3	1.8	4.2	1.3	2.1	2.1	1.7	2.5	4.7	35.5
中山公园	1.2	1.4	1.9	3.2	2.4	1.5	1.3	3.3	1.2	0.9	1.0	1.1	1.7	3.3	25.5
迪士尼	0.1	1.5	0.2	1.8	0.9	0.1	0.1	0.0	0.0	0.2	1.0	0.8	1.0	0.2	7.9
五角场	1.1	1.4	1.9	2.0	3.5	1.7	2.0	1.2	2.3	0.6	1.7	1.2	1.5	1.2	23.4
大宁	2.1	2.1	0.8	2.0	2.1	1.2	2.4	1.2	0.5	1.2	1.8	1.8	1.8	1.8	22.8
中环真北	1.4	1.2	1.6	2.1	1.2	1.2	1.5	1.3	0.7	1.0	1.2	1.1	1.4	3.1	20.1
虹桥国际	0.0	1.5	0.8	2.1	0.6	0.7	0.4	0.3	0.1	0.4	0.7	0.7	0.9	0.5	9.3
吴中路	1.3	1.3	2.4	2.3	3.8	2.6	2.3	1.7	1.5	0.7	1.9	2.0	2.1	2.4	28.5
徐家汇	5.5	2.1	7.5	2.9	7.7	4.6	4.4	8.0	6.4	3.7	5.5	3.0	3.8	5.4	70.5
淮海中路	1.4	2.5	4.1	5.4	8.6	2.0	2.5	6.0	1.4	2.3	3.1	2.9	3.9	2.5	48.4
南京西路	2.4	2.4	7.2	4.5	8.3	4.1	3.8	8.9	2.6	4.2	3.4	2.9	5.2	3.9	63.8
南京东路	1.6	2.5	10.1	4.2	9.5	6.3	6.2	8.0	2.4	4.7	4.6	4.5	6.8	3.7	75.0
陆家嘴	4.8	1.9	6.5	4.0	4.7	4.5	5.2	8.1	3.0	10.7	5.8	3.7	6.7	4.8	74.5
北外滩	0.3	2.2	2.8	5.3	1.2	0.7	0.9	0.2	0.1	1.8	1.0	1.0	0.9	0.5	18.9
金桥	3.9	1.2	0.7	1.5	1.2	2.2	1.5	2.3	1.5	1.1	2.6	2.7	2.1	1.6	26.0
徐汇滨江	1.1	2.0	1.0	4.0	0.6	0.4	0.6	1.1	0.5	0.8	0.5	0.7	1.1	0.6	14.9
滨海	1.0	0.0	0.0	0.0	0.0	0.8	0.5	1.1	0.5	0.4	0.8	0.9	0.7	0.1	7.0
南方商城	0.1	1.9	0.4	1.3	0.9	0.5	0.5	0.2	0.0	0.7	0.2	0.2	0.5	0.2	7.3
滴水湖	1.3	0.5	0.0	0.0	0.0	0.2	0.6	0.0	0.4	0.2	0.7	0.3	0.0	0.1	4.1
奉贤	2.6	0.4	1.4	0.5	1.8	1.3	1.1	2.1	1.4	0.7	1.9	0.6	0.6	0.3	16.9
四团	1.6	0.0	0.0	0.0	0.9	1.5	1.2	1.3	0.5	0.0	1.4	1.3	0.9	0.1	10.8
共康	1.1	1.0	0.7	0.0	0.5	1.0	0.4	0.9	0.2	0.5	0.4	0.4	0.4	1.7	9.3
浦江	1.4	0.8	1.6	2.1	1.2	1.2	1.5	1.3	0.7	1.0	1.2	1.1	1.4	3.1	19.7
七宝	2.0	1.3	1.6	1.7	2.7	2.9	2.1	2.9	1.5	0.7	1.6	2.1	1.7	10.5	35.1
青浦	1.9	0.8	0.0	0.0	2.4	3.7	2.0	4.1	1.2	1.0	1.8	1.4	1.2	0.9	22.4
嘉定老城	2.9	0.2	0.6	0.0	3.0	3.9	2.6	3.6	1.7	1.5	2.5	2.1	1.7	0.9	27.4
莘庄	1.3	1.1	0.9	1.9	0.6	1.7	1.5	1.4	1.1	0.9	1.5	1.1	0.6	0.6	16.4
世博	0.1	2.1	1.9	3.2	0.3	0.4	0.3	0.1	0.3	1.2	0.6	0.5	0.9	0.0	12.0
张江	0.6	3.2	0.4	2.3	0.3	1.1	0.7	0.4	0.6	1.4	1.5	2.5	0.8	0.5	17.4
松江	2.0	0.5	0.5	0.0	0.6	1.5	1.3	1.7	1.3	0.4	1.0	1.1	0.8	0.5	13.2

（三）综合评价

本报告对于 34 个商业中心的综合评分的排序结果，见图 2-22。结果可以发现，南京东路、豫园、陆家嘴等 3 个市级商业中心评价最高，综合评分排前 3 位；徐家汇、南京西路、淮海中路、虹桥-古北等 4 个市级商业中心列 4—7 位；其余商业中心列 8—34 位。

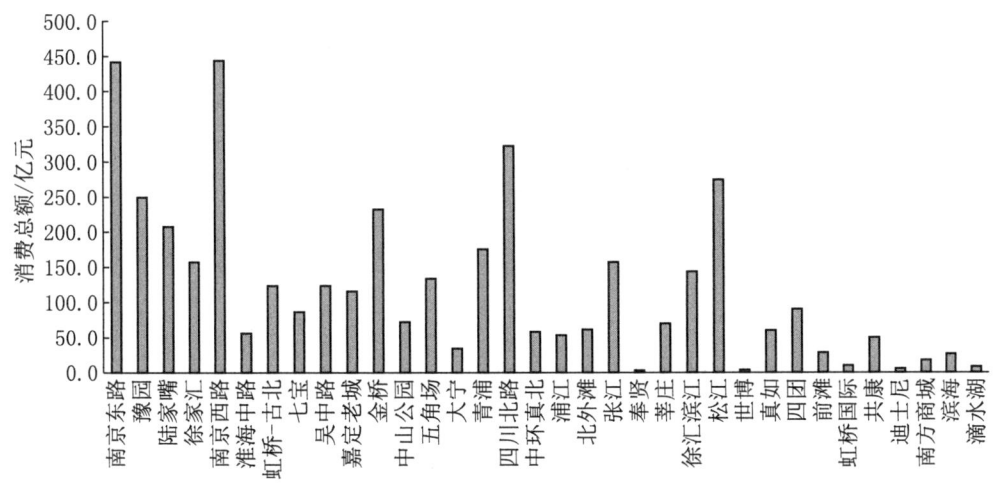

图 2-22　综合评价排序（从左至右排名依次降低）和消费总额

根据银联消费大数据统计了 34 个商业中心 2022 年消费总额，对消费总额进行排序并与综合评价的排序进行差异化对比（图 2-22）。结果显示熵权法综合评价排序越高，消费总额也相对较高（除南京西路和四川北路商业中心综合评价排序相对较低），表明熵权法综合评价排序结果与 2022 年消费总额有较好的相关性，商业综合评价信度较高。

综上可知，银行网点数量、月流动人口平均值、写字楼数量、购物中心数量以及医院数量是熵权评估模型的权重因子，市级商业中心评估排序与消费总额相关度较高，表明权重因子对于市级商业中心的消费繁荣度和未来发展潜力具有较大的影响作用。

第三节　上海社区商业发展分析

2022 年初，国务院办公厅印发《"十四五"城乡社区服务体系建设规划》，指出要不断强化社区为民、便民、安民的功能，明确要"促使社区服务更适应群众需要""打造群众身边文化圈"及"补齐城乡社区服务短板"。对此,上海各区政府积极采取各项便民利民举措,通过丰富全市社区文化及活动运营,带动各区社区商业不断提档升级,认真落实《上海市城乡社区服务体系建设"十四五"规划》,持续加强社区综合服务设施建设。

本报告以2022年度上海市社区商业发展的新变化为研究重点,首先通过梳理2022年上海市助推社区商业发展的相关政策举措,总结上海市政府层面对于当下发展社区商业的主要扶持方向;其次,随着商业开始回归精益运营时代,社区商业的运营也变得尤为重要,本报告特别针对多个代表性社区商业项目在2022年内所做的运营相关活动进行梳理分析,总结上海市社区商业运营发展的特征及亮点;再次,选取上海市一刻钟便民生活圈优秀社区商业案例的年度运营举措进行深入研究,分析总结社区商业运营策略的核心要点及成功经验;最后,综合2022年社区商业运营发展情况及市场环境,预测上海市社区商业未来的运营发展趋势,旨在为社区商业发展提供精细化运营参考方案,助推上海市社区商业实现高效运营。

一、上海社区商业发展相关政策分析

2022年,上海市制定发布了一系列规范类及支持类政策,进一步明确城市社区商业发展标准、优化社区商业发展环境、提供社区商业发展保障,从而助推上海市社区商业的良好健康发展。

(一)遵循分类施策因地制宜,推进一刻钟便民生活圈建设

2022年,《上海市商业空间布局专项规划(2021—2035年)》正式印发,规划根据商务部"一刻钟便民生活圈"建设要求,明确社区级、邻里级社区商业基础保障型和品质提升型设施配置标准,加强标准化建设。并且特别点明了要大力发展社区商业,更好服务保障民生,加快打造业态多元集聚的"15分钟便民生活圈"。力争每年新增加2个区选入国家级的培育建设试点,每年新增加20个以上的市级示范社区。同时,上海市整合了商户、物业、社区及街道等各方力量,制定了一系列推进15分钟社区生活圈行动的相关文件,来进一步加强便民生活圈的规划和多元合作。此外,上海市在部分一刻钟便民生活圈示范社区建设中积极开展数字化建设试点,《2022年全市数字商务工作要点》中,明确提出要"推进数字化示范区加快建设"及"持续建设一刻钟便民生活圈",将加快"生活服务数字化示范区"的创建,进行一刻钟便民生活圈的国家级试点建设。

（二）持续着力保障改善民生，强化超大城市保供能力

为了进一步解决疫情防控期间，生活物资需求过大与物资供应不足之间的矛盾、线上购物需求旺盛与电商平台送货较慢之间的矛盾等诸多民生问题，上海市商务委特别将"持续强化超大城市保供体系"纳入2022年度商务工作主要目标和任务中。通过优化批发市场布局、增加市外基地布局、加强智慧菜场建设、落实"菜篮子"区长负责制度、建设二期主副食品运行调控系统、加强各区保供数据平台建设、加强应急调控预警保障等多举措并行，全力做好生活物资保供工作，推进目标实现。在市商务委向各区商务主管部门部署本市生活物资保供工作的视频会议中，特别要求各区商务主管部门全力保障全市生活物资供给网络正常运转，做好本市生活物资的保供工作。

（三）鼓励开展社区团购业务，帮助电商提高产能运力

在疫情防控期间，为了保障市民生活物资的供应，上海多处区域开展了"社区团购"业务。各区也都积极针对当地出现的问题与投诉制定规范和要求，加强"社区团购"的价格规范化管理及行为监督，以稳定市场秩序。同时，各大超市卖场及电商平台也积极推出如"集单购""保供生鲜套餐""全能超市"等多种保供套餐，市民可享"安心团购"服务。此外，在确保运力方面，积极推动物流企业加大科技的投入，利用技术改变传统运输模式，从而提升运力，确保市民基本生活物资的供应。在处理社区末端配送问题上，各区指导居村委会，积极做好生活物资配送工作，建立由社区干部、志愿者以及专业人员组成的配送队伍，切实解决末端配送"最后一百米"。

（四）推进城市早餐工程建设，加快填补城市早餐盲点

2022年2月，市商务委印发《2022年早餐民心工程实施方案》，提出将建立早餐网点信息的监测考核机制，进一步优化早餐地图检索功能，持续推进早餐地图的建设工作。点明"加快补填早餐盲点""推进示范点创建""持续实施数字赋能"及"推动共享早餐、健康套餐等建设"四大重点工作。《中共上海市委办公厅 上海市人民政府办公厅印发〈2022年上海市为民办实事项目〉的通知》明确要为市民提供"更便捷、更丰富、更健康"的早餐服务。2022年上海市商务委继续将"扎实推进早餐工程建设"纳入本年度商务工作的主要目标和任务中，目标新增100个市级的早餐示范点，力争基本消除早餐供应盲点。

（五）积极发展品质提升业态，鼓励丰富亲子及体育消费

2022年，在对市十五届人大第六次会议第0737号代表建议的会办意见中提出要加强公共场所"适幼化"设施建设，鼓励社区针对幼儿群体需求，积极探索推出适合幼儿的便民设施和服务，进一步丰富亲子消费业态，提升上海国际消费中心城市建设软实力。对此，特别从编制发布行动指引、提升社区商业品质及丰富亲子消费业态三大重要方面出发，力争打造儿童友好的消费环境，从而助推上海国际消费中心城市的建设。在对市十五届人大第六次会议第0758号代表建议的会办意见中提出要大力发展体育消费，将从"鼓励大型社区商业设施发展各类体育消费业态、促进商业与体育联动发展、支持举办体育消费节庆活动"三方面落实，促进全民健身和体育消费。

（六）持续跟进智慧菜场创建，全面做精"菜篮子"工程

《关于本市开展智慧菜场创建工作的通知》中要求，立足民生需求，聚焦菜场，深入展开智慧菜场创建工作。《2022年全市商务工作报告》中还特别将"开展智慧菜场创建，推动落实'菜篮子'区长负责制"纳入2022年度工作目标及任务中。当下，上海市各区的智慧菜场创建工作都在稳步进行中，且逐渐发展出各具特点的菜场创建模式。如杨浦区阳普国和菜市场全面推进菜场数字化转型升级，以"市场管理补盲、助力日常经营、消费体验升级"为三大目标开展智慧菜场建设工作，推动标准化菜市场提质升级；黄浦区上海巨鹿马立斯菜场以"服务、共享、创新"为工作理念，努力为市民群众高品质生活需求做出更大贡献；普陀区真如街道高陵万有集市打造智慧网红菜场；静安区鑫增银菜市场通过科技赋能实现智慧化转型，优化菜场市场环境，提升居民消费体验；嘉定区唐行万有集市推进"菜场＋商业配套＋社区活动中心"的全新生活模式；松江区龙源集市以"功能休闲化智慧化、管理标准化规范化"两大方向带动智慧菜场创建；等等。

二、上海社区商业运营活动情况分析

（一）各区齐发力，首届"邻里生活节"圆满落幕

为进一步推动社区建设与发展，2022年8月6日，上海市首届"邻里生活节"拉开序幕，本次活动特别聚焦社区居民的生活消费需求，将主题定为"人民城市，美好生活"，打造18个"一刻钟便民生活圈示范社区"，举办"家庭保洁日""邻里买菜日"等多样活动，建设更有温度的社区邻里家园。

各区政府根据邻里生活节要求,结合自身所需发布多条政策指引区内商户参与到"邻里生活节"中。其中黄浦、徐汇、静安、普陀、杨浦、闵行等六个区政府在本届上海"邻里生活节"中将"一刻钟便民生活圈"这一重要举措融入,使得该六个行政区内的老百姓不仅仅在"邻里生活节"期间享受到福利和优惠,更为今后区域内的老百姓打造了一个智慧便捷、商居和谐的"城市一刻钟社区生活圈"。此外黄浦、徐汇、长宁、浦东、金山等五个区政府因地制宜,充分利用线上技术投放消费优惠券。各区政府通过加大资金投入、政策引导和合作机构发放消费券、优惠机制等补贴福利,推动各大商业主体积极参与、加强营销投入,让更多的商户和品牌让利,使得上海"邻里生活节"真正做到将惠民生活传递至千家万户。在本届上海"邻里生活节"期间,各区政府根据居民需求,把握自身优势,从普通老百姓需求出发,推出了符合各区人民需要的各类主题活动。各区政府都围绕"人民城市,美好生活"的主题推出了具有特色的各样主题活动,这些活动的举办进一步助推了城市消费需求的释放,激发了城市市场活力。

表 2-4 首届(2022 年)上海"邻里生活节"各区重要举措

序号	行政区	重要举措
1	黄浦区	1. 研究制定便民生活圈建设方面的规划,梳理社区商业底数,融入"未来生活概念",积极提升新产品、新服务在社区商业中的供给 2. 积极推动区内相关商贸企业与相关金融机构及平台合作,充分运用线上技术投放消费优惠券
2	徐汇区	1. 补缺提升"生活盒子",增强居民幸福感 2. 联合"大众点评""饿了么""建行生活"及"高德打车"等多家平台,发放超千万的消费券及本地生活消费补贴,叠加商场多样化优惠活动 3. 全区各大合作机构平台、各大商业体及诸多品牌商户各方积极投入大量资金、推出大量活动促消费
3	长宁区	1. 多个街道开展线上线下活动,落实惠民生活 2. 分时步行街"凯田集荟·惊喜长宁"正式开街,布局 60 余个品质摊位,提供多元的便民服务、特惠购物及休闲体验 3. 2022 上海时尚定制周再次落地长宁 4. 推出"X"场线上促消费活动,以给力优惠释放消费潜力 5. 推出"N"场主题活动,区域品牌企业开展促消费系列主题活动
4	静安区	1. 部分老字号主动融入上海"邻里生活节",推出系列优惠活动,做好"亲情相伴好邻居" 2. 8 月 18 日起,大宁国际商业广场创新打造"INNO SOCIAL 智荟"品牌,打造家门口的城市社交空间
5	普陀区	1. 同区内家乐福"亲邻集市",打造"15 分钟便民生活圈"嗨购惠民模式 2. 对创新业态、模式及创意活动以及在带动消费增长方面有突出贡献的企业予以适当支持

(续表)

序号	行政区	重要举措
6	虹口区	1. 把活动和疫情防控工作紧密结合起来,让商户和市民安心放心经营及购物 2. 立足自身优势,加大线上线下融合发展
7	杨浦区	1. 结合"邻里生活节",鼓励滨江区域重点商业载体开展形式多样的促销费活动 2. 殷行街道特别着力打造商业业态丰富、经营规范有序、服务便捷智慧的"一刻钟便民生活圈"
8	闵行区	特别策划"我是团长我骄傲,闵行特色我知道"线上直播系列活动
9	宝山区	1. 在高境临港新业坊,正式启动宝山区第三届"五五购物节" 2. 在宝山万达广场,"2022上海数字生活节"正式启动
10	嘉定区	1. 购物节期间,购买新能源汽车和燃油车且符合条件的市民,可获得相关购车补贴 2. 购物节的系列活动之一——塔南小集·夏夜游园会开幕
11	浦东新区	1. 在外高桥保税区举办"2022上海进口嗨购节·国别商品文化缤纷月"启动仪式 2. 特别结合了5G、AR、元宇宙等科学技术,创新推出"元宇宙商场" 3. "夏日浦东·E起消费"专场活动在GALABAY尚悦湾正式启动
12	金山区	1. "抖音乐享生活季"特色小店探店活动、"数字生活新时尚"数字消费推广活动、"夜来夜嗨"夜生活集聚区活动、"共享计划 金山优品"推荐活动、"金山如画"文旅消费活动、"金山味道"美食消费活动、"乐动活力"体育消费活动、"国潮嘉年华"老字号消费活动、"青春购精彩"生活节活动、"潮享乐驾"汽车消费活动、"品质好家"家居家装消费活动、"书香风尚"艺术消费季 2. 推出"美好生活节""国潮涂鸦SHOW""FUN肆嗨购节""文化漫游节""工业探店之旅"等百余项主题系列活动,持续提升购物节消费热度
13	松江区	1. 区经委召开大型商场疫情防控专题会暨推进"五五购物节"部署会 2. 举办"五五购物节,GO享松江"摄影大赛 3. 上海"邻里生活节",松江超市特价日 4. 上海首个"汽车品质消费示范区"启动创建
14	青浦区	1. 推出十大购物计划(分别是:社区生活提升计划、夜间经济拓展计划、品牌消费集成计划、居家出行品质计划、绿色消费播种计划、数字消费体验计划、博物之旅提升计划、商旅互动融合计划、亲子畅游互动计划、一镇一主题全域行动) 2. 在移动智地,举行了"大品牌在青浦vs五五购物节,数字江南let's购!"品牌直播活动,该活动由青浦区商务委、青浦区市场监管局和青浦区融媒体中心三方共同打造
15	奉贤区	开展时尚美妆潮流季、精彩商圈嗨购季、"游在奉贤"文旅季、本地产品品鉴季、"夜在奉贤"夜生活季、"大宗商品"焕新季、"邻里生活"惠享季、"食在奉贤"赏味季等活动
16	崇明区	1. "崇明的夜Yeah!"2022崇明乡村夜生活节正式启动 2. 举行2022年崇明区品牌连锁商业企业招商云推介活动

（二）各区勇创新，以多样亮点活动为社商持续造势

随着社会的不断进步和人们消费观念的改变，社区商业面临的市场竞争也变得越来越激烈了。为了在这样的环境中生存和发展，社区商业市场主体需要不断地提升自己的服务水平，满足消费者日益增长的需求和期望，才能够在激烈的市场竞争中实现突围。因此，社区商业主体开始积极推出多元化的亮点活动，强化运营，借此提升自身形象和吸引力，加强同目标消费客群的强链接，以求更好应对市场需求变化。

对此，本次报告特别抓取上海市各区代表性的特色社区商业项目共30家作为监测样本进行研究，通过梳理其在2022年全年的营销活动，提炼出2022年各大社区商业主体在活动运营上的五大亮点举措，分别是"话题营销加强情感链接""节庆与造节活动持续造势""会员社群精准营销""市集活动融入社区"及"艺术策展赋能社商"，为未来社区商业运营发展方向提供指引。

1.话题营销加强情感链接

将上海市特色社区商业项目2022年亮点活动运营情况汇总后统计分析，发现2022年代表性社区商业项目活动运营中话题互动共计114次，约占全年运营活动总数的5.6%。[1]

话题营销是社区商业的重要组成部分，如今越来越多社区商业主体开始积极关注社会热点话题，结合品牌理念，开展相关活动，以吸引用户关注及参与。社交媒体的崛起使话题营销更加便捷。话题营销还可以与其他运营活动结合，例如结合主题营销和数字营销，以进一步强化项目、品牌同消费者的链接。再如，品牌方可以通过在线讨论、投票活动或有奖竞赛引发用户的兴趣，让用户积极参与其中，从而加强社区与用户之间的链接。

2.节庆与造节活动持续造势

2022年代表性社区商业项目活动运营中，节日营销有328场，其中，节庆活动260场，造节活动68场，总计约占全年运营活动总数的16.2%。

社区商业经常通过重要节庆节点和自主造节来吸引顾客，刺激销售。除常规的圣诞节、情人节、万圣节等外，还创造自己的节日，积极推出各类针对节日的定制活动，如品牌周年庆典、夏日狂欢节、感恩季、开学季、生活节等。这些活动不仅提供特别的购物体验，还可以增加销售和品牌曝光，通过造节短时活动促销，激发购买欲望，

---

[1] 数据来源：各商业主体各类营销活动数量主要抓自各项目官方微信公众号，并通过人工收录、整理、分类及统计分析，可能存在误差。本小节后文同。

为商户增加盈利或去化库存,还能达到为品牌及商业项目持续宣传造势的效果。

3. 会员社群精准营销

2022年代表性社区商业项目活动运营中,私域营销活动共计164场,其中,会员活动共有98场,社群运营共有54场,访谈活动共有12场,总计约占全年运营活动总数的8.1%。

相比其他类型商业,社区商业客群更聚焦于周边消费人群,更需要紧抓私域流量,因此,多数社区商业项目常依赖会员计划有针对性地提供个性化购物服务,以求进一步加强消费黏性。随着"私域"概念日益加强,建立会员社群成了社区商业运营的重要策略之一。各大社区商业开始积极通过积分、折扣和独家活动等激励措施,鼓励用户加入会员社群。通过积极吸引和留住会员,社区商业可以实现精准营销,不仅提高了用户忠诚度,还为品牌以及项目整体提供了更多的数据用于精细化运营,更加利于品牌及项目针对不同会员的需求和购买历史进行个性化推荐,消费者也可以借私域平台提供反馈和建议,帮助社区商业改进产品和服务,形成一个完整的良性闭环。

4. 市集活动融入社区

2022年代表性社区商业项目活动运营中,共举办各类集市活动约50场,约占全年运营活动总数的2.5%。

将市集活动引入社区是一种非常具有潜力的营销策略,也将是未来社区商业发展的一种重要趋势。市集可以吸引不同领域的商户和创作者,多数社区商业选择与当地企业或非营利组织合作,共同打造社区文化活动和市集。市集活动对社区商业的发展有着良好的促进作用,一方面,通过与当地社区和居民互动和合作共创,可以使品牌及项目与当地居民建立更紧密的联系,增加品牌及项目的社会责任感,提高品牌及项目的认知度、好感度及影响力,实现商户、项目及社区的共荣共赢;另一方面,也为周边居民提供了更丰富更有益的购物和娱乐体验。同时,该种形式的营销也可以让消费者更加亲近品牌及项目,加强购买意愿,增强消费忠诚度,提高复购率。

5. 艺术策展赋能社商

2022年代表性社区商业项目活动运营中,艺术相关的主题营销活动共计77场,其中,音乐演艺38场,线下展览21场,艺术装置打卡活动18场,总计约占全年运营活动总数的3.8%。

随着策展式商业的迅速发展,多个社区商业项目也开始了策展类活动的积极导入,进行了创新策展营销的新尝试,也越来越重视场内艺术文化氛围的营造及包装。其充分利用项目公区、合作商户内部、空铺区甚至商业冷区等空间,积极举办艺术展

表2-5 上海市特色社区商业项目2022年亮点活动运营情况汇总[1]

区域	序号	项目	品牌营销				节日营销		数字营销		私域营销			主题营销				汇总
			商户活动	品牌特卖	品牌快闪	跨界联名	节庆活动	造节活动	线上营销	话题互动	会员活动	社群运营	访谈活动	市集活动	音乐演艺	线下展览	艺术装置	
徐汇区	1	金地商悦荟	18	3	—	—	5	2	4	2	1	2	—	—	—	—	1	38
静安区	2	南洋1931	21	5	2	7	15	—	25	10	1	—	3	4	2	—	—	95
	3	五月花广场	16	3	—	—	4	2	20	1	—	—	—	1	—	—	—	47
	4	%荟萃	15	4	1	3	7	4	21	1	—	1	2	2	2	1	1	65
黄浦区	5	新邻生活站	16	4	1	2	5	2	12	1	—	1	1	1	1	—	1	47
长宁区	6	百联西郊购物中心	4	—	—	1	2	1	6	1	—	1	1	—	2	—	1	20
	7	武夷Mix320	26	2	10	8	13	1	14	12	—	—	—	1	2	8	3	105
虹口区	8	上滨生活广场	22	1	1	2	13	4	17	1	22	—	5	3	6	4	1	97
	9	ist 艾尚天地	25	2	—	—	6	—	12	—	—	—	—	—	—	—	—	46
普陀区	10	我格广场	17	—	—	2	2	2	16	1	7	—	—	—	1	—	1	46
	11	普陀融创·精彩天地	3	—	—	—	2	—	3	—	3	—	—	2	—	—	—	13
	12	小世界社商	1	—	—	1	4	1	2	—	—	—	—	1	—	—	—	7
杨浦区	13	国和1000	19	—	—	—	10	—	17	—	3	—	—	—	1	—	1	47
	14	乐坊虹井	11	13	—	—	4	1	12	1	2	—	—	—	—	—	—	48
闵行区	15	马桥星悦荟	3	6	—	1	13	2	22	3	7	—	—	5	4	—	—	66

[1] 数据来源：各商业主体各类营销活动数量主要抓取自各项目官方微信公众号，并通过人工收录、整理、分类及统计分析，可能存在误差。金山区现有社商购名营方合营销宣传，未收录其中。

（续表）

区域	序号	项目	品牌营销				节日营销		数字营销		私域营销			主题营销				汇总
			商户活动	品牌特卖	品牌快闪	跨界联名	节庆活动	造节活动	线上营销	话题互动	会员活动	社群运营	访谈活动	市集活动	音乐演艺	线下展览	艺术装置	
浦东新区	16	浦东嘉里城	64	15	1	2	25	2	13	11	5	15	—	11	8	2	5	179
	17	滨江世茂52+	1	—	—	—	3	1	7	—	—	—	—	—	—	—	—	12
	18	浦东融创·精彩天地	4	—	—	—	—	1	1	1	2	—	—	3	—	—	—	10
	19	富荟广场	25	17	—	1	17	3	6	33	2	9	—	1	2	—	—	116
宝山区	20	宝山旭辉U天地	14	14	—	—	17	8	1	2	13	—	—	1	4	1	1	76
	21	宝山花园城	59	69	—	—	15	13	11	33	16	20	—	1	2	—	—	239
	22	乐坊大华	2	4	—	1	9	—	2	1	4	2	—	1	—	—	—	26
嘉定区	23	嘉定五彩城	30	22	—	—	8	3	19	—	6	1	—	—	—	—	—	89
	24	嘉定日月光	7	9	—	1	6	1	—	—	—	—	—	—	—	—	—	23
松江区	25	中冶祥腾广场	39	27	—	—	8	5	11	—	3	—	—	—	—	—	—	83
	26	开元地中海商业广场	103	51	1	3	23	1	—	—	2	2	1	1	2	—	1	206
	27	九亭U天地	18	11	—	—	4	—	1	—	2	—	—	—	—	—	—	34
青浦区	28	夏都小镇	35	7	—	—	15	3	1	—	—	—	—	9	5	—	—	73
奉贤区	29	苏宁生活广场	19	19	—	—	6	3	1	—	—	—	—	2	—	—	—	50
崇明区	30	崇明八一广场	11	9	—	—	1	2	—	—	—	—	—	—	—	—	—	23
合 计			648	317	17	35	260	68	276	114	98	54	12	50	38	21	18	2 026
占 比			32.0%	15.6%	0.8%	1.7%	12.8%	3.4%	13.6%	5.6%	4.8%	2.7%	0.6%	2.5%	1.9%	1.0%	0.9%	99.9%

览、音乐演艺、文化活动和艺术品销售活动。通过社区商业主体或内部品牌与艺术家、策展人和文化机构建立更多合作,提高社区商业的艺术氛围及文化价值。借助艺术赋能活动吸引更多顾客,吸引更多文化爱好者前来参观和购买。这种活动不仅可以增加顾客流量,提高社区商业的吸引力,还丰富了社区文化生活,提高了社会效益。

除以上几点外,2022年,多数社区商业都在积极创新项目的营销模式、拓宽项目的营销渠道、丰富项目的活动内容,在各类运营活动中都充分发挥了社区商业贴近消费者的独特优势。但仍有较多社区商业依旧依赖于传统营销方式,未构建成熟的线上宣传体系及私域流量积累,社区商业的营销发展依旧有待不断创新发展,打造更多有人情味、有烟火气、有温度感的优秀社区商业项目。

(三)平台抢争先,以共创美好生活构建社区情感链接

随着互联网的不断发展和社交媒体的普及,社区运营平台逐渐兴起,深得大众青睐。在国家政策和市场的驱使下,越来越多的社区、街道开始在主流社交媒体上搭建多元化、个性化的私域运营平台。社区运营结合社区服务与信息化,为社区的可持续化建设与发展赋能,充分利用媒体的强大影响力为社区进行宣传。与此同时,社区运营通过与社群成员互动,深入了解他们的需求和反馈,提供更多精准化的服务。这样不仅提高了社区服务效率,增加了社区成员黏度,还促进了社区活跃度,推进社区可持续化发展。如今,社区运营平台的商业化、智慧化和社群化已是大势所趋。

2020年,上海市特别发布了《社区新型基础设施建设行动计划》,提出要全面推动社区生活与新智慧技术相融合,夯实新型基础设施建设,完善运营服务体系,优化智慧社区支持平台。这一举措催生了一大批以"闲下来合作社""大鱼营造"和"社趣更馨营造中心"为代表的高质量社区运营平台。在传统社区管理向平台化、信息化、智慧化的转型进程中成功地迈出了极为重要的一步。如今,社区运营平台在政府、社会发展组织和社区成员等多元组织的紧密合作下,将逐步实现围绕社区构建的内生性、连接性和协作性的复合共融发展体系。

1. 闲下来合作社

基本情况:"闲下来合作社"位于长宁区仙霞区700弄虹仙小区25号,前身为居民防空洞,为满足青年人的社区活动需求,于2018年被打造为社区可持续性友好共建空间,已积累多年发展经验。

经营模式:"闲下来合作社"社群核心受众主要为当地社区居民以及对构建可持续关系发展感兴趣的各地年轻人。此社群以"线上宣传+线下活动"为主线,进行持续造势。比如,合作社会定期举办线下"周末交换市集",通过媒体输出实际活动内

容,加以追随时下网络热点话题,借助平台定点投放活动文章与招募信息,提升线上用户至线下活动的转化率。其平台在2022年举办的活动中,"社区艺术计划|虹仙小区""闲下来好物市集|旧物交换"和"BOOKNOW读书会"系列影响最为突出。

为扩大社群影响力,"闲下来合作社"在线上打造私域流量池,管理员借助线上平台,在私域中与社员进行深入互动与沟通,调整下期策划活动方向与主题,落地社群成员需求,同时定期发放福利,增强已有社员黏性,并通过社群分裂吸引新社员。接下来,"闲下来合作社"将继续以"闲置的激活、闲置物品的流通、闲暇时间的创造"为发展方向,引导社员共同创造美好和谐的社区氛围,以可持续的社会议题串联可持续的人际关系,致力于永续社区的发展。

2. 大鱼营造

基本情况:"大鱼营造"全称为"大鱼社区营造发展中心"。在上海城市发展从"增量时代"进入"存量时代"的大市场背景下,为探索解决社区发展痛点,五位80后设计师在2018年决定成立"大鱼"社区营造组织。

经营模式:"大鱼营造"以"城市更新与社区营造"为共识,引导公众进行不以营利为目的跨专业、多专业的系统协作。在"大鱼"社区创建前期,五位发起人相聚于"愚园路城事设计节",以媒体为平台,多方参与推动了愚园路改造。借此,他们成立了"大愚小余"社群,开展了一系列社区营造活动。而后逐渐发展壮大,构建了成熟的"大鱼社区营造发展中心"专业社区运营平台。

"大鱼营造"通过整合关注来创造社会价值创新力量形成专业平台,促进社区创新决策者、专业者、社区运营方以及当地居民多方参与,形成一个系统有效的共建新模式。与此同时,"大鱼营造"尝试通过组织,激发社区改造新活力,引导居民主动参与,赋能城市更新,以"社区长效运营"为目的,孵化社区共同创建项目。"大鱼营造"希望能够借助这一组织加强多方交流沟通,协同共建,让营造社区成为每个人的一种生活方式。

3. 社趣更馨营造中心

基本情况:"社趣更馨营造中心"位于上海市长宁区定西路988号1403-F室,是在城市更新背景下于2019年10月25日由CREATER创邑孵化的社会组织,旨在与在地商户、社区居民、政府机构探讨共建共生共治的生态圈。

经营模式:驻扎在愚园路街区的"社趣更馨营造中心",宗旨为发展"美好辖区共同缔造",聚焦品牌设计、街区创生及社区营造模块,同政府、高校、商户及社区居民等共同构建辖区生态。经历了三年发展,项目团队已在上海武夷路、长宁路、愚园路等诸多上海特色街区策划开展了丰富多样的活动,最终探索出了一套系统化的美好生活理念和社区共营模式。该社会组织在与专业第三方合作的社区改造过程中,关注在地文化,注重传递人与人之间的温度,强调"高校师生共创"的全新模式,这也使"社趣更馨"的社区微更新模式愈加深入人心。

互联网经济的加速发展,科技的迭代创新,也助推着社区治理平台日趋成熟。建成一个系统化、个性化、信息化的复合共创社区平台已然是时代发展的必然需求。社区在满足居民基本需求的基础上,还应兼顾文化提升、情感交流、价值实现等更高层面的精神需求,其关键就在于人与人之间关系的营造与维系。未来,上海市还将积极鼓励、引导及支持更多多元社区运营平台发展,以多元平台拉近不同人群、不同社群与不同社区间的关联,共同营造和谐美好的社区环境。

表2-6 上海代表性高质量社区运营平台情况对比

平台名称	经营地理范围	平台运营理念	主要经营模式	亮点活动示例
闲下来合作社	上海市长宁区仙霞路700弄25号和新华路345号	创造可以属于每一个人的可持续社区	线下联合商户和社群成员进行活动,线上发布活动通知和宣传文章	①"社区艺术计划|虹仙小区"联合速写上海工作室在虹仙小区进行社区艺术创作 ②"闲下来好物市集|旧物交换"联合往期摊主以"以物换物"形式开展社区活动 ③"BOOKNOW读书会"以线上会议形式联合博客平台主理人领读,参与者分享读书心得
大鱼社区营造发展中心	上海市长宁区新华路街道	连结邻里关系,支持在地商业	政府授权,民间筹款、运营、开展活动	①"一平米行动"系列打造人性化社区,持续开展BuyLocal行动,联合媒体传播打造韧性社区 ②"OpenBox计划"联合街坊和商户组织66场活动,以相对公益方式,开放空间,建设街区友好空间 ③"后疫情时代亲情美好街区系列Talk"以线下活动和线上直播方式开展五个居民区的社区商户讨论会
社趣更馨营造中心	上海市城区(主要范围:愚园路、武夷路、长宁路)	美好辖区共同缔造	聚焦社区营造、街区创生、品牌设计三大核心模块,与政府职能部门、在地商户、社区居民等角色共建辖区生态	①"社区焕新计划|老街小巷的趣味生长"系列联合东华大学以社区泛式画像为主题,走访街道,形成社区改造的提案构思 ②"科技武夷|点亮生活"开展科技盛会 ③"社区茶话会"围绕苏河湾华政片区开展营造工作,打造充满记忆与温馨的城区氛围

三、 上海优秀社区运营案例研究——以长宁区为例

(一) 顶层工作指引——长宁区先行先试,亮点频出

2022年长宁区政府加快推进"城市一刻钟便民生活圈"建设,并在2022年期间取得了显著成绩。2021年,长宁区成功成为商务部"城市一刻钟便民生活圈"首批试点城区,现全区各街镇根据自身发展特点已逐步发展形成了10个各具特色的街镇便民生活圈建设主题、规划和项目清单。此外,长宁区还鼓励全区各街道向已经形成便民生活圈的街道学习,持续建设有特色的"街镇一刻钟便民生活圈"。

在经历过疫情的打击后,2022年1月,长宁区政府发布《长宁区加快贸易高质量发展提升消费能级的实施办法》,对区内推动消费地标打造、促进首发经济提质、加大购物品牌推广、加快商业数字化转型的企业给予资金扶持,这对于长宁区圆满举办"五五购物节"、打造"一刻钟便民生活圈"、强化"长宁购物"品牌效应等重要工作起着至关重要的作用。2022年下半年,首届上海"邻里生活节"的开幕及闭幕仪式均在IM Shanghai长宁国际广场内举行。其间,长宁区围绕这一重大购物活动推出"凯田集荟·惊喜长宁"分时步行街、长宁"X"场线上促消费活动、长宁"N"场主题活动等多种活动。区内多个街道发挥自身优势开展线上线下活动,将此次购物节的优惠传递到广大市民家中。本报告主要将长宁区在"一刻钟便民生活圈"建设中的优秀举措提炼总结为"强化体系""推陈出新"及"因地制宜"三大维度,为上海市其他区乃至全国各地构建"一刻钟便民生活圈"提供优秀的示范及经验。

1. 强化体系,构建主题活动框架

上海"五五购物节"期间,长宁区通过构建"3+X+N"的活动框架,即落地三场市级活动,推出各类线上"X"特色促消费活动及"N"场购物节主题活动。

其中三场市级活动分别是"上海制造佳品汇""2022上海邻里生活节启动仪式暨长宁区第三届'五五购物节'开幕式"及"2022上海时尚定制周"。三场市级活动的成功举办和圆满落幕,得益于长宁区政府发挥自己"全球新品首发地示范区"的优势以及坚持强化"长宁购物"这一品牌效应,从而取得效益的增长。

推出的线上"X"场促消费活动,包括"重点互联网+企业促消费活动""重点时尚品牌线上促销活动"及"重点银行数币线上优惠活动",三种类型的促销活动涵盖居民日常生活的方方面面,从线上到线下将"五五购物节"的优惠送到千家万户。

推出的"N"场购物节主题活动,通过"时尚品宣·轻盈夏日""艺犹未尽·精品美陈""烟火时光·人气美食""优游一夏·在此启程""便民生活·缤纷惠购"及"国别特

色·异域品质"等六个系列的活动,为市民们送去应接不暇、无处不在的购物优惠活动。

2. 推陈出新,打造特色消费热点

2022年暑期,长宁区以国际魅力、时尚品质、数字便民为特色,以"嗨购长宁聚精彩"为主题,开展了"第三届长宁区'五五购物节'"活动,并打通各大媒体资源,对购物节进行全方位立体式融媒体报道,持续释放消费潜力,打响长宁商圈消费品牌。

2022年8月,上海首届"邻里生活节"开幕的同时,"凯田集荟·惊喜长宁"分时步行街正式开街。凯田路分时步行街作为长宁区筹备5个月之久的项目,在完成交通评估、项目招标、商户招商、景观布设的基础上正式开街。其以打造"数字、时尚、国际"为特色目标,吸引了如朝日啤酒、3TC等国际化品牌,CeciliaHou Jewelry、Han's story等设计师品牌以及一米市集、荷兰薯条等特色品牌的加入,成功吸引了市民的广泛关注。2022年中秋节期间,长宁国际广场客流激增,带动周边商业商户营业额整体同比增长高达217.6%。

3. 因地制宜,助推代表项目发展

长宁区在推进"一刻钟便民生活圈"建设制定相关政策时,要求深入挖掘社区各类潜力资源,多元化复合利用大小空间。一方面,在制定具体政策时,要求坚持以人为本,力争权衡好社区与便民服务;另一方面,聚焦服务、居住、出行、休闲和就业等多方面的实际需求,推动社区公共服务更加人性化、复合化、精细化。在此基础上,全区多个街道依据要求,发展出具有自身特色的"一刻钟便民生活圈"建设之路。

其中最令人关注的便是位于新华路上以东亚、东南亚风情为主的"幸福里"项目。"幸福里"改造以"为人服务"为宗旨,以"扎根和服务于周边社区、街区'生长'"为初衷,突出轻文化风格,充分演绎新式海派风情,荣获"2022年上海市户外招牌特色道路"的称号。该项目结合城市更新,联合多方力量,整合社会资源,在空间上植入打造了一批"小而精"的新兴公共文化空间,推进建设居民"家门口"的聚合场地,融合人文新景观,演绎新空间和休闲好去处,为大众创造一个兼具文化和观赏价值的开放式领域。"幸福里"倡导"小而美"的格调,通过引入艺术、创意、文化等企业,形成品牌效应,主导办公、创作功能,为社区居民提供多样化的生活与消费服务,富有生活气息,具有较为灵活的组合式创新模式。"幸福里"街区的成功改造盘活了社区资源,对社区改造也具有极大的借鉴意义。在城市有机更新的过程中,多元主体的统筹参与,以"共建共享,共同缔造"为理念,有助于推动城市建设调整优化和品质提升,城市科学化、精细化、智能化治理水平的提升。

(二)特色微更新实践——武夷 Mix320

2022年,武夷 Mix320 项目在上海长宁区的微更新实践中取得了引人瞩目的成功。作为一个融合了商业、文化和社交元素的社区空间,武夷 Mix320 在不断创新和举办多样化的活动方面表现出色,在社区共享型"邻里中心"的打造上取得了非常卓越的成就,也在开业后迅速成了示范性的社区邻里项目,并能够不断为项目持续赋能,推动社区的可持续性发展。其中,话题互动、品牌快闪、线下展览、跨界联名和市集活动等方面的运营策略成了项目的营销亮点,成功地吸引了大量客户和社区居民的关注和参与。

1. 话题互动:热议聚焦,点燃消费激情

武夷 Mix320 项目的设计理念是创造一个独特而具吸引力的社交和文化枢纽,因此其在营销中更注重同消费者的互动和联系,积极构建"线上话题造势+线下空间引流"的推广模式,使得项目成了周边社区一个非常重要的社交互动平台。

首先,在线下互动空间的构建中,其针对目标客群喜好对社交空间进行了精心的规划和设计,在项目区域内创造了多样化的公共空间,包括室内广场、庭院和露台等,为消费者提供丰富的互动社交场所。这些空间不仅在视觉上引人注目,还提供如休闲、社交、文化活动和艺术展示等多样功能服务。这使得社区居民和访客都可以在这些场所中找到吸引他们的活动和体验,极大程度地吸引了消费者线下到访打卡。

其次,该项目不断于官方推广平台中制造各类线上互动话题,来加强消费者的参与感。2022年期间,武夷 Mix320 共计发起了12次话题互动活动,约占该项目全年运营活动总数的11.4%。[1]这种社交互动使武夷 Mix320 成为社区的核心聚集地。且在每一个话题导入后,都自然而然地将线下的社交空间营造成了社区成员之间互动的热点区域及线下互动交流场所。无论是举办社区活动、音乐表演、艺术展览还是简单的邻里聚会,这些场所都促进了社交和文化交流。社区居民可以在这里建立联系,分享兴趣爱好,并建立更加紧密的社交网络。这种互动丰富了社区生活,提高了社区的凝聚力,不仅为项目赋能,更为社区良好发展赋能。

2. 品牌快闪:时尚限时,引领购物潮流

武夷 Mix320 积极推动各类品牌快闪合作,借此不断为场内消费产品及体验实现更新,不仅为社区带来了新颖多元的购物体验,还为品牌和商户提供了一个展示和推

---

[1] 数据来源:各类营销活动数量主要抓取自武夷 Mix320 官方微信公众号,并通过人工收录、整理、分类及统计分析,可能存在误差。本小节后文同。

广的平台,为社区的可持续发展做出了巨大贡献。

2022年期间,武夷Mix320成功与一系列知名品牌进行快闪合作。如国内设计师服装品牌素然(ZUCZUG)、民宿度假品牌西坡(CIPO)及香氛品牌吾侬(OOLONG)等诸多品牌均积极选择在此开展限时快闪活动。这些品牌的快闪合作,为社区居民和来往消费者提供了更多的选择,满足了消费者不同喜好及需求。同时,这些活动通常伴随着宣传和社交媒体的推广,给品牌及项目本身带来了更加广泛的曝光,吸引了更多顾客前来体验。通过在武夷Mix320进行快闪活动,品牌得以在社区内建立更深的联系,积累更多潜在客户的关注,实现品牌同商业项目的互利共赢。

3. 线下展览:艺术盛宴,强化文化体验

武夷Mix320通过与各类艺术家、文化机构和策展人合作,开展绘画、摄影、雕塑、装置艺术等多个领域的特色线下展览,成功地将各种艺术形式融入社区生活中,为社区居民提供了更加丰富多样的文化体验及娱乐消费选择。该项目充分利用画廊、展示空间和公共区域,打造艺术作品及创意展览的展示场所,营造出充满艺术氛围的社区环境。

2022年期间,武夷Mix320共计举办了13场艺术主题活动,其中,音乐演艺2场,线下展览8场,艺术装置打卡活动3场,艺术主题活动总计约占该项目全年运营活动总数的12.4%。其中线下策展是其重要的创新营销亮点,例如,"ATE SIMO"与"coznap"联名打造"Re:Return/Re-Edited"主题体验展;"ATE SIMO"与民宿度假品牌西坡、香氛品牌吾侬一起带来"时间的触感"装置体验巡回展;园区餐厅"Endo"与"查理烘焙坊"共创推出MIX Gallery神秘展;场内品牌联合"instax"推出"MIX320治愈季"六大展厅等诸多特色化的线下展览类活动。这些线下展览活动为项目创造了诸多话题,为项目带来了更多的流量和曝光,实现了非常可观的客群引流效果。同时,将艺术展览搬进社区,让社区居民们可以在家门口欣赏到多元特色的艺术作品,也极大程度地提升了所在社区居民的文化品位,丰富了社区居民的文化生活体验。

4. 跨界联名:跨界合作,共创品牌商机

武夷Mix320积极与知名品牌和艺术家开展各类跨界合作,推出了一系列独特的产品和活动。跨界合作不仅为社区居民提供了独特的商品和丰富的体验,还扩大了社区的受众群体,成功地将不同领域的创意和品牌价值融合在一起,创造了新的商业机会。

2022年期间,武夷Mix320共计举办了8场跨界联名活动,约占该项目全年运营活动总数的7.6%。这其中包含了如时尚、艺术、美食等诸多领域的跨界合作。在时尚方面,其通过与各领域知名时尚品牌的合作,引入了一系列独特的时尚单品,满足了居民对时尚潮流的需求。在艺术方面,其与艺术家的合作使社区成了艺术作品的展示场所,吸引了诸多艺术爱好者前来参观。武夷Mix320也成功借助合作伙伴的品牌影响力和资源,为项目导入了更多的客户和访问者。加之,不同品类及品牌的跨界合作活动常常伴随着定制化的限量版产品推出,这些独特的商品往往更受到消费者的追捧和喜爱,为项目带来更多的额外销售收入。

5. 市集活动:创意市集,建立紧密连接

武夷Mix320积极尝试将市集导入至社区内。2022年10月,"ATE SIMO"邀请6个品牌在场内的ATE SIMO Space,展开一场连续10天的POCKET MARKET(口袋市集)。目前武夷Mix320仍在持续性打造各类多样的市集活动,社区居民和访客可以在市集中发现各种新奇有趣的物品、品尝美食、购买独特的礼物,进行愉快的购物体验;人们还可以在市集中与邻居和朋友相聚、交流心得、分享购物发现,有利于其他人建立联系、促进社区的互动交流、增进社区的凝聚力。这样还有助于建立更紧密的社区关系,打造更有温度的社区空间,为武夷Mix320带来了富有人情味的氛围。

此外,在市集活动中,商业主题还可充分发挥资源整合能力及展示平台供应能力,支持当地小商家和创业者发展,让他们有机会在市集中展示自己的产品,推广自己的品牌,积累自己的新客户,增加销售,扩大影响。这种支持对于社区的经济发展和创业生态系统的壮大至关重要,为社区的可持续繁荣做出了积极的贡献。

表2-7　长宁区武夷Mix320 2022年重点运营活动梳理[1]

序号	活动类型	活动时间	活动内容
1	商户活动/音乐演艺	1月19日—26日	"武宫"持续打造"进宫习武"VOL系列 "武宫"在1月19日20:00—22:00,提供优质的音乐表演,以极致的视听享受和独特的表达方式,激起都市旅人的情感共鸣,并在1月26日开启第二场
2	线上营销	1月31日—2月11日	新年不打烊,Mix320持续营业
3	节庆活动/商户活动/艺术装置	2月14日	多品牌推出情人节特惠活动 "SHASHLIK"特别推出情人节套餐"Valentine's SET ¥520"二选一;"REDROCK"推出情人节特价酒,原价278元一瓶莫斯卡托,特价99元,每桌限点一瓶;"Moo.je无题"推出超神秘的情人节双人套餐;"BARBARIAN"精心准备了花束及信纸 场内打造巨型爱心气球和草坪表白灯牌等情人节艺术装置

---

[1] 数据来源:各类营销活动数量主要是基于武夷Mix320官方微信公众号抓取,并通过人工收录、整理、分类及统计分析,可能存在部分误差。

(续表)

序号	活动类型	活动时间	活动内容
4	线上营销	2月18日	联合场内多家商户,推出"超强回血套餐" 在元宵节后,联合"FOURNIL"(面包烘焙)+"PAD KII MAO"(泰国料理)+"COPLUSDE"(咖啡甜点)+"Guing 酒影"(居酒屋)四家品牌,推出"超强回血套餐",拯救假期综合征
5	线上营销	2月25日	针对虎年及场内商户属性推出"虎系青年"主题活动,延伸出专属身份卡 "干饭虎"——"SOLANA";"休闲虎"——"EAU CAFE";"熬夜虎"——"厚浪"、"Moo.je 无题"
6	商户活动/跨界联名	2月25日	"厚浪啤酒"与艺术家赵赵推出六款联名啤酒系列
7	节庆活动	3月8日	联合场内"她经济"消费商户,推出新晋女神图鉴活动,领取专属 LADY 属性 "Z-ZEST"(造型沙龙)+"JOLS BEAUTY"(美甲美睫)+"GOJI"(买手店)
8	线上营销/商户活动/线上融合/防疫声明/话题互动	6月10日	联合场内多家餐饮商户推出小程序线上点单 推出今日互动话题"哪个外卖最让你忍不住点单?"
9	线上营销/访谈活动/话题互动	6月24日	推出"爱在 Mix320"活动,采访多位年轻人,推介商户,描述"我眼中的理享生活" Edison 音乐制作人——"武宫"、Jill Lee 摄影师——"SOLANA"、瓶子 Talk show 演员——"Before Midnight Beer"、Serena 新媒体主编——"FOURNIL"、空木悠漫画家——"EAU CAFE" 推出今日互动话题"还记得你最后一次坐在 Mix320 的情景吗"
10	线上营销	7月2日	恢复堂食,推出"Mix320 美味堂食行程码" "宜犒劳"——"REDROCK"(意式融合餐厅)、"宜外出"——"Guing 酒影"(居酒屋)、"宜放松"——"PAD KII MAO"(泰国料理)、"宜改变"——"Z-ZEST"(造型沙龙)
11	线上营销/造节活动/话题互动	7月15日	推出"Mix320 仲夏之约",以音乐链接品牌 《冰果甜夏》——"EAU CAFE"(咖啡甜点)、《泰情难挡》——"PAD KII MAO"(泰国料理)、《食物中的故事》——"Moo.je 无题"(中日韩融合料理) 推出今日互动话题"Mix320 在你心中更像哪首歌曲?为什么?"
12	线上营销/商户活动/话题互动	7月22日	联合场内酒十及饮品类品牌,推出"冰凉开罐,畅爽一夏"主题活动 "PAD KII MAO"——每周五至周日 22:00—24:00,购买 5 杯饮品赠一份小吃 "COPLUSDE 咖啡豆仓"、"FOURNIL"、"Before Midnight Beer"、"厚浪"——7月1日至9月30日,买一杯厚浪精酿,送一份厚浪小食 推出今日互动话题"最喜欢 Mix320 哪家的饮品?"

(续表)

序号	活动类型	活动时间	活动内容
13	商户活动/品牌快闪/跨界联名/线下展览	7月29日—8月7日	"ATE SIMO"与"coznap"再次相遇,打造"Re：Return/Re-Edited"主题体验展
14	节庆活动/商户活动/话题互动	8月4日	多品牌推出七夕节特惠活动 "ICY'aivi半珠宝定制店"即将启幕;"ZEZOCK"8月4日后上线,推出"周一金酒日""二生蚝日""周三女士之夜""周四莫奇多之夜"系列活动;"SHASHLIK"推出499元七夕双人餐套餐 推出今日互动话题"七夕想和谁共度慢时光?"
15	线上营销/访谈活动/话题互动	8月20日	联合网红博主所发布相关帖子,为场内商户做推介 推出今日互动话题"最近一次在Mix320照片的情景还记得是什么画面吗?"
16	商户活动/品牌快闪/跨界联名/线下展览	8月19日—28日	"ATE SIMO"与民宿度假品牌西坡、香氛品牌吾侬一起共同带来"E时间的触感"装置体验巡回展,也为即将到来的"ATE SIMO品牌月"拉开序幕
17	节庆活动/商户活动/话题互动	8月26日	以"人间暑渐止,最好新秋时"为主题,推出新秋游玩攻略 "EAU CAFE"——推出中秋法式月饼礼盒;推荐"FOUR-NIL""LOUNGE P.M." 推出今日互动话题"新季节有什么新计划要实现?"
18	商户活动/音乐演艺/话题互动	9月2日	"ATE SIMO Space"同扬琴古琴演奏家王玖拾共同带来"礼拜几排练场" 推出今日互动话题"想在Mix320遇见怎样的好运?"
19	商户活动/节庆活动	9月10日—12日	"BARBARIAN"推出中秋限定礼盒 9月10日—9月12日期间,至BARBARIAN门店消费满500元,即可获得限量月饼套装一份
20	品牌快闪/线下展览	9月16日	"素然"在Mix320推出"ZUCZUG 2023 SS春夏新品秀场"
21	品牌快闪/线下展览/话题互动	9月23日—25日	联合"全视线"推出全视线"光彩随行 玩色由我"户外玩美季 推出今日互动话题"评论分享生活中你和光线的故事"
22	节庆活动/商场活动/话题互动	9月30日	联合场内多个品牌迎接国庆节,推出"疲惫生活里的解药"主题系列推介 推出今日互动话题"排忧解闷,解药你饮哪罐?"
23	节庆活动/商户活动/品牌特卖	9月30日	"Before Midnight Beer"推出当日17：00起全场鲜啤38元特价活动
24	商户活动/品牌特卖	9月20日—10月20日	"Z-ZEST"推出品牌周年庆秋季定制染活动
25	节庆活动/品牌快闪/跨界联名/线下展览	10月1日—7日	"MAVEN X 元气娘"系列产品发布、"女子搏击俱乐部"系列作品展出
26	节庆活动/商户活动/品牌快闪/跨界联名/线下展览	10月2日—9日	园区餐厅"Endo"与"E查理烘焙坊"共创推出MIX Gallery神秘展

(续表)

序号	活动类型	活动时间	活动内容
27	节庆活动/商户活动/品牌特卖	10月1日—7日	"LOUNGE P.M."推出每日18:00—20:00鸡尾酒、啤酒买一赠一活动
28	节庆活动/商户活动/品牌特卖	10月1日—7日	"SHASHLIK"推出"国庆七天乐",每日一款酒买一送一活动
29	线上营销/访谈活动	10月14日	发布"主理人观察报告",访问场内代表品牌,形成推介访问话题"店铺空间是如何与商业基因独特的Mix320相融共生的?""临时性社交盛行,店铺是怎样增强人与人之间的情感链接的?""MZ世代审美普遍高标准,店铺空间设计上有特别花心思吗?""为迎合年轻一代变化的喜好做了哪些努力"
30	商户活动/市集活动	10月21日—30日	"ATE SIMO"邀请6个品牌在ATE SIMO Space,展开连续10天的POCKET MARKET
31	商户活动/品牌快闪/跨界联名	10月29日—30日	"武宫"联合"DADA多多"品牌快闪推出限时联名销售
32	节庆活动/商户活动/话题互动	10月30日	联合场内多个品牌迎接万圣节,推出"万圣夜越黑,美味越纯粹"活动 "BARBARIAN"营造氛围,推出万圣新品惊悚拉面;"武宫"推出Soul food新品小食 推出今日互动话题"你见过最酷的万圣节cos是什么样的?"
33	线上营销/访谈活动	11月4日	发布"主理人观察报告",访问场内代表品牌,形成推介访问"FOURNIL""ATE SIMO""武宫""选择入驻Mix320的初心是什么"
34	商户活动/跨界联名	11月5日	"武宫"联合林舒《塔》举办新书分享会
35	商户活动/话题互动	11月12日	顺应世界杯比赛,联合场内多家酒十品牌,推出世界杯活动"Before Midnight Beer"指定啤酒8点前到店享受八八折;"厚浪""SOLANA"推介 推出今日互动话题"这届世界杯你看好哪支球队?"
36	造节活动/品牌快闪/艺术装置/线下展览	11月25日—28日	联合场内品牌,联合"instax"推出"Mix320治愈季"六大展厅 展厅一:"小而美的终极森体验"——"Morning LAB早安舞帐六釜露营餐厅"试营业 展厅二:"见证城市的心与声"——推出心声提取机 & "声"动剧本杀 & 城市档案馆打卡空间 展厅三:"烦恼压力挥出去"——推出Boxing宣泄拳击装置 展厅四:"美酒电影可以兼得"——推出忘忧小酒馆,打造露天观影区 展厅五:"抛出飞盘,抛掉烦恼"——联合"instax"推出"Go Out With instax"活动,推出互动游戏,获取各种instax系列周边 展厅六:"这波福利才是真的治愈"——推出打卡以上任意项获得有声减压福利 推出今日互动话题"你拍过最中意的照片是哪张?"

(续表)

序号	活动类型	活动时间	活动内容
37	线上营销/商户活动/艺术装置/品牌特卖	12月9日	联合"我家菜场"及多家餐饮店推出"精神补给站"活动"家乐火锅"推出"打卡集章"活动打造三处收集印章的站点:"白皮书留言""密语接龙""家书打卡 PO 圈";"SHASHLIK"推出"世界杯吃喝套餐";"RedRock"推出"塔塔比萨特价 88 元"
38	线下展览	12月6日—8日	MIX Gallery 携手设计师家居用品品牌"言彦"共同打造的新展《镫》,打造森林主题"五行·自然"展览
39	品牌快闪	12月3日—18日	Endo 创意甜点快闪活动"发光的布丁"
40	商户活动	12月6日	新店"天吉"品牌推介
41	节庆活动/商户活动	12月24日—25日	联合多品牌推出圣诞活动,并推出圣诞露营打卡活动,参与露营互动游戏有机会获得惊喜礼包及特调"BARBARIAN"推出圣诞节限定浪漫套餐;"厚浪"推出榜友侬好精酿;"SHASHLIK"推出土耳其 & 中东圣诞节套餐
42	线下展览	12月24日—23年2月5日	在 MIX Gallery 打造博主"实力姬"个展《总要庆祝》
43	线上营销/访谈活动	12月30日	通过访问消费者,形成话题及场内推介
44	品牌快闪	12月30日—23年1月15日	"saltycharlie"推出最新趣味甜品快闪
45	商户活动	12月31日	"武宫"为周年庆推出"桌面棋牌挑战赛"
46	商户活动	12月31日	"Z-ZEST"为迎接元旦,推出新年礼遇剪烫染特惠

(三)社区公共空间打造——新华·社区营造中心

上海市于 2016 年发布了全国首个《上海市 15 分钟社区生活圈规划导则(试行)》,在此规划指引下,新华路街道积极引导,一个得到政府认可赋权、民间自建运营的在地枢纽空间——新华·社区营造中心正式开发。新华·社区营造中心地处新华路 345 弄,其作为上海市首个以社区营造为主题的社区公共服务空间,在 2022 年年初,被命名为"首批一刻钟便民生活圈·青年创新实验室",旨在引导和支持社区居民参与社区治理。

2022 年,新华社区在"一平米行动"共创营活动中将本年活动主题定为"韧性活动"。由此,2022 年围绕"韧性活动"主题展开了一系列特色社区运营活动,成功地将该空间打造成了一个分享、研讨社区营造工作方法的共学场和展示社区营造理念与行动的窗口。

1. 助力城市更新,参与主体多元化

新华·社区营造中心由五方共建联合体和在地营造团队共同运营。其中,五方共建联合体分别是指政府、高校(华东理工大学)、社区社会组织(大鱼营造)、基金会(联权基金会)、法律顾问(金源方程律师事务所),它们共同为社区营造中心提供支持和保障。在地营造团队则涵盖了空间主理人、一日主理人、社区自组织、议题共建等内外部伙伴,共同为社区营造中心持续提供新鲜血液及多元的内容运营。此外,社区营造中心打通自主运营、公募平台和基金会合作渠道,为项目输入可持续的资金池,助推其实现持续化运营。

新华·社区营造中心积极参与到城市更新中,并一直将"社区建设中如何做到全年龄段友好,不同年龄居民如何更好地在社区中自在舒适生活与共融"作为自身构建及发展的中心议题。其坚持推进公共空间更新改造,通过再利用社区闲置空间,为社区创造了更多互动场所,以多元空间盘活老旧物业空间的同时,也充分满足了周边不同年龄、类别人群的消费及休憩需要。为更好关照到以儿童、老年人与全职家长为代表的人群,社区营造中心对社区空间进行了一系列的创造性改造,在社区里开辟了多处如社区球队球场、新华社区游戏场等包容性空间,同时鼓励社区居民彼此进行技能交换,协助社区形成一张互帮互助的人际关系网,建设一个办公和共学友好的社区空间,最终可以营造一种融洽友好开放的社区氛围。

2. 建立社区连接,激发社区内生力

在《中华人民共和国国民经济和社会发展第十四个五年规划和2035年远景目标纲要》中明确指出,要坚持新发展观念和系统理念,完整、准确、全面贯穿全过程和各领域,构建新格局,转变新方式。对此,新华·社区营造中心的运营方之一大鱼营造团队基于设计和建筑背景,以"空间营造"为着眼点,以"可持续的支持在地与议题行动者"为根本目标,遵循"组织设计和推动社区可持续建设"的逻辑,去积极编织社区网络,为社区不断注入新力量,在推动当地主体力量壮大成长后,打造了一条全过程参与式发展的路径。

2022年,新华·社区营造中心为充分激发社区内生力,针对不同社会对象开发了多样化的参与项目,如"做一天新华人""社区握手行动营""参与式设计共创营"等自创的特色活动项目。其中,新华路特别围绕"韧性社区"主题开展了"一平米行动",积极调动社区社会共创,在此期间一共收集了100多项关于"韧性社区"的提案,由此组建了一支由社区居民、社会组织、专业设计师等组成的项目团队,为项目提供了专业的全过程的规划设计指导和支持。该举措不仅加强了本地社区居民交流连接、激发了居民参与社区共治,助推"美好社区共创平台"的搭建,也能够为全国培育社区营造人才,助力各地社造土壤与地方的"共学场"向好发展,更是为青年深入社区、探索社会创新提供了一处"实践场",对社区、片区乃至整个社会发展都有极大利好及借鉴意义。

3. 多元活动加持,打造在地枢纽

2022年9月,新华·社区营造中心以"新华好伙瓣"为主题,举办了第五季"新华·美好社区节"。"美好社区节"一直以来都是新华路良好的造节传统,每届的节日都会紧密结合一个社区议题,择取合适的场所,打造多样化的节目单,以节庆活动的形式来激活场所使用的可能性。其活动一般会包括文艺演出、行动者分享会、社区集市、在地原创作品展、项目发布会等多种形式,为新一年的社区改造定下基调。

同时,社区营造中心还持续锁定时下热门话题,坚持居民发起与居民参与,从而成功发起举办了多元周期性的活动。仅2022年下半年,社区营造中心共举办了超30场各色各样的活动,其中80%以上的活动以"多元包容"为活动特色,包括了工作坊、活动、课程、展览市集、参访体验等不同形式,积极开展合作共创活动,如"'新华玩具交换屋'改造活动""移动沙坑共建活动""新华社区游戏场创建计划""新华社区运动俱乐部共创活动""首批认证的青少年创新实验室'345实验室'构建活动"等等。

在未来,新华·社区营造中心将会持续不断推进公共空间的建设、升级与更新,用来支持社区居民的交流合作;将会借助"美好生活共创平台"搭建,持续培育全国社造人才,助力我国各个区域的社造土壤与地方创生。值得关注的是,新华·社区营造中心将"梳理和总结经验"持续化,鼓励多元主体共建、共治、共享社区,最终让"共益机制"全面推广,产生更大的社会价值。

表2-8 上海新华·社区营造中心2022年重点运营活动整理[1]

序号	活动类型	活动时间	活动内容
1	社区活动/合作共创	6月22日	**一平米行动**:"新华玩具交换屋"改造闲置小屋,实现资源循环利用
2	社区活动/合作共创	6月25日	**移动沙坑**:在新华社区临时营地建造沙坑
3	社区活动	7月24日	**新华社区营造中心开放日**:推出一日店长、社区格子铺、多元社区互动游戏等
4	线上营销/合作共创	8月1日	**"自带桌丨工位自助计划"**:为居家办公及自由职业的人群提供共享办公空间,激发本地居民交流协作、促进社区共治

---

[1] 数据来源:各类营销活动数量主要抓取自新华·社区营造中心官方微信公众号,并通过人工收录、整理、分类及统计分析,可能存在误差。

(续表)

序号	活动类型	活动时间	活动内容
5	造节活动/市集活动/品牌快闪/观影表演	8月7日	社区好伙瓣日:推出开场即兴演出、伙瓣市集及社造中心自助游,并打造"新华好伙瓣集散中心"快闪店
6	社区活动/市集活动	8月21日	345社区市集:推出"这周玩水"特色活动
7	社区活动	9月3日	草坪飞盘高尔夫
8	分享会	9月4日/6日	PARS自由游戏国内首位认证讲师——钱铮 分享会
9	线下展览	9月17日—18日	"流动·韧性——长护险女工的有声故事"展览
10	社群活动	9月的每个周五	打造"圈圈kids社区小球队",组织社群活动
11	社区活动	9月14日	新华小菜园:清理佳和小区2 000平方米的"小菜园"
12	造节活动	9月24日	新华·美好社区节:以"新华好伙瓣"为主题,打造多样化节目单
13	社区活动/合作共创	10月2日—3日	新华社区游戏场:居住在新华社区的爸爸妈妈们和孩子们共同发起了"新华社区游戏场创建计划"
14	线下展览	10月1日—9日	民族传统手艺×时尚秀场
15	线下展览	10月22日	参与式艺术展《反面》
16	观影表演	10月25日	纪录片放映:10 Billion Mouths中国首映 & 主创交流会
17	社区活动	10月30日	"桔子游戏场"的PARS自由游戏半日营
18	社区活动/观影表演	10月30日	"新华社区食物漫步 & 餐盘工作坊 & 观影讨论"三大活动
19	市集活动	10月30日	玩具交换市集
20	社群活动	10月30日	万圣节变装骑行,在此集合
21	线下展览	11月3日—6日	Brook & Breeze自行车博览会
22	社群活动	11月4日	京剧时尚微课堂
23	线下展览	11月8日—14日	新华艺术便民服务橱窗一周年回顾展
24	观影表演/品牌快闪	11月12日	脱口秀快闪Show:推出"长辈家庭专场"及"无障碍议题专场"两大专场
25	观影表演	11月24日	电影放映:Metamorphosis共建地球生命共同体
26	发布会	11月27日	《新华录》5周年发布会

(续表)

序号	活动类型	活动时间	活动内容
27	品牌快闪	11月27日	周日快闪:来去城乡,"自造未来乡村生活"快闪创作活动
28	社区活动	12月3日—30日	社区握手行动营
29	合作共创	12月10日	共创一个新华社区运动俱乐部
30	线下展览	12月10日—15日	"2022的断舍离"艺术驻地开放展演
31	合作共创	12月15日	345实验室:首批认证的青少年创新实验室

四、上海社区商业运营发展趋势分析

(一)强化社区社交属性,构建社区情感链接

伴随着城市的快速发展,社群联结的需求愈发强烈。与过去传统零散化管理的社区商业不同,新型社区商业更注重通过一体化运营管理实现品质保障。且现代新型社区开始进一步加强文化共同体与治理共同体属性,强化社区社交功能,推进社区情感链接,以线上线下一体化社区活动运营方式,塑造和增强社区居民的认同感及幸福感。一方面,针对线下传统公共实体空间,社区商业主体通过改造升级优化线下社区消费场所,以社区居民喜闻乐见的形式、更加多元的文化内容组织各类互动活动,迎合社区居民多样的兴趣需求,增强社区居民的认同感和归属感;另一方面,针对线上的公共互动平台,社区商业主体通过互联网新媒体媒介开放共享社区资源,打造社区居民之间的内部链接,加强交流协作、助力人才培养,从而促进地方创生。在未来,社区商业势必将会承担更多的社会公共责任,对社区中的人与人的关系以及人与周围环境的关联倾注更多思考和探究。

(二)注重生活美学属性,融入艺术文化理念

如今,随着人们对颜值经济、生活美学、精神体验及艺术文化的追求,社区也理应肩负起社会公众美育落脚点的重要责任。在实践过程中,艺术文化也已进入社区,逐渐成了社区商业创新发展的重要组成部分。将艺术的种子种进社区商业中,更可以在潜移默化中改变市民们对于传统社区商业及艺术生活的刻板印象,培养公众对于艺术的理解与认知,借助艺术方式加强与人们意识和心灵的深入交流。基于不同的社区背景与建设计划,艺术介入社区商业中心所带来的结果是多元且

极具社会学意义的。如今,在老城更新的时代趋势下,各街镇通过加强艺术与社区商业空间的结合,将艺术植入上海的街巷里弄,有机融合了空间改造、艺术赋能、商业创意及社区互动等多种途径,促进人与人之间的交流、人与环境的融合,为社区居民提供一个多元化、大众化的艺术环境,共同构建新时代下的美好生活发展愿景。

(三)发挥平台孵化功能,推动市集进入社区

如今,上海社区不断深化多元参与治理模式,搭建集"社会组织培育平台、居民需求对接中心、社会资源共享阵地、公益项目聚集窗口、党群协商议事机构、能力提升培训基地"为一体的创新性综合服务体系,充分发挥社区社群平台的孵化功能,全面提升社区治理科学化现代化水平,推动城市社区市集服务群众载体建设。在孵化平台构建实践中,市集成了一个极好的功能承载空间。社区市集以社区居民为服务对象,不断深耕居民生活需求,并鼓励地方特色小店在此孵化试行,倡导社区居民积极参与、主动交流,创造一个和睦邻里、友好互助、有情有爱的社区环境的同时,孵化更多年轻、创意、有文化的特色品牌。在未来,市集活动也将作为社区商业的一种特定活动更多融入社区生活中,发挥创意市集的"小引擎"作用,推动社区改造建设可持续化发展,助力社区居民与社区商业实现双向奔赴、双向赋能、相互成就。

(四)强化数字运营能力,构建数字营销体系

伴随科技的高速发展,社区商业越来越关注通过数字赋能,加强自身智慧属性。为推进城乡社区迈向现代化和数字化改革,倡导全社会共同参与建设幸福美好家园,未来社区将持续开拓社区治理新模式,努力打造数字治理社区平台。通过在线倒计时、虚拟现实体验等数字化手段,进行资源整合,贯通多条线数据信息,打通从街道到社区到居民端的管理服务闭环,为街道精准化管理及科学性决策提供数据支撑,增强社区活动的互动性,激发更多社区居民的关注与参与。这其中,社区商业势必将在数字化智慧运营体系搭建上发挥至关重要的作用。一方面,未来社区商业将更加侧重数据分析和人工智能工具的应用,以便更好了解会员需求,从而精准提供个性化服务;另一方面,社区商业还将继续借助数字技术、数据分析和创新合作,不断拓展运营领域,提供更加多元化和个性化的购物社交体验,以满足不同人群的需求,持续壮大社区商业的发展。

第四节 上海商业街区发展分析

一、上海商业街区发展的现状

（一）上海商业街区发展的转型

2022年对上海而言是极其特殊的一年，但上海商业发展的表现依旧可圈可点。据统计，2022年，上海新增各类首店1 073家，规模和质量蝉联全国城市首位。284家老字号推出百余款国潮新品，新一批认定的104个上海老字号品牌集体亮相。上海还连续三年发布年度"首发经济活跃指数"以及全国第一张"品牌首店地图"。[1]2023中国城市夜经济指数显示，"夜上海"活力领跑全国。具体而言，在指数构成的六个指标中，夜间灯光强度和livehouse数量两项指标位居第一；酒吧数量和城市公交夜间活跃度两项指标位居第二；夜间出行活跃度和夜场电影活跃度两项指标位居第四。[2]管中窥豹，可见一斑。这一个个侧面反映了上海极具活力的商业发展环境，为包括商业街区在内的商业空间创新发展奠定了良好的基础，营造了难得的良机。

回顾上海商业街区的发展历程，其始终与这座城市的发展战略和功能转型休戚与共。党的二十大报告提出，要实现"人民生活更加幸福美好""城乡人居环境明显改善""增进民生福祉，提高人民生活品质"等美好生活目标，处处彰显了以人民为中心的发展思想。在"人民城市为人民"理念的引领下，在上海建设世界著名旅游城市和国际消费中心城市的双重动力引擎下，上海商业街区发展创新的步伐从未停滞，正在由传统意义上的商业街区向更加广义的商业街区形态——"城市好去处"过渡，并以其化解社会主要矛盾的生动实践、践行高质量发展的具体行动和助力构建新发展格局的有效举措等这些新时代特征[3]受到地方政府的高度重视和支持。截至目前，上海已先后发布四批200个"家门口的好去处"和105个"夜生活好去处"，勾勒出上海商业街区发展新空间的基本轮廓。其中，"家门口的好去处"包括生活社区型、特色街区型、新型商圈型、创意园区型、工业厂区型、便民服务型、人文体验型和生态绿地型等具体形态。"夜生活好去处"又细化为水岸夜生活好去处、潮流街区夜生活好去处

---

[1] 上海市商务委员会.首发引领、政策赋能、金融助力、国际对标,探索创新打造国际消费中心城市的"上海路径"[EB/OL].（2023-06-07）[2023-08-08]. https://sww.sh.gov.cn/swdt/20230608/382aee4a34d74e5592a70607eaf6af37.html.

[2] 上海市商务委员会."夜上海"活力领跑全国！2023中国城市夜经济指数发布[EB/OL].（2023-06-30）[2023-08-08]. https://sww.sh.gov.cn/swdt/20230630/4f006b35064b47b3bc3e08acadb7f152.html.

[3] 宋长海.城市休闲好去处建设的时代价值与发展趋势[N].中国旅游报,2023-04-12(03).

和邻里夜生活好去处等具体类型。"城市好去处"在为市民游客提供更多元的日间休闲旅游和夜间消费选择的同时,亦在助力上海建设世界著名旅游城市和国际消费中心城市的进程,并将引领上海商业街区发展的新一轮创新和实践。

(二)上海商业街区发展的布局

通过对305个"城市好去处"的空间布局进行分析(见表2-9),不仅可以掌握上海商业街区发展新空间的整体分布,也有助于发现上海商业街区发展布局的一般规律和基本特征,更可以观照其发展趋向。

表2-9 上海305个"城市好去处"空间布局

行政区	家门口的好去处/个	夜生活好去处/个	小计/个/%
浦东新区	18	15	33/10.82
黄浦区	11	12	23/7.54
静安区	15	9	24/7.87
徐汇区	20	8	28/9.18
长宁区	12	8	20/6.56
普陀区	16	11	27/8.85
虹口区	12	9	21/6.89
杨浦区	18	4	22/7.21
宝山区	13	7	20/6.56
闵行区	13	3	16/5.25
嘉定区	9	4	13/4.26
金山区	5	2	7/2.30
松江区	11	3	14/4.59
青浦区	9	3	12/3.93
奉贤区	11	3	14/4.59
崇明区	7	4	11/3.60
合 计	200	105	305/100

资料来源:根据本研究成果整理而得。

从表2-9来看,在数量上,排在前五位的行政区依次为浦东新区、徐汇区、普陀区、静安区和黄浦区,分别拥有33个、28个、27个、24个和23个城市好去处,合计占比约44.26%;排在后六位的依次为金山区、崇明区、青浦区、嘉定区、奉贤区和松江区,分别拥有 7 个、11 个、12 个、13 个、14 个和 14 个,合计占比约 23.28%。在空间上,城市好去处主要集中在中心城区,这一方面因为中心城区拥有的各类资源禀赋远远优于远郊城区,另一方面也得益于市民和游客休闲旅游空间选择的趋中心性。

从空间布局呈现的基本特征来看,主要表现在以下方面:首先,305 个"城市好去处"遍布在全市 16 个行政区,在面上较好兼顾了区域的平衡性,有利于化解区域发展不平衡不充分的矛盾;其次,空间布局呈现出比较明显的趋中心性,中心城区占比超 50%,但最高占比仅为最低占比的 4.7 倍,又体现了行政区之间的差异性总体处于合理区间,与人口布局和市民游客的空间选择基本一致;再次,200 个"家门口的好去处"和 105 个"夜生活好去处"不论是在数量上还是布局上,均形成时空互补,为上海市民和外来游客提供了日间休闲旅游的多元化选择,有效拓展了夜间消费时间和空间,为更加绚烂的夜上海不断注入活力。

二、上海商业街区发展的比较

在"人民城市为人民"理念的引领下,各城市围绕化解"人民日益增长的美好生活需要和不平衡不充分的发展之间的矛盾"这一新时代社会主要矛盾开展积极探索,逐渐培育和已建成的深受广大市民游客认可的众多城市好去处,在满足人民美好生活需要和提升城市治理水平等方面发挥了重要作用。特别值得强调的是,文化和旅游部于 2021 年和 2022 年连续评选并认定了各两批共 354 个"国家级旅游休闲街区"和"国家级夜间文化和旅游消费集聚区",进一步提升了城市好去处的建设水平,成为发挥文旅融合优势、推动扩大旅游休闲消费、助力构建新发展格局的重要举措。[1]本部分将以 354 个国家级城市好去处为样本,分别从国家层面和上海大都市圈层面对上海特色商业街区进行比较分析,以准确把握上海商业街区创新发展,特别是商文旅融合创新发展的历史方位。

(一)国家层面上海商业街区发展比较

1. 旅游休闲街区比较

由文化和旅游部、国家发展改革委联合公布的两批 111 个"国家级旅游休闲街区"名单中,上海仅 3 家,占比仅 2.70%,明显落后于江苏省、浙江省、重庆市、四川省和福建省(见表 2-10)。

---

[1] 宋长海.城市休闲好去处建设的时代价值与发展趋势[N].中国旅游报,2023-04-12(03)。

表 2-10 国家级旅游休闲街区分布

行政区名称	数量/个	占比/%
北京市	4	3.60
天津市	3	2.70
河北省	4	3.60
山西省	3	2.70
内蒙古自治区	3	2.70
辽宁省	3	2.70
吉林省	2	1.80
黑龙江省	2	1.80
上海市	3	2.70
江苏省	6	5.41
浙江省	6	5.41
安徽省	4	3.60
福建省	5	4.50
江西省	3	2.70
山东省	4	3.60
河南省	4	3.60
湖北省	3	2.70
湖南省	4	3.60
广东省	4	3.60
广西壮族自治区	4	3.60
海南省	2	1.80
重庆市	5	4.51
四川省	5	4.51
贵州省	3	2.70
云南省	4	3.60
西藏自治区	3	2.70
陕西省	3	2.70
甘肃省	2	1.80
青海省	2	1.80
宁夏回族自治区	2	1.80
新疆维吾尔自治区	4	3.60
新疆生产建设兵团	2	1.80
合　　计	111	100.00

资料来源：根据文化和旅游部 国家发展改革委《关于国家级旅游休闲街区名单的公告》、文化和旅游部《关于确定第二批国家级旅游休闲街区的公告》整理所得。

2. 夜间文化和旅游消费集聚区比较

由文化和旅游部公布的两批 243 个国家级夜间文化和旅游消费集聚区名单中，上海 12 家，占比 4.94%，与江苏省、浙江省、山东省和重庆市并列第二位，落后于四川省(见表 2-11)。

表 2-11 国家级夜间文化和旅游消费集聚区分布

行政区名称	数量/个	占比/%
北京市	11	4.53
天津市	4	1.65
河北省	8	3.29
山西省	5	2.06
内蒙古自治区	4	1.65
辽宁省	5	2.06
吉林省	4	1.65
黑龙江省	2	0.82
上海市	12	4.94
江苏省	12	4.94
浙江省	12	4.94
安徽省	8	3.29
福建省	11	4.53
江西省	11	4.53
山东省	12	4.94
河南省	9	3.70
湖北省	7	2.88
湖南省	10	4.12
广东省	11	4.53
广西壮族自治区	11	4.53
海南省	3	1.23
重庆市	12	4.94
四川省	13	5.35
贵州省	8	3.29
云南省	10	4.12

(续表)

行政区名称	数量/个	占比/%
西藏自治区	3	1.23
陕西省	8	3.29
甘肃省	5	2.06
青海省	2	0.82
宁夏回族自治区	4	1.65
新疆维吾尔自治区	4	1.65
新疆生产建设兵团	2	0.82
合计	243	100.00

资料来源：根据文化和旅游部《关于公布第一批国家级夜间文化和旅游消费集聚区名单的通知》和《关于公布第二批国家级夜间文化和旅游消费集聚区名单的通知》整理所得。

（二）区域层面上海商业街区发展比较

《上海大都市圈空间协同规划》明确，上海大都市圈范围包括上海、无锡、常州、苏州、南通、宁波、湖州、嘉兴、舟山在内的"1+8"市域行政区域。2025年上海大都市圈初步建成卓越的全球城市区域框架，2035年基本建成卓越的全球城市区域，2050年全面建成卓越的全球城市区域。其中，上海作为都市圈的引领城市，承载着周边城市的共同期待。以上海大都市圈作为区域层面范畴，对商业街区发展进行比较，不仅有利于把握上海大都市圈内特色商业街区的发展情况，更有利于发现上海商业街区发展的优势和不足。

1. 旅游休闲街区比较

上海大都市圈内国家级旅游休闲街区共9个，其中上海3个，占比33.33%；苏州2个，占比22.22%；无锡、常州、宁波和湖州各1个，分别占比11.11%（见表2-12）。

表2-12 上海大都市圈内国家级旅游休闲街区分布

城市	上海	无锡	常州	苏州	南通	宁波	湖州	嘉兴	舟山	合计
数量/个	3	1	1	2	0	1	1	0	0	9
占比/%	33.33	11.11	11.11	22.22	0	11.11	11.11	0	0	100

资料来源：根据本研究成果整理而得。

从表2-12来看，首先，上海大都市圈目前拥有9个国家级旅游休闲街区，占全国总量约8.11%，尚不足10%，与其拥有的市场体量和经济体量占比相比尚有一定差距,未来发展空间和潜力巨大。其次,就上海大都市圈内部城市来看,虽然在总量上每个城市平均拥有1个,但南通、嘉兴和舟山目前还没有国家级旅游休闲城市,呈现出一定的不平衡性和不充分性。再次,作为大都市圈的引领城市,上海以三分之一的拥有量极具区域比较优势,有利于发挥其内部示范和带动效应。

2. 夜间文化和旅游消费集聚区比较

上海大都市圈内夜间文化和旅游消费集聚区共26个,其中上海12个,占比46.15%;苏州4个,占比15.38%;无锡、常州、宁波、湖州和嘉兴各2个,分别占比7.69%(见表2-13)。

表2-13 上海大都市圈内夜间文化和旅游消费集聚区分布

城市	上海	无锡	常州	苏州	南通	宁波	湖州	嘉兴	舟山	合计
数量/个	12	2	2	4	0	2	2	2	0	26
占比/%	46.15	7.69	7.69	15.38	0	7.69	7.69	7.69	0	100

资料来源:根据本研究成果整理而得。

从表2-13可以发现,首先,上海大都市圈目前拥有26个国家级夜间文化和旅游消费集聚区,占全国总量约10.70%,同样揭示出与其拥有的市场体量和经济体量占比的差距,同时预示着更大的发展空间和潜力。其次,与国家级旅游休闲街区布局相比,上海大都市圈内夜间文化和旅游消费集聚区的分布更具平衡性和充分性,除了南通和舟山尚无外,其他7个城市至少拥有2个,其中上海更是占到了近一半(46.15%)。再次,上海大都市圈内国家级旅游休闲街区,以及夜间文化和旅游消费集聚区的分布从一个侧面反映了"1+8"市域行政区域之间的发展基础的差异,同时也要求地缘和文化相近的圈内城市之间如何避免同质化竞争,形成自己的特色,才能在都市圈发展中发挥更大的价值。

三、上海商业街区发展创新的理论

(一)发展理念的创新

从专业特色街到步行街,从休闲街到创意产业园区,从特色商业街区、首发经济示范区到旅游休闲街区、夜间文化和旅游消费集聚区,再到家门口的好去处和夜生活好去处,上海商业街区的名称在不断变化,内涵在不断丰富,折射出的发展理念亦在不断创新,但以人为本的宗旨没有改变。首先,上海商业街区的发展始终围绕当时经济社会发展需要和人民需求进行空间布局和功能定位,较好满足了本地居民和外来游客的多元化消费需求。其次,上海商业街区的发展始终领跑全国,打造了城市商业街区发展的诸多样板,起到了良好的示范和引领作用。中华商业第一街南京路、城市更新的典型新天地、100+家门口的好去处等就是最好的例证。再次,作为"人民城市人民建,人民城市为人民"重要理念的发源地,上海近五年来在商业、文化、旅游、体育等领域积极探索共建共享发展模式,涌现出一批市民和游客近悦远来的新空间、新业态、新景观,较好满足了人民日益增长的美好生活需要。

(二)业态布局的创新

如果说空间形态是城市商业街区发展的骨骼框架的话,商业业态就是支撑商业街区存续发展的肌体和血管,两者相得益彰,缺一不可。上海商业街区发展之所以能够永立潮头,归根结底在其永无止境的商业空间新形态创新和商业业态新布局创新。首先,从商业空间新形态创新来看,上海商业街区发展始终秉持微城市更新的理念,在城市更新中寻求发展空间,深度挖掘城市文化要素,以城市商业空间激活城市文脉跃动,以城市文脉赋能商业活力,演绎了新天地系列的上海商业街区开发模式神话。其次,从商业业态新布局创新来看,基于消费者画像的新业态持续迭代是上海商业街区增强竞争力的关键举措。一是通过引进首店使新业态成为更加稀缺的资源优势,将流量变成留量,并进一步兑现为增量。比如百联 ZX,虽然整个商场只有 1 万平方米,却成为全国二次元爱好者的聚集地。靠的就是其拥有的稀缺业态让它的触角延伸到全市乃至全国,进而实现用户总量翻番。[1]二是通过异业融合打造一站式消费场景。除了传统的经营业态,有机融合包括展览、演艺、活动、运动、动漫等关联业态,业态协同打造商业街区引爆点,进而形成特色亮点,相互引流,共同促进街区的商业繁华。三是积极发展夜经济业态,有效拓展了消费时空,使新时代的夜上海依旧绚烂。

(三)文化激活的创新

习近平总书记在文化传承发展座谈会上的重要讲话中提出"两个结合"。"结合"的前提是彼此契合。马克思主义和中华优秀传统文化来源不同,但彼此存在高度的契合性。相互契合才能有机结合。"结合"的结果是互相成就。这一重要讲话精神同样适用于商业与文化的结合,有利于破解城市更新过程中商业发展与文化遗产保护

---

[1] 杜晨薇.上海 400 家商场,怎样把顾客"抢"过来?[EB/OL].(2023-08-26)[2023-08-27]. https://www.jfdaily.com/news/detail?id=646766。

之间的矛盾。上海于2023年开街运营的蟠龙天地正是通过全新方式构建公共空间以及支持多元社区的便利设施,激活所在地文化的又一全新尝试。做好文化激活需要做好以下三点:一是发展理念引领,以"Culture 文化唤醒、Nature 自然融合、Future 商业焕新"为发展理念,重新定义商业与文化、人与自然的关系。二是多重业态演绎新空间,通过餐饮、零售、休闲等品牌业态,融入前沿的商业空间、艺术展览、户外营地等体验业态,创造出充满生机的都市焕新空间,探索都市轻度假发展模式。三是活化助力历史的长效保护。鉴于蟠龙古镇长期呈现本地与外地人口比例倒挂,老房子因缺乏维护而破败不堪的实际情况,过度呵护反倒会限制古镇生命力的延续,合理的活化反而有助于对历史的长效保护。

四、上海商业街区发展创新的实践

(一)"逛街"文化盛行的安福路和东平路

近几年,年轻人在逛商场之外又多了一个"逛马路"的选项,2023年 city walk 的话题热度居高不下。除了年轻人以外,众多品牌甚至大牌也从商场"走进"街道,将门店纷纷设在上海具有历史底蕴的街道上。例如,在2022年年末开设了中国大陆首店的 Aesop、lululemon 中国大陆首个独栋沿街门店、MAIA ACTIVE 东平路旗舰店(目前品牌最大门店)、主打北欧菜的 Maaemo 首家海外分店,瑞士环保包袋品牌 FREITAG 中国首家品牌直营店在胶州路开业,设计师品牌 Short Sentence 在安福路开设的第一家线下店,lost in echo 国内首家线下店也在安福路开业。

无论是品牌入驻带来的热度还是街道自身流量的吸引,百年小马路在社交平台上开启了持续走红模式,成为年轻人必去打卡地之一。该案例就"逛街"文化盛行的背景,以安福路和东平路为例,解读小马路走红的个中原因。

1. 品牌故事与历史街道契合的魅力

无论是先前已经大火的安福路还是如今大牌频繁入驻的东平路,为什么"沿街店铺"会登上如此之多品牌的选址清单?疫情后时代,大众更倾向在开放式空间走动,也更愿意"逛街",这有利于街边品牌故事的宣传传播和直接有效触达。而上海街道具有独特的地域性历史感,本身也适合年轻人"轧马路"。

东平路与安福路位于上海城市中心最大的历史文化街区——衡山路复兴路历史文化风貌区(简称"衡复风貌区")。诸多的优秀历史建筑在这片风貌区中,具有生命力的梧桐树伫立在街道两旁。在这样的街道上漫步,人们可以感受夏日傍晚沿街的梧桐树叶随风作响的惬意,体会与钢筋混凝土不同的文艺情调。这些景色为街道带来的氛围感也是商场无法比拟的。

共400米长的东平路位于衡复风貌区的核心，在这条比较安静的街道上，林立着法式花园建筑、法国文艺复兴风格建筑、新古典主义风格建筑，上海音乐学院附小、附中为它音乐文化街区的名号"摇旗呐喊"。蒋介石与宋美龄的故居就坐落在上海音乐学院附中内，为街道增添了一层"复古"韵味。东平路整体气质低调内敛，远离流量营销的喧嚣，为品牌提供了一个能独立讲故事的环境。所以东平路入驻的门店品牌性更强，更适合品牌方进行自我表达。

安福路被称为"话剧圣地"，上海话剧艺术中心就在此地。在这条共826米的街道上英式花园住宅、西班牙风格花园住宅错落有致，也不乏贺绿汀、吴国桢、罗伯昭等名人故居，老上海的市井生活与文艺气息在街道上交织。安福路的喧嚣，是伴随着新零售品牌的线下扩张与小红书的线上风靡一起形成的。跨界叠加的流量吸引着路人与访客，也使得品牌在此设店更容易出圈，如今小红书上关于安福路的内容浏览量已达到2.3亿次。因此，安福路入驻的品牌更年轻，潮流感更强，成了年轻人时尚潮流的聚集地之一。

除了街道本身鲜明的气质以外，沿街建筑相较于商场的空间也更多样化，品牌故事有了更适合的讲述环境和发挥空间。lululemon东平路旗舰店在门店设计上融合了衡复风貌区的海派文化，室内美陈兼具复古与活力元素，例如复古壁灯、镂空花砖、"THE SWEATLIFE"灯光艺术装置等，将运动与复古联系起来，诠释品牌"Be all in 活出可能"的故事理念。二楼的露台为活动提供了延伸空间，身处其中可以感受沿街轻松舒适的氛围，消费者通过运动与自然对话，享受积极健康的运动生活方式，更好地体会品牌所想表达的"触感科学"——亲肤裸感，拥抱贴合。

位于安福路的Brandy Melville，共有三层，实现了在商场里无法做到的空间广度。一楼仅提供产品观赏和休憩，通过橱窗可以迅速了解到这家品牌的风格特色：美式休闲复古。二楼和三楼则是服装区和试衣区，整整两层楼足以体现产品的丰富，也很好地展现了品牌传递的理念：无论你是复古辣妹还是美式甜心，都能在Brandy Melville找到属于自己的魅力。与东平路独门独栋气度不凡的风格不同的是，Brandy Melville就是普通街道上的门面店铺，也正如Brandy Melville的价格一样亲民。

经过百年历史洗礼，东平路与安福路现如今所传递出的是一种"自我更迭"的文化精神，各大品牌将故事与历史建筑、街道相结合，赋予新的历史意义即讲述品牌故事，保持了建筑原有的实用价值，审美价值才得以延续。

2. 自由创意与永不打烊的年轻力

疫情过后大众对室外空间、自然的向往也达到了一定的阈值。于是能看到"city

walk""上海周末去哪儿"话题的走红、各类街道打卡探店的攻略等。街道上品牌的差异性给年轻人带来了吸引力。不仅有Aesop中国大陆首店、freitag中国首家直营店、LE LABO中国首店等国际品牌的首店入驻街道，还有本身就在线上积累了一定粉丝流量的网红品牌三顿半、多抓鱼、野兽派等首店的到来。品牌为街道带来流量的同时，也让年轻人在一条街道上集多种体验为一体，在逛街散步的同时有了更多的选择——购物消费、打卡探店。

"有趣"也是重要因素之一。与商场内对门店风格和门头设计的限制规定不同，品牌可以根据街道"量身打造"门店风格，所以能看到沿街店铺门头各异，街道与品牌相辅相成的亮点吸引眼球。除了上文提到过的lululemon露台的特色化空间外，还有Aesop东平路旗舰店里可以休憩的后花园，它们都为逛街增添了趣味性。Aesop中国大陆首店所在的老洋房沿用了街道里的历史建筑风格进行外立面设计，清水红砖，屋面改平为坡，以半圆拱形作入门设计，门口被保留下来的树木、后花园种植的中草药也正如Aesop所推崇的天然植物护肤的有机理念，强调"自然"与"沉淀"。和乐怡携手网红高端花店Absolute联名主题活动，门头黄灿灿的芒果与花簇的露出成为街道的点缀，一瓶巨大的和乐怡新品也从窗户里"探头"，整个场景设计生动易懂，独特吸睛的活动造型能快速达到品牌想要的效果——到店率、线上传播率上升以及新品的宣传和购买。无独有偶，2021年Valentino×Film电影时光书店合作举办了限时五天的艺术书店；2022年COACH×Indigo Living联名打造了现代感家居美学和复古潮流文化的三层限时概念店；夏天PLUSONE咖啡在店门口摆放的帐篷座位……这些"有趣"皆因沿街店铺的自身优势，让品牌们摆脱了在商场内举办活动的各种限制，同时也给予了品牌在举行活动时更大限度的自主权。逛街在当代年轻人之间已经逐渐演变为一种社交行为。与商场带有目的性的强制动线、上下层组织结构不同，街道带有的"散步"属性让人更加轻松。

同时，街边品牌在举办活动时不受商场客流管控和各类规定限制，对于目标群体的筛选更加精准，能够聚集同类爱好者，更具有共同话题性。比如MAIA ACTIVE东平路旗舰店设有"SISTERHOOD姐妹日"的固定主题活动，报名后可以邀请一名闺蜜共同参与运动，为女性打造了一个线下交友平台。并且MAIA ACTIVE门店欢迎宠物入店，专门设置了宠物进食处，为宠物也创建了温馨的环境。lululemon将品牌活动与社区联结，秉持着品牌"热汗生活方式哲学"的理念，举办了冥想瑜伽、城市骑行、酸奶手作等多种活动。在活动中可以结识相同爱好者，为社区群体提供了丰富的交友方式，同时也让品牌走进社区、走进消费群体中，携手共同感知积极健康的运动生活。

3. 探索与维系持续发展的生命力

纵使在社交平台上涌现了大量的"网红街道",但要做到长期得到品牌的青睐和年轻人的喜欢并非单靠打造"网红"标签。

对于街道而言,在保留厚重的历史感、故事感的基础上,更需要与多国、本土品牌奇妙碰撞和融合,用历史建筑融合现代消费场景,以独有的文化氛围和街道气质塑造新的品牌感知形象。街道方还要考虑产权方面的制度规定和日常管理,实现品牌方与街道的双赢。目前街边店铺产权混乱,出现了许多所谓的"二房东"甚至"三房东""四房东",在这样的产权归属背景下,商业模式的成长环境变得不友好,对真正的经营者也只有百害而无一利。

就品牌来说,应该避免过度"网红"同质化,避免过度被"快餐时代"侵蚀,不能只停留在"吸引眼球""制造无意义热度"等表面工作上,上海有过一些昙花一现的网红品牌。街道对于管理方面的重视,品牌对产品质量、性价比的把控,甚至在活动上挖掘有意义的创意点以及故事的有效输出都成了后续能否持续经营、受欢迎的要素之一。当各有千秋的品牌们与富有历史底蕴的商业街道一起蓬勃健康发展,就能兼具实用性与审美性,形成一个有效的良好循环,也为城市点缀更多繁荣之地。

(二)用工匠之心筑城市地标的百年张园

包容、开放、繁华、奢侈、纸醉金迷……是大众对上海这座城市的印象之一,因为有太多的购物中心和商业街区可供选择,无论你是何种阶层,哪类群体,在上海都能找到合适的去处。所以能看到,在上海这座寸土寸金的城市里,不仅有国金的奢靡、恒隆的高贵,还有被称为"二次元天堂"的南京东路步行街,平价好逛的美罗城、大悦城、世纪汇等,也有诸如新天地、外滩源这类与历史建筑结合的商业街区。

上海的海派文化与历史建筑的结合是商业街区展现最多的元素之一,经过四年的改造重新对公众开放的张园就是典型的代表。2022年12月,饱含大众的期待,张园一期对公众开放,各大品牌的强势入驻也为张园的重新开业带来话题度。地处南京西路顶级商圈的张园,前有恒隆、太古汇,后有慎余里、永平里,在"夹角"下用工匠之心筑城市地标,为南京西路商圈锦上添花。

1. 留旧添新,用心"布餐"

百年前的张园是各界名流集会、演说的场所,在这里留下了太多名人的足迹:蔡元培、章太炎、孙中山……它也见证了上海在当时社会背景下的摩登风采:上海第一个室外照相馆、张园焰火会、上海出品协赞会……历经百年时光洗礼,张园已成为上海代表性建筑之一,是上海现存规模最大、保存最完整、建筑形式最丰富的石库门建筑群。如何将其打造为中心城区新标杆,重新面向大众开放的张园亮出了它的答案。

在项目改造方面,与新天地以上海近代建筑的标志石库门建筑旧区为基础一样,张园也着手将优秀历史建筑群落保护和城市更新进行了一次有机结合。为保留原始历史建筑风貌,张园的保护性改造采用了"征而不拆、人走房留"的方式,在改造过程中,张园内42栋、170幢、2053个房间都被清晰记录在案,目的就是为了能够做到一比一的复原,例如地面花砖、门窗造型甚至雕花都被精细修缮。如果说保护性改造赋予老建筑新生命,那么开拓式挖掘将延续城市新活力。在张园二期的整个开发过程中,将会有25栋老建筑进行平移或托换,"移房修缮"成了主要的工作命题:在原址下拓展8万平方米地下空间。这样既保护好了历史建筑,也新增了城市商业空间,还解决了原本南京西路地铁站换乘需出站的交通问题。

历史建筑风貌的保留是一种对时代的尊重、对项目的用心,在此基础上恢复其公共属性的功能价值,是城市更新的进步。纵观古今中外,建筑的实用价值都是第一位的:故宫、罗浮宫、圆明园等。张园也不例外,但去除了居住功能的它,还被重新赋予了商业功能。焕新后的张园,历史建筑得以保留的同时,文艺、艺术、复古气息也被圈在园区内,纵横交错的震兴里、福如里等各里弄与各大奢侈品牌交相呼应。和新天地的高奢、轻奢、小众品牌云集不同,张园的品牌入驻以大牌为主,例如DIOR"镶嵌"在二类保护等级建筑张园77号中,拥有四层之高小洋楼的江诗丹顿,在里弄中的BVLGARI、LANCOME、Sisley等,如表2-14所示。

表2-14 张园街区主要品牌业态及分布

品牌名称	园区位置	门店类型
江诗丹顿	W16	限时体验空间店
DIOR	W12	限时主题店
BVLGARI	W3-1C	香氛限时店
LANCOME		限时快闪活动
Sisley		亚太首家 Sisley 之家
LV		旅行家居展览
BY FAR	W3-1A—2A	亚洲首家旗舰店
Blue Bottle Coffee		品牌门店
DAL CUORE		品牌门店
RE而意	W9	静安首店

资料来源:根据本研究成果整理而得。

正是由于园区布局和建筑的特点,让品牌在空间展示方面有别于其他商业店铺,利用里弄、花园、小广场、独门独栋主打品牌展览和概念店。像 LV 就在张园专门设立了旅行家居空间,进行 OBJETS NOMADES 旅行家居系列十周年展览,DIOR 2022 年举行了冬日梦幻花园为主题的限时精品店、2023 年的"巨大白色泡泡"巨型充气雕塑大型艺术装置——DIOR TEARS 限定系列限时精品店。

与恒隆、太古汇的高贵奢华有别,张园凭借里弄的园区动线、复古的建筑外立面生动演绎了老上海市井气与贵气品牌的结合,将里弄、马路与品牌活动展览搭配,让创意之花攀"园"而上,如 LANCOME 七夕蝶园限时体验展、多巴胺氛围的张园夏梦奇幻之旅、张园×茂名北路天井画廊,以及情人节在社交平台上火出圈的张园"爱本无释"竹语艺境展——最出名的打卡画面就是在斑马线上躺着的那束巨大捧花。

而当被拿来与永平里对比时,张园再次亮出它的大牌阵容,以及在文化与艺术推广方面的力度,如施坦威×张园音乐会、材质独白艺术工坊、MAKE UP FOR EVER 浮生·若梦彩妆展、BVLGARI 自由之境香氛艺术展、江诗丹顿 Maison 1755 时间艺术"家"展。但张园并非只有"遗世独立"的气质,除了高奢以外,还有 BY FAR、RE 自行车这类轻奢和运动品牌,创意有趣的意式冰激凌品牌 DAL CUORE 也坐落在园区内,Blue Bottle Coffee 门店迎街而立。

张园这顿"餐桌"上不仅有"西餐"还有"中餐",除了"汉堡"之外,"满汉全席"也重磅亮相,将各大奢侈品牌、小众品牌与往日居民巷相结合,既能高级奢华又能体验上海石库门历史建筑风情。

2. 细致用心,沉浸无界

管中窥豹可见一斑,用细节定义品质,张园便是如此。其一体现在楼栋装修改造之处。在张园内的每一栋建筑都有专门的针对性改造方案,例如 DIOR 所在的张园 77 号楼,以灰色水泥辅以红色清水砖,除此以外,泥纸筋的花式也是建筑的点睛之笔,而此次修缮中,泥纸筋的原料是通过五六次的反复尝试配比之后,才调配出的符合原先建筑样貌的用材。江诗丹顿所在的老洋房,原先是"72 家房客"所居住的楼房之一,多户人家共有公共空间,如今"摇身一变"成了江诗丹顿在张园的"家"。如今能看到和体会到的西方古典主义、巴洛克装饰艺术风格与东方传统美学融合碰撞,都离不开张园在修缮时"修旧如故"的用心。例如,木窗上曾因敲钉子留下来的洞眼也被保留,木质楼梯让人仿佛置身于 20 世纪,走廊地砖的花纹也诉说着历史故事。在这样的匠心修缮中,为江诗丹顿塑造了一个成功的艺术"家"。不仅如此,各建筑门窗上的雕花也仍留存着,为了能做到"沉浸式"还原,维持了历史感的复古花纹地板铺面;摄像头与建筑外立面石砖同花色,不突兀的外观避免了过重的"现代化",让客人沉浸式体验这座百年园区。可以说张园并非营造历史氛围,而是重现经典。

其二,对于配套设施,张园也有自己的用心之处。提到购物中心的卫生间,大部分人脑海中都是南京德基广场堪比宴会厅、用了1 200万元重金打造的奢华卫生间。或许极繁的尽头是极简,与德基广场相反,张园展示出了在极简风格下还能让客人体验值拉满的如厕体验。以女用卫生间为例。穿过一条小走廊,走路的尽头分为两块区域:最尽头的左边为休息区,右边的卫生间与之错开。休息区内布置有"L"形沙发和一张小圆桌,为有等待需求的客人提供了舒适的"待机"空间,也为需要适当休息的客人提供了相对安静的休息室。来到卫生间区域,最中间是茂盛的绿植,围绕着绿植是一圈dyson的洗手水龙头系统,有保洁人员伫立在旁时不时清洁台面,右面是一整面落地镜:可以很方便地提供妆容衣冠服务;左边与正前方均是厕所。左上角的夹角里,是极具隐私性的母婴室。整个卫生间以猪肝色与绿色为主,强调复古与优雅,甚至还有一丝宁静的意味。

张园的细致用心,为自己的焕新重生护航,将沉浸无界的体验更好地跟随历史建筑风貌一起在这片闹市中扎根生长。

3. 更迭焕新,魅力不变

同为历史建筑群修缮后的商业街区的新天地国际时尚潮流,外滩源复古低调时髦,张园却是有格调却不失亲近,以奢侈品为符号,借艺术为橄榄枝,用细节之处的用心显示其尊重到访之人。已亮相的张园一期开业展示的品牌店铺还算不上特别多,前来直播、打卡拍照的客人居多,包括有些品牌的展览需要预约或者邀请才能进入,整体的可逛性欠缺,使得部分人的参与感不强。老上海里弄文化被大众熟知,同时也为初次到访的客人增加了一些逛街难度——有的品牌店铺在里弄中,由于复杂多变的动线,要是错过了那便是错过了。在导览图上或许可以标识品牌店铺的名称与位置,方便大众精准定位。

在未来,更多品牌的入驻与开业将丰富张园的空间与玩法,期待张园二期地下商业区为南京西路商圈带来新的变化和可逛性,同时,也相信改掉"出站换乘"后,便利的交通带来的人流量会为这块黄金之地不断注入能量。

(三)上海前门院的蟠龙天地

谈到古镇和古镇式商业街,人们首先想到的是乌镇、苏州平江路、南京老门东……但是说起上海的蟠龙天地,许多人对此的印象也是"古镇式商业街"。如今大家对古镇商业的评价几乎是千篇一律,无论是建筑外观还是品牌构成同质化严重,大众已经开始审美疲劳,"义乌批发式"的商品也很难看出是否真的就是当地特色。当大众对"古镇"商业开始"脱敏"时,在蟠龙天地开街后不久的"五一",却有110万人相聚在此。在这场假期活动里,蟠龙天地与Teddy mag携手举办了"水陆两栖"户外生活节,有50+品牌带来户外生活方式的全新主张;举办了沪上首个古法意境市集,从"农夫有花头 Modern Farmer"里感受自然好物;在河流边"穿越"进"宋风雅集",邂逅抚琴、司棋、点茶等古人雅事,感受独具特色的江南巡游;夜晚降临,以"蟠龙新十景"为灵感的"月见蟠龙"光影秀在烟雨廊桥上演,别具江南气韵;参观首届"艺游自然ART IN GREEN"公共艺术季,感受人文与自然融合的艺术氛围;还能乘坐非遗编织游船沉浸式游逛"最美蟠龙",流连蟠龙新十景……

蟠龙天地将"江南文化"和市集活动相结合,探索都市度假生活的另一种可能;通过品牌调性与商业街区气质的反差感,制造了一场沉浸式的"穿越千年的旅行"。

1. 演绎江南新天地

蟠龙天地商业街区以江南水乡风格为主,将江南生活方式与现代都市结合,诠释"新江南"。蟠龙天地主要分为三个板块,即靠近崧泽大道的庵市和由一条河流划分的南市与北市。南北市的最左侧架起了一座烟雨廊桥,南北市街、东西区域分别通过七座小桥连接,偶有游船在河流上晃过,河边街区上商铺林立,漫步时可见戏台广场、古建凉亭,氛围很是惬意。

街区建筑的外墙多采用质朴的白漆,做到整体街区风格的统一;普通的地砖中穿插做旧的石砖,两种材质相结合,让街道不至于或"新"或"旧"得太突兀;井盖画面以蟠龙新十景为主,例如古寺鸣钟;在屋顶的瓦片上也做些许不同:有的屋顶用典型的南方古镇瓦片堆砌而成,为了体现真实感,整齐码好的瓦片中还有碎裂的痕迹,让人一时分不清这是在上海还是在江南乡镇;有的屋顶则用了现代商业街区常见的仿古瓦片,避免过于"古"化带来视觉疲劳。

与以往的江南水乡商业街的主推"当地特色"品牌不同,蟠龙天地在古色古香的街区环境中,通过品牌入驻的品类与之形成的反差,打破了与传统古镇的相似性。从烟雨长街走进南市的蟠龙市街,映入眼帘的是和府捞面、大虾泰泰、肥汁米兰香港米线、宝珠奶酪、西町村屋,老凤祥、周大福、老庙黄金也紧邻彼此,部分餐饮店铺门口还有外摆。当在这里再次"偶遇"这些品牌时,惊喜感也将油然而生:终于不再是传统"当地美食"为主的江南水乡商业街了。从蟠龙市街出来向北市走去,一路上会看到户外生活方式品牌蕉下、主打西餐的城市花园餐厅gaga garden、滑雪装备馆Spaders Lab、运动休闲品牌SKECHERS、主打汉堡的连锁品牌Charlie's粉红汉堡、在安福路上开设过的创意刨冰品牌申井冰店、精致手工糕点品牌年之糕,还有以手冲咖啡为名的Blue Bottle Coffee,华为、奥乐齐、麦当劳、哈根达斯……

也正是由于足够大的户外街区能够支持品牌们做外摆、在店铺内做空间设计,让品牌们有了更多与蟠龙天地气质相匹配的发挥空间,从而让人不觉得"新"品牌与"古"建筑有违和感。例如,家居品牌 HC 第五空间在店铺橱窗一侧布置了一片温馨的"绿地花园",家居与自然的融合也彰显了蟠龙天地给人带来的舒适感;Blue Bottle Coffee 店内设置了左右耳室,耳室之间坐落的是江南庭院,供人边品咖啡边赏江南院景。这些区别于其他江南水乡商业街的品牌空间设计以及连锁品牌、国际大牌的入驻,让蟠龙天地脱离了"古镇"的标签。

在当今"宠物之家"越来越多的大环境下,庵市设立了都市马场、撸猫体验馆;街区中张贴了宠物友好标识,还有宠物友好设施如宠物便便袋取用口,凸显其人文关怀理念,在细节之处做到"用心生活"。在南市向东边走去,穿过潘鼎路可到达余德耀美术馆。美术馆共分为地下一层和地上一层,馆内展出了不少艺术作品,并且在蟠龙天地的南北市街区里也分布了部分艺术作品,将艺术气息从南市一隅遍布整座"江南"。除此以外,蟠龙天地不止步于做"好商业",人文艺术也能通过市集活动的窗口触达每一位到访的顾客。

2. 用江南文化唱响世界之声

蟠龙天地旨在成为一个"市集品牌",它不仅仅是复合型商业、旅游商业,还是人文商业。与其他商业文化市集不同,蟠龙天地向大众乃至世界传递、推崇东方美学、在地民俗等文化。户外、绿地、公园、小河,蟠龙天地有足够的空间支持市集的举办,通过街区、建筑的连接将市集和品牌、传统文化融合。

端午节至,沿袭古人端午习俗,蟠龙天地将挂艾草的传统带入蟠龙街巷,在蟠龙湾举行水上运动"龙舟会",甚至连宠物也能参与;多次担任知名运动品牌活动指导的瑜伽老师在现场授课,探索岸上桨板瑜伽与宠物瑜伽的魅力。七月炎夏,蟠龙天地联合擅长"做茶"的"宋明客厅",推出特色中式游船下午茶,提供了一场江南风格的纳凉宴会;"月见蟠龙光影秀"以夏日限定版身份回归,《月见蟠龙(The Moon Journey)》以现代数字光影技术全新演绎独特的"蟠龙新十景",结合江南夏季特色元素,诠释蟠龙夏日印象。还有以放河灯、游船演出、星空电影、泡泡派对为内容的夜游江南专题活动。蟠龙游船里上演着中国民乐与江南评弹,中阮、琵琶、竹笛声声悠然;《外太空的莫扎特》《这个杀手不太冷静》《新神榜:杨戬》等多部电影在仲夏星空影院上映着。

辞夏迎新秋,立秋已至。在九月八日这天,蟠龙天地准备了来自水边的秋季江南市集——蟠龙水集,结合人文江南与自然野趣,携手40+美好有趣的生活方式品牌。与传统单一笔直动线的江南水乡商业街不同,蟠龙水集遍布水边、河畔、草地三大区域,以"公园式"的游逛体验呈现,市集上加入的品牌也多与展现江南文化、户外运动和自然生活相关。如汉服品牌宝玥斋、饮食品牌时尚女农民,主营手工原创饰品、独立设计插画、私人订制设计的品牌公鸡会;推广以建窑建盏为主的中式茶空间十一楼茶器、来自古老印度的手作品牌新德里秘密;主张绿色、时尚与艺术理念的综合性品牌TOCTOC、以"做世界的厨房"为使命的正大食品、传递自然与阳光的FREELAND自在乐土;打造城市户外生活新概念的滑板公园MOREPRK、立足于传统徒步/水上运动的跳岛OUTDOOR、英国户外品牌COBMASTER;等等。蟠龙天地将江南文化寄托于市集活动是对我国民俗文化推广的助力,世界音乐节的举办则是在江南水乡听见世界之声,让江南文化走向世界。

九月底,新天地XINTIANDI最悠久的原创文化艺术IP"天地世界音乐节"首次落地蟠龙天地。在为期超一个月的"2023天地世界音乐节·水乐蟠龙音乐季"活动中,有15+组国内外乐团及音乐人的25+场专题演出,活动演出面积覆盖蟠龙天地7大场域。待到中秋月圆时,"昆曲王子"张军首次带来漫游蟠龙水系的实景昆曲演出《春江花月夜》,青浦非遗田歌的首次创新演绎亮相,"月见蟠龙光影秀"秋季主题"月圆篇"在烟雨廊桥上演秋日浪漫。为此,戏台、祠堂、蟠龙庵、古建民居等江南建筑化身为沉浸式舞台,配备现代独特的光影音多媒体进行演出,穿梭在"蟠龙十景"里,不仅能听见江南漫长岁月的声音,也能感受世界与江南文化的碰撞魅力。

3. 公园里的新天地

同为瑞安地产的项目,新天地兼具石库门建筑的历史感和摩登都市的时尚感,而江南水乡的风韵与自然、户外运动的生命力,让蟠龙天地更像是"公园里的新天地"。蟠龙天地证明了即使全是连锁品牌店铺也能玩转江南文化,在江南文化的基础上结合市集活动打造出自己的市集品牌名片"蟠龙水集"。蟠龙天地以人文艺术、市集活动丰富了户外商业街区可玩性,以独特的商业气质吸引诸多人到访,将江南文化以市集为载体,用音乐传递传统文化,在桥头、水边、草地上感受惬意,一起探索生活的乐趣,听见江南和世界的声音。

第三章　上海商业品牌研究

第一节　国潮品牌概述

随着Z世代消费人群的崛起,符合年轻消费群体价值观的国产品牌,尤其是在品质、形象、文化内涵等方面有特色的国产品牌日益受到青睐。在建设国际消费中心城市的过程中,上海作为国家"一带一路"倡议的中心节点城市和进博会的举办地,"上海购物"品牌、首店经济、"五五购物节"等活动的开展对于提升国潮品牌效应、促进上海商业的发展具有重要的作用。

一、国潮品牌内涵

"国潮"一词出现的时间并不长,主要是基于消费者选择国产商品品牌这一新的消费倾向和消费特征而总结出的消费现象。国潮的概念尚没有定论,本报告总结国潮可分两个层面去理解,一为属于社会整体认知的文化层面,对于所有有关中国文化关联之事务都可称为"国潮",如有中国特色的文娱产品等,当然也包括具有中国特色的商品;另一层面只集中于有"中国"这一元素特征的在售商品。本报告所述国潮指后者。商品要明确其所属,必然要有品牌,消费者认知中的国潮商品最终表现为国潮品牌。

就国潮品牌而言,仍有不同的认识。最广义的认识是,所有中资主导的品牌,都可视为国潮品牌,本报告认为,这类品牌其实是国货品牌,外延要大于国潮品牌,一些企业和营销界人士出于经营目的主张这一过于宽泛的定义,目的在于利用"国潮"吸引对这一概念敏感的消费者。

商品中含有中国文化元素者才能被定义为国潮品牌,最狭义的国潮品牌要求满足两个元素——与中国文化相关及具有潮流性。从品牌角度来看,它指的是由中国本土品牌生产,融合中国传统文化元素和当代潮流元素的文化产物。[1]其中中国文化元素内涵相当广泛又特征鲜明,包括:(1)中式美学元素,如淡雅的中国画、色彩明艳的民俗画、线条画等;(2)民俗与节日意向表现,如红色的喜庆与春节内涵;(3)传统工艺的运用、变形与再创造,如最近几年受整个社会重视的现代汉服;(4)少数民族特色文化的运用;(5)传统语言文字与品牌及商品的结合,如古诗词在品牌与商品上的运用等;(6)传统品牌及商品的再造。

需要注意的是,国潮品牌不仅包含有形实体商品品牌,也包含无形精神产品的品牌,如国风系列舞蹈、歌曲、综艺节目等。

二、国潮品牌形成的原因

国潮品牌概念早在2008年就被提出,2017年后被市场大规模认可。但在被认可之前,国潮品牌已经形成其良好的生存土壤。国潮品牌的形成原因主要有以下几点。

(一)完善的工业生产体系

我国几代建设者从零开始建立的全品类工业生产体系,虽一开始在生产技术和生产效率方面落后于西方,但完整的生产门类让中国几乎可以生产所有的大类工业品,尤其是轻工业的先期发展,让我国从无到有几乎可以生产所有的消费品。随着改革开放的深入,我国的工业生产能力得到大幅度提升,终端产品的生产能力和品控质量也随之提升,这为国潮品牌的发展提供了产品基础。

(二)服务业的快速发展

随着国家经济的发展,服务业占经济总量的比重快速上升。其中生产性服务业为国潮品牌提供产品设计、渠道推广、资金融通等生产辅助性服务;消费性服务业为国潮品牌提供顺畅高效的零售终端,也为国潮品牌提供与外资品牌竞争的市场空间。

(三)文化自信的逐步建立

改革开放早期,我国经济发展与发达国家之间存在较大差距,国产品牌的竞争优

---

[1] 郑舒心.北京卫视"国潮"系列综艺节目叙事研究[D].河北师范大学,2022。

势更多是来源于价格优势。随着我国经济实力的增强,文化自信呈现上升趋势,尤其是年轻人对中国及中国文化的认可度大幅提升,在市场消费品的选择中偏好转向国潮品牌是自然而然的事。

(四)营销渠道的巨大变革

科技发展产生了新的营销渠道,也缩短了整个供应链的环节,让新品牌更快、更好地面向更广大的市场。传统营销渠道下的品牌建立往往需要强大的资本支持,除了设计、生产出产品外,还要通过广告、推广等方式提升知名度,传播品牌价值。互联网特别是依托网络的移动终端孕育出的新媒体,让国潮品牌更好地把信息传递给消费者,新的商业模式通过线上商业平台、自媒体、短视频平台等直接与消费者建立销售通路,节约了资金成本与时间成本,加快资金回流,促使国潮品牌加快立足,形成良性循环。

三、国潮品牌的发展特征

(一)消费者对国潮品牌的接受度和偏好度在提升

随着Z世代人群逐渐走上工作岗位,国潮品牌越来越受到青睐。调查显示,上海消费者71%购买过国潮品牌,购买国潮品牌的人群中,44%的人表示"就想支持国货和国潮文化",52.1%的人"喜欢中国文化相关的事物",59.2%的人认为"设计和创意独特新颖",43.7%的人选择了"价格适当,性价比高",另有23.6%的人选择了"质量好,功能齐全",另有不足10%的人选择"明星/爱豆/网红的推荐"和"亲戚/朋友等身边人的推荐",可以看出消费者对国潮品牌的接受度在不断提高,而且购买是因为国潮品牌本身的内涵及消费者自身对国潮品牌的偏好。

(二)文化创新为国潮品牌提供了强大的市场潜力

中国文化通过五千年的发展,本身具有强大的生命力和内涵,已有的传统文化美感,对内能引起共鸣,对外则充满异域风情和哲学思辨。随着经济话语权的形成,文化影响力的加强,以中国文化元素为依托的国潮品牌必然会在市场上形成强大的感召力。比如基于我国传统审美的汉服,从只是影视作品需要的道具商品演化为年轻人广为接受的文化符号,一些与现代流行服饰结合较好的汉服甚至会成为日常出行的时装。再如故宫文创商品受欢迎程度持续升高,带动博物馆文创商品的热销。在购物平台、社交平台、短视频平台上,带有敦煌特征的各类商品,蜡染、蓝印花布,三星堆、山海经神话动物、山水等关键词相关的商品与品牌风行一世,都是国潮品牌无穷发展潜力的明证。

(三)科技创新是国潮品牌壮大的重要动力

在传统消费品领域,中国文化元素成为国潮品牌突破市场空间的助力,在新兴消费品领域,科技则成为国潮品牌快速发展、实现弯道超车的重要推动力。四十多年的改革开放使我国拥有完整的工业体系,可以生产大部分消费品。近几年国内科技创新在各领域的不断突破,使我国拥有了更多的市场话语权和主动权。科技发展与创新让我国拥有更多如大疆、华为、小米等具有世界领先技术的品牌,形成国潮品牌在中国文化元素之外的另一支柱。科技,让国潮品牌"潮"的特征发挥得更淋漓尽致。

(四)新零售渠道助力国潮品牌发展的快车道

线上销售平台、短视频平台、社交平台等基于移动互联网终端的新零售平台,以及建立于平台之上的直播、外卖、即时营销、社区团购等新型商业模式,为国潮品牌提供了直达消费者的信息沟通渠道和交易渠道,避免了传统实体商业需要高投入搭建营销渠道的问题,使国潮品牌能以更低的投入、更高的效率让消费者了解,形成印象、建立需求链接,最终达成交易,从而由市场消费者而不是由资本投入来决定国潮品牌的命运,推动国潮品牌的快速发展。

(五)老字号品牌重塑是国潮品牌的重要组成部分

相对于新设品牌,老字号品牌天然含有更多的中国元素,更易被消费者认定为国潮品牌。但老字号品牌往往存在一定的劣势,如消费者普遍认为产品较老、较陈旧、无新意、不合时代等。近年来许多老字号品牌抓住市场机遇,通过创新、重塑等方式再造品牌形象,引入现代化经营模式,与潮流相结合对产品进行重新设计,做实国潮品牌的概念,达到更好的市场目标。如本已在市场上影响力淡化的老字号品牌百雀灵、恒源祥、同仁堂等,利用市场对其品牌的熟悉,开发适合市场需求的新产品,结合新的营销渠道,融入直播等新商业模式,成功脱胎为国潮品牌。

(六)国潮品牌主要集中在快消品领域

国潮品牌的诞生与中国元素融入商品的难易程度有关,目前主要集中于服装、食品、美妆、数码等快消品领域,如服装是最容易融入中国元素的。同时一些老字号品牌本身就是中国文化的一部分,只要改造产品适应当前市场的需求,也会升级为国潮品牌。如一些有传承的食品、小型数码产品在外观设计上较容易融入中国元素,精神娱乐产品可以形成专门的国潮品牌,如专注古诗词,或者把古诗词音乐化的综艺节目等。大件商品品牌,如汽车、白色家电等,因特定的功能性要求,较难添加文化因素,形成国潮品牌难度较大。

(七)跨界合作成为国潮品牌发展的典型模式

国潮品牌的跨界主要是国潮品牌之间相互引流、开发新商品及新利润增长点、提升品牌知名度、增加品牌内涵等。国潮领域的跨界合作已成为一种风潮。如瑞幸与茅台合作的"酱香拿铁",宣传口号是"年轻人的第一杯茅台",据瑞幸咖啡官方微博2023年9月5日消息,酱香拿铁单品首日销量突破542万杯,单品首日销售额突破1亿元。在2022年,"i茅台"数字营销已经平台上线了,茅台冰激凌首家旗舰店也开张营业,之后还要开发茅台巧克力。如果把茅台和瑞幸界定为国潮品牌的话,这是一个典型的国潮品牌跨界案例,跨界带来的利益也是明确的:开发了新品,进入了新的消费群体中,从茅台角度看,大部分年轻人不是茅台当前的消费人群,但通过与瑞幸合作让茅台与当前的年轻消费群体产生了连结。当然增强品牌影响力是最主要的利益所在,如六神与锐澳鸡尾酒联名推出"六神花露水风味鸡尾酒";大白兔联合国产香水品牌气味图书馆推出联名款香水、沐浴露;等等。

第二节 国潮品牌发展现状

一、国潮品牌发展过程

随着我国经济体制改革的逐步深入,国潮品牌的发展大致可分为以下几个阶段。

(一)前国潮品牌时代

国潮是对兼具中国元素和潮流元素的国产品牌的概括。符合国潮内涵的品牌并不是在这一概念被提出来之后才有的,在国潮被提出之前就有相应的品牌孕育发展。国潮内涵的前身可追溯至清末民初,1905年起的国货运动,在实业救国等思想指引下,我国工商业界创立了华生电扇等著名国货品牌。改革开放后,我国工商业得到全面发展,海尔、海信等品牌成长起来。随着我国工业体系的不断完备、文化产业的发展、服务业的繁荣,民族品牌的科技含量越来越足,此时国货品牌体现出更大的潮流性与技术创新,典型的如小米、华为、大疆、美团等。

（二）国潮品牌崛起时代

2018年被称为"国潮元年"，国潮的概念正式被社会和市场接受。这一阶段，国潮品牌的特征表现为传统品牌的国潮化新生，典型事件是中国李宁这一品牌在国际时装周上亮相。同时大白兔、百雀羚等传统品牌在产品设计、市场定位、营销渠道等方面都有创新突破，品牌形象得到重新确立，焕发出新的生机。

随着中国科技实力的提升，以科技为核心的国产品牌得到国内消费者的高度认同，并大规模行销海外，全面扭转了中国产品的技术与质量形象，成为中国技术面貌的新名片。这一阶段，智能手机、无人机、新能源车等科技产品成为国潮品牌的代表，成为中国文化内外扩散的着力点。

（三）国潮品牌扩散期

2020年后，国潮品牌的发展表现为两个特征：一是文化娱乐等无形产品的影响力增强。具有明显中国文化特征且高质量高影响力的电视电影产品、娱乐综艺节目等呈井喷之势。二是国潮品牌的实体和文娱类商品均大规模扩散至海外市场，如电商购物平台SHEIN成为海外下载量最大的购物平台软件，抖音海外版成为最大的短视频社交平台，比亚迪、华为、大疆、小米等品牌在海外都取得不俗的成绩。

二、国潮品牌发展存在的问题

（一）国潮概念滥用会引发信任危机

国潮概念的快速传播源于契合了消费者的消费心理，很多企业开始利用人们的这种心理去做一些虚假宣传或过度营销。为了追求市场份额、扩大营销效果，部分企业开始利用各类低劣的营销手段把本企业品牌宣传为国潮品牌，如简单在外观上加入少许中国元素就把自身定义为国潮品牌。如此国潮品牌加上现代不规范、无底限的营销渠道和方式，在博取短期利益后，很容易让消费者对国潮品牌产生信任危机，最终会让国潮这一很好的概念口碑坍塌。

（二）商品同质化竞争，侵害知识产权的现象时有发生

一些国潮品牌做市场的出发点不是建立具有国潮特色的优秀、长久品牌，而是追求赚快钱。一个国潮品牌的商品取得一定市场成功后，会有很多在包装、产品设计、技术应用上的仿冒者快速进入市场追求快钱，把创新者挤垮。而同质化的品牌商品，

恶性的国潮概念炒作会让消费者快速失去对该类商品的消费欲望。如龙凤呈祥的商品外包装被用于同类或不同类上千种的商品品牌上,会让消费者失去对商品的辨别能力,也会产生逆反心理,看到市场上充斥同类包装商品,自然会认为商品是低端质劣的。其实,包装中引入中国元素的设计方案是无穷的,即便是龙凤呈祥的图案也可以有无数有趣醒目的设计方案,没必要使用同一风格。

(三) 品牌定位不清晰,没有明确的品牌战略规划

很多国潮品牌在消费市场形成了一定的影响力,正是发力之时,但其中一部分没有清晰的品牌战略规划,不能为长远发展做好合理设计,部分企业认为找到了挣快钱的风口,通过大量营销手段快速圈拢市场出货,直至把某些品类的市场做坏,利润是有了,但利润没有转化成国潮品牌长远发展的内功。典型表现为商品定价过高,质量却没有明显优势,过度概念炒作,过度依赖营销,这已成为一种较普遍现象。其实强调营销、高定价本身并没问题,只是要先明确国潮品牌的市场定位,根据市场定位确定价格政策、质量政策,有长远通盘的品牌建设计划。

(四) 消费者审美能力提升对国潮品牌提出更高的要求

中国文化元素应用到商品中,在国潮品牌发展之前就有,国潮品牌的规模发展已有几年,消费者经过长时间的国潮文化洗礼,审美能力有了大幅度的提升,也对国潮品牌提出了更高的要求。

三、上海国潮品牌发展建议

(一) 国潮品牌与城市发展规划目标相结合

《上海市国民经济和社会发展第十四个五年规划和二〇三五年远景目标纲要》中提出,城市发展规划目标与国潮品牌发展存在极强的内在关联性,国潮品牌的发展应有益于城市发展,有益于城市目标的实现(图3-1)。规划要求上海成为具有创新之城、人文之城、生态之城的国际化大都市,上海鼓励培育国潮品牌的发展是对国际化大都市创新、人文属性的助力。支持发展国潮品牌进行产品创新本身就符合供给侧改革对供给创新的需求,国潮品牌发展也为"双循环"注入活力,"一带一路"作为国家战略,是"外循环"的重要组成部分,国潮品牌可以与进博会进口商品形成完美互流。

上海五大新城建设既是城市空间的建设和开发,更是经济产业职能的规划,每一新城都有其特色鲜明的产业集群。在建设五大新城,打造上海制造和上海服务品牌

时,应引入与发展国潮品牌,与产业发展联动。如嘉定的汽车产业链,在内涵技术、外观设计、汽车展览推销活动等各个维度都可注入国风、科技为特征的国潮概念。上海打造国际消费中心城市的过程中,只有突出自己的特点才能进行差异化竞争,国潮品牌会成为国际消费城市的一个亮点。"上海购物"品牌打造目前有许多举措,包括举办"五五购物节"、首店首发经济、夜市经济和总部经济等,国潮品牌对这些活动都有相当的助力,可以说没了国潮品牌的参与,这些活动会失色不少。

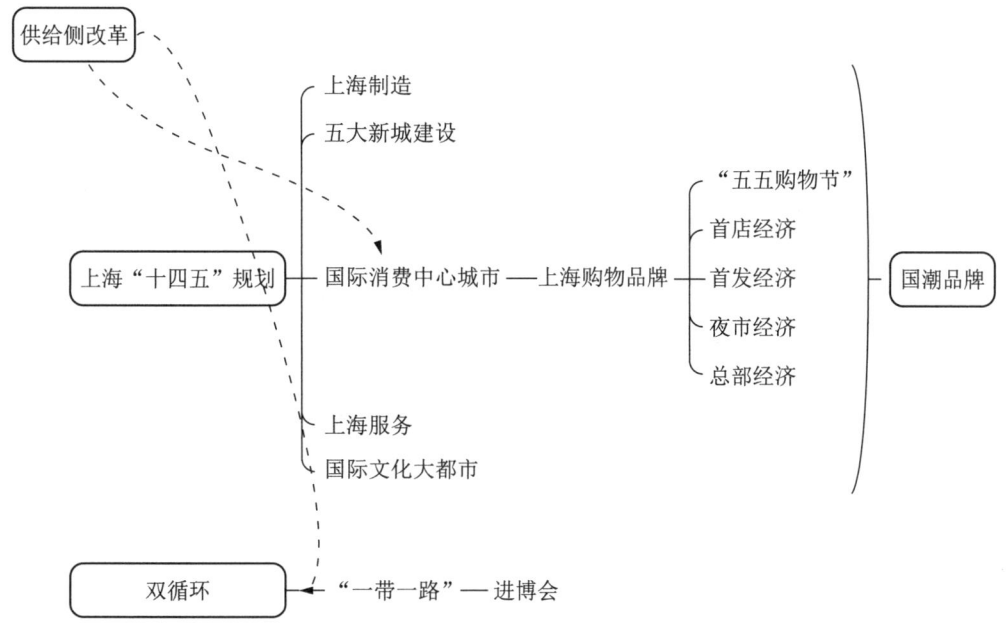

图 3-1 国潮品牌与上海"十四五"规划之间的内在联系图

(二) 抓住国潮品牌发展契机,确立民族自信,推广中华文化

我国消费市场在消费结构方面存在很大差异。以年龄为例,60 后、70 后、80 后由于经历过或部分经历过中国计划经济时期的短缺时代,改革开放后大量外资品牌的进入使得大多数人更倾向于认可国外品牌商品。90 后经历了中国经济的快速发展时期,价值观中更具文化自信,且普遍受教育程度高,对中国经济文化崛起的感受更深刻全面,在消费上对本土品牌的认同度更高。而 60 后、70 后、80 后从消费能力来看是最有支付能力的,但支付意愿不足;90 后支付能力有所欠缺,但支付意愿强烈。从发展趋势来看,未来的消费市场主力会转移到 90 后。这也是国潮品牌崛起的原因。

上海应把握国潮品牌发展的契机,从对内和对外两个方面在政策、宣传导向等方面加以支持。对外推广通过品牌内涵的宣传,以具有中华和海派文化要素的商品为载体,让外部消费者认识到中华文化的精华之处,习惯并慢慢认同、欣赏中华文化风格。对内则加强国民对中华文化的理解和认同,不断提升国潮品牌的文化内涵,提高市场运作能力,推动消费群体文化自信心的建立。当然,优秀的国潮品牌也有助于加强年轻消费群体对中国文化和海派文化的认同。

(三)利用国潮品牌打破国外商品在某些领域的市场垄断

积极发挥国潮品牌在文化内涵上的闪光点,与国外品牌形成差异化竞争,打破市场垄断现象。一些商品领域,如奢侈品、美妆、汽车、服装等,欧美国家的品牌处于强势或垄断地位,以此取得整个供应链的超额利润。目前在汽车等领域,通过多年的产业布局和品牌培育,国潮品牌有突围的迹象,占领了部分国外市场。美妆领域国潮品牌收复了部分国内市场。奢侈品领域无论内外市场,都需要国潮品牌全新打造,目前还未见其基础。

(四)深入发掘中国文化内涵,重视国潮品牌中的文化与科技因素

这本是国货品牌向国潮品牌转变的应有之义,很多国潮品牌也是如此为之。中国文化博大精深,各类美学元素纷繁复杂,是品牌和商品开发应用的宝库。即使作为中国人,对中国文化中美学内涵的认知也是片面的、狭隘的。专业设计人员对中国文化的二次创作,与潮流相结合,能为市场大众提供以品牌商品为载体的更好的美学滋养与情感价值。同样,消费者对国潮品牌的正向感受也会反馈给国潮品牌方,为其提供更好的市场与经济效益。

上海对老字号品牌的复兴与再创辉煌有很大的支持力度,通过盘活存量品牌资源,打造上海良好的历史人文环境。除继续支持老字号品牌之外,应加大力度支持科技型、潮流性表现突出的新国潮品牌。老字号品牌的优势在于存量品牌影响力,新国潮品牌的优势在于创新性、科技性、与市场的契合性,新国潮品牌能做成很好的经济增量,也有利于突破对外的市场壁垒。

第三节 上海国潮品牌典型案例

一、国潮中的甜蜜传承——大白兔

大白兔是中国著名的奶糖品牌,因其柔软细腻的口感、浓郁的奶香和可爱的兔子

包装而闻名。自20世纪40年代诞生以来,一直深受消费者的喜爱,在中国市场上具有广泛的认可度和品牌影响力。作为国潮品牌,大白兔奶糖不仅是一款美食,更是中国人对童年时光的美好回忆和情感寄托。其独特的文化符号和标志性包装设计,如白色包装上的兔子图案,让人们立刻联想到童年时光。此外,大白兔奶糖通过与年轻品牌的合作与创新,在国潮风潮中保持鲜活形象,推出联名产品并与年轻人产生情感共鸣。总体而言,大白兔奶糖成为中国国潮品牌的代表之一,独特的包装设计、与时尚合作的创新努力稳固了其国潮品牌地位。

(一) 品牌发展历程

大白兔奶糖的发展历程可以追溯到1943年上海的"ABC糖果厂"。老板冯伯镛利用迪士尼卡通形象"米老鼠",为自己的产品设计了一款红色米老鼠图案的包装,并给产品命名为"ABC米老鼠糖"。这种糖果价格便宜、外观时尚,成为国内畅销的奶糖之一。[1]

1950年,ABC糖果公司被收归国有,更名为"爱民糖果厂"。由于米老鼠形象已被注册,从市场角度出发,爱民糖果厂聘请上海美术学院的版画设计师王纯言设计创造了一个活泼、幽默和善良的兔子图案,作为大白兔奶糖的正面形象。这样的形象设计为大白兔奶糖带来了更多的知名度和广泛的国民认可。之后还于1959年成为中华人民共和国成立10周年的贺礼产品,进一步提高了其知名度。自此以后,大白兔奶糖在中国市场上成了备受欢迎和广泛消费的品牌。

1972年,美国总统尼克松访问中国期间,大白兔奶糖受到了美方代表的喜爱,并在许多招待食品中脱颖而出。在毛主席的指示下,工人们连夜制作了500千克的大白兔奶糖作为赠礼送给美国代表。自此,大白兔奶糖成功打开了海外市场,并成为复活节的热销糖果。[2]除此之外,周恩来总理还将这款糖送给几位苏联领导人,获得一致好评。这样简朴包装却质量卓越的大白兔奶糖承担了新中国重要的外交使命。在不断发展壮大的过程中,大白兔奶糖在国内外市场均享有盛誉,并成为中国传统糖果的代表之一。

1979年,"大白兔"荣获国家银质奖,1984年和1989年再次获得这项荣誉。2002年,大白兔奶糖推出了新的包装设计,提高了产品的档次和形象。同时,大白兔奶糖还推出了一系列新品种,如大白兔奶糖酥皮月饼、冰激凌、巧克力等。2003年、2006

---

[1] 桑星瑞.老字号大白兔品牌表情包设计研究[J].工业设计,2022(7):77-79.
[2] 王若男.3C视角下大白兔联名营销存在的问题及对策研究[D].山西大学,2022.

年"大白兔"两次被授予"上海市质量金奖"。2014 年,大白兔奶糖建成了"大白兔奶糖博物馆",以回顾品牌的历史和文化,同时也吸引了众多游客和消费者的光顾。2018 年,大白兔奶糖庆祝了品牌成立 60 周年,并推出了与中国传统文化相关的纪念版奶糖礼盒,以强调品牌的传承和时代价值。2010 年"大白兔"成为上海世博会指定的唯一糖果合作品牌。[1] 2011 年,注册商标"大白兔"被商务部授予"中华老字号"称号[2](图 3-2)。至今,大白兔奶糖一直受到广大消费者的喜爱,并成为中国传统糖果的代表品牌之一。

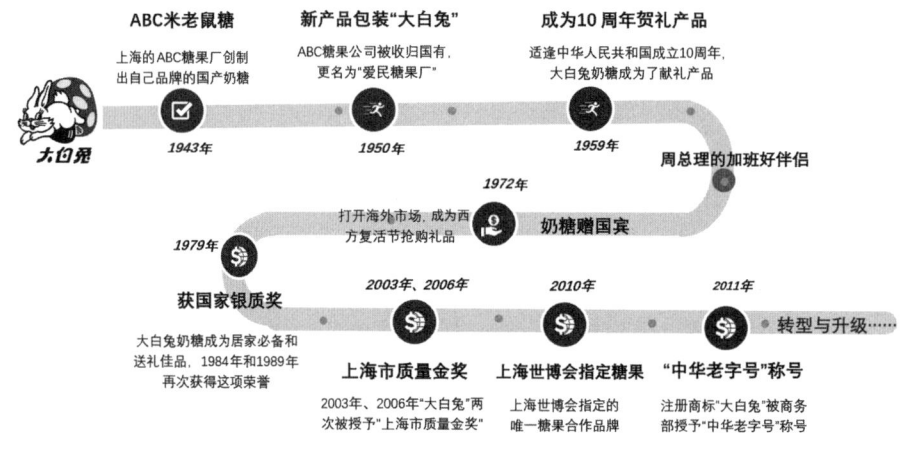

图 3-2 "大白兔"品牌发展历史

资料来源:根据冠生园食品官网等资料整理绘制。

在物资匮乏的时代,大白兔奶糖融入广大民众的结婚、生子、过年情境中,传递着幸福美满的甜蜜理念,构成集体记忆中的一部分。随着中国的不断开放与发展,许多外资食品品牌进入国内,如意大利的阿尔卑斯、英国的怡口莲、美国的德芙等。同时,国内的糖果企业也在快速发展,福建雅客、南京喜之郎、海南春光食品也在迅速崛起,国内外竞争对手的增加对大白兔公司形成了强大的竞争压力。根据大白兔公司的财务数据,2009 年至 2011 年大白兔净利润跌幅尤为明显,从 2009 年的 1 137.76 万元降低到 2010 年的 74.52 万元再到 2011 年仅有 13.44 万元。2012 年大白兔公司在产权交易所的 10%产权和债权最低价值仅为 1 125 万元。[3] 由于三聚氰胺等负面新闻以及恶化的财务状况的影响,大白兔逐渐失去了在国内市场的主导地位,动摇了大白兔

---

[1] 匡冀南.给大白兔插上翅膀[J].国际公关,2023(8):189-190。
[2] 岳文欣,刘巍,李婷.浅析"老字号"品牌的跨界营销——以大白兔奶糖为例[J].纳税,2020,14(6):186。
[3] 史梦妤.基于市场经济变动下的老品牌营销决策分析——以大白兔品牌为例[J].现代商业,2020(18):10-11。

在糖果行业"国民奶糖"的形象。基于此,大白兔2015年开始转变策略,以创新为核心,不断进行跨界联名合作,在产品上进行新的改变和尝试,迈向产品年轻化之路。

(二)大白兔国潮化转型之路

1. 大白兔的国潮基因

(1) 经典包装

大白兔奶糖的包装设计经历过多次演变,但始终保持简洁、纯白的外观。这种经典包装在潮流文化中展现了自己的独特魅力,成为一个与众不同的标志。同时,大白兔奶糖还推出了限量版包装,与时俱进地满足不同群体的需求。

(2) 文化符号

大白兔奶糖代表着童年的甜蜜回忆,许多人与这个品牌有着情感的共鸣。它已经成了中国人心中的一种文化符号,代表着童年、回忆和亲情。作为国潮品牌,大白兔通过回应人们对传统文化的追忆和认同,将中国传统元素转化为现代潮流符号。

(3) 创新融合

大白兔积极进行跨界合作和创新产品开发,与其他品牌和机构合作推出了多样化的产品。大白兔跳出传统的糖果框架,与时下潮流元素相结合,展现出一种新颖、时尚的形象。不仅推出了多种口味的奶糖系列产品,还探索了其他形式的产品拓展,如冰激凌、奶茶等。通过持续创新和与时俱进,成功地扩大了自己的市场和受众群体。

2. 大白兔的国潮品牌战略

(1) 调整形象,转变定位

大白兔奶糖在国潮化转型之前,一直以传统的形象和口感为卖点。然而年轻一代消费者需求的变化,使大白兔奶糖决定进行品牌定位的转变。在国潮化转型之后,大白兔奶糖将品牌形象调整为年轻、时尚和有情怀的形象,并增加了一系列新口味的产品,以满足年轻人多样化的需求。这些新口味受到了广泛好评,让大白兔奶糖保持了市场活力,并满足了消费者对多样化口味的追求。

(2) 差异化包装,店面升级

现代年轻消费者对产品的外观包装和店面装潢要求日益提高,精美的包装设计推动品牌年轻化,时尚的店面装潢也吸引更多年轻人打卡拍照。2016年,大白兔奶糖与法国时尚品牌"agnès b."展开合作,共同推出限量版糖果礼盒。2021年6月,大白兔全球首店在上海奉贤未来艺术中心盛大开幕,店内用3D打印技术打造了富有流动感的牛奶模型,搭配其特有的"红白蓝"经典配色,将产品与陈列设计完美融合,打造国潮新地标。

表 3-1　大白兔品牌产品组合

糖果类			其他类
	奶　糖	其他糖果	饮料： ×太平洋咖啡 ×快乐柠檬 ×光明牛奶 ×可口可乐 冰激凌： ×歌帝梵 化妆品： ×美加净 ×气味图书馆 ×SK-Ⅱ 服装鞋帽： ×乐町 ×Coach 游戏： ×环球大作战 景点： ×国家博物馆 ×颐和园 ×中央电视台 ×东方明珠
口味	**大白兔奶糖**：原味、红豆味、玉米味、酸奶味、清凉味、巧克力味、榴莲味、芥末味、椰奶味、香蕉味、抹茶味、芒果味、咖啡味	花生牛轧糖 奶油话梅糖	
	100 牛奶糖：冰激凌味、提拉米苏味、黑糖冰激凌味		
包装	巨白兔糖型礼罐		
	迷你婚庆款糖型礼罐		
	100 牛奶糖奶瓶装		
	快乐宝盒糖型铅笔盒		
	玻璃牛奶瓶装		
	卡通兔铁听系列		
	魔都上海铁听系列		
	800 克两种口味铁听装		
	60 周年纪念礼盒		
	×国家博物馆四羊方尊文创礼盒		
	× agnès b.兔形铁盒礼盒		

资料来源：根据官网等资料整理。

（3）跨界联合，整合营销

自 2015 年起，大白兔深度挖掘其品牌故事，积极推出一系列跨界合作活动和符合年轻消费者取向的创新产品，赢得了年轻人的喜爱和追捧。大白兔的合作伙伴包括太平鸟、美加净、太平洋咖啡、气味图书馆等具有不同风格的品牌，通过不断延伸品牌合作矩阵，涵盖食品、美妆和文化等多个领域，形成了以大白兔 IP 为中心的情感联结网络，拉近了与消费者的距离。2015 年到 2023 年大白兔公司的联名品牌如表 3-2 所示。

大白兔奶糖采取了一系列国潮战略来适应市场需求和提升品牌影响力。它调整形象，转变定位，不仅注重传承经典的奶香口感，还推出了新口味、新产品，以满足不同消费者的需求。它与知名设计师合作，创造出更具创意和独特性的包装形式，并进行店面升级，通过品牌形象、陈列方式和整体环境的改造，为消费者营造更好的购物体验。它通过与其他品牌和行业进行跨界合作，不仅扩大了产品线和消费场景，还加强了品牌的品牌联想和文化共鸣。大白兔通过持续创新和与时俱进，不断适应市场变化，成为一个成功的国潮品牌。

表 3-2　2015—2023 年大白兔品牌联名一览表

时间	联名品牌	产品	联名品类	效果/意义
2015 年	agnès.b	限量版兔形铁盒礼盒	时尚	这款产品在 2015 年的"双 11"上首发即卖空
2016 年	国家博物馆	四羊方尊文创礼盒	文化	吸引了广泛的关注,不仅媒体大量报道,也引发了消费者的讨论和关注
2017 年	太平洋咖啡	大白兔牛奶味拿铁	食品	为品牌带来了新的市场机遇,并丰富了消费者的选择和体验
2017 年	巨人网络合作网游《环球大作战》	"大白兔"关键词皮肤	游戏	借助游戏的受众和网络平台,增加品牌的曝光程度,树立一种年轻化、时尚化的形象
2018 年	美加净	奶糖味润唇膏	美妆护肤	在社交平台引发话题效应,成为老字号品牌跨界合作的经典案例;天猫旗舰店第二天三小时内销售 1 万套
2019 年	太平鸟旗下乐町	服饰、包袋	时尚	与年轻态品牌合作,减少了因产品单一、品牌老化严重,与年轻消费者黏合度不够的风险
2019 年 5 月	气味图书馆	香氛系列产品	美妆护肤	开售 10 分钟售出 1.4 万件,迅速成为热销明星产品
2019 年	歌帝梵	限定冰品	食品	打造了一座大白兔快乐时光游乐园
2019 年	快乐柠檬	大白兔奶茶快闪店	食品	这杯仅亮相于大白兔 60 周年系列快闪活动的奶茶,迅速吸引了上万名顾客前来尝鲜,一杯定价 20 元的奶茶一度被黄牛炒到 150 元
2019 年	光明乳业	大白兔奶糖风味牛奶	食品	打造了一座大白兔快乐时光游乐园
2019 年	小度音箱	限定款智能音箱	科技智能	引发消费者的情感共鸣,促使他们更加认同和喜爱大白兔品牌
2020 年	颐和园	吉兔游园和颐和蜜语系列礼盒等	文化	将国潮文化与传统文化交互融合,寻找到了价值重合的新增长点
2020 年	光明乳业	光明大白兔奶糖风味牛奶新品和熊小白雀神冰激凌	食品	将光明品质与国潮元素相融合,创新"光明国潮",全力打造多元化、有创新、高品质的产品
2021 年	中央电视台	建党 100 周年石库门造型限定礼盒	文化	开启了一场红色文化与经典国货的时代碰撞,传递红色精神,带着浓浓的家国情怀
2021 年	光明乳业	益生菌奶球	食品	结合了光明乳业的乳制品专业知识和大白兔的品牌特色,吸引消费者兴趣,开辟新产品市场

(续表)

时间	联名品牌	产品	联名品类	效果/意义
2022年11月	国际轻奢品牌Coach	成衣、手袋、鞋履及童装系列	时尚	大白兔怀旧标志性图案与Coach时尚商标碰撞,摩擦出活力的火花
2022年12月	高端护肤品牌SK-Ⅱ	2023新年限定版神仙水	美妆护肤	二者的跨界联名,碰撞吸睛,制造话题度,实现1+1＞2的合作效果
2023年1月	可口可乐	"兔个乐"新年礼盒,联名系列冰箱贴、靠枕、毯子等周边产品	时尚	经典元素与时尚融合,演绎出了跨界合作下的"国潮"魅力
2023年1—2月	东方明珠广播电视塔	快闪及新春游园灯会新春活动,售卖大白兔糖果产品和萌趣可爱的正版周边等	文化	通过这样一场打破次元壁的跨界合作,强强联合,传承上海城市文化与经典
2023年5月	光明乳业	主题快闪活动;牛奶乳酪和脆筒"冰淇淋"	食品	通过与人偶互动,吸引大量顾客,在活动期间,快闪店销售额日均1万元,再创新高

资料来源:编者根据官网等资料整理。

(三)国潮焕发新生机

1. 品牌指数提升

根据2023年奶糖十大品牌排行榜,实施国潮战略的大白兔在品牌指数上高居榜首。高度的品牌指数不仅体现了大白兔奶糖在消费者心中的形象和口碑,也反映了其成功实施国潮战略后在市场中的优势地位,并为其带来更多的发展机会。这将有助于大白兔奶糖在品牌扩张、产品创新和市场推广方面取得更大的成功,继续引领奶糖市场的发展趋势。如图3-3所示,2023年最新更新的奶糖十大品牌排行榜中,大白兔品牌高居首位,往下依次是旺仔、金丝猴、悠哈、不二家、喔喔、小龙人、阿尔卑斯、徐福记和金冠。

2. 国际知名度上涨

大白兔作为国际化品牌正在积极进军全球市场,并在不同国家和地区展现了其影响力和受欢迎程度。在纽约,人们可以看到以大白兔标志为设计元素的时尚产品,如袜子和连体衣。在菲律宾,人们也可以戴着以大白兔奶糖形状设计的口罩。这一系列的产品延伸和衍生,不仅丰富了大白兔奶糖品牌的产品线,同时也满足了全球消费者对于个性化、独特和与品牌情感共鸣的需求。大白兔的海外销售呈现出良好的态势。2021年,大白兔奶糖风味乳首次出口海外,大白兔口味的雪糕也出口至新加坡上百家门店进行售卖。这一系列的海外销售展示了其品牌的全球影响力。它不仅仅是"国潮",也是一种具有跨文化吸引力的象征。

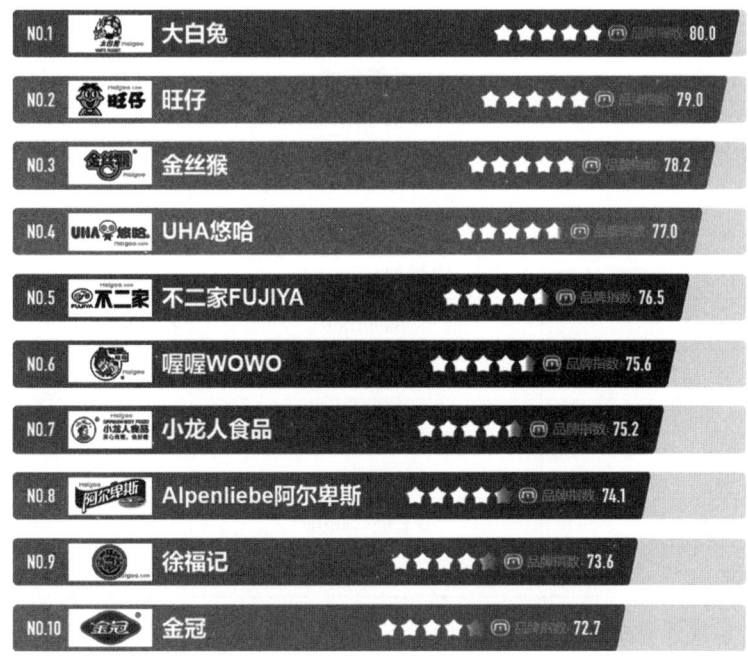

图 3-3　奶糖十大品牌排行榜

数据来源：maigoo 官网（https://www.maigoo.com/maigoo/6865nt_index.html）。

3. 市场份额扩大

在奶糖市场中,随着越来越多的企业涌入竞争,市场也得到了进一步扩容。如雅客、旺旺、阿尔卑斯和徐福记等,都曾推出不少引人注目的奶糖产品,从而丰富了奶糖市场。尽管竞争加剧,奶糖市场仍然由一些主要品牌主导,如"大白兔""佳佳""金丝猴"和"喔喔"。这些品牌在市场中具有较高的知名度和消费者认可度,形成了稳定的市场份额。在这些品牌中,大白兔奶糖一直以其独特的口感和历史悠久的品牌形象闻名,成为奶糖市场的领导者。大白兔奶糖的销售额一直居高不下,显示了其在市场上的强势地位和持续的销售成功。在 2022 年 12 月发布的糖果十大畅销品牌榜单显示,大白兔高居第二位(表 3-3)。大白兔能够在竞争激烈的市场中取得如此成绩,证明了它在消费者中的受欢迎程度。这为大白兔奶糖进一步巩固其市场地位和扩大市场份额提供了良好的基础。

4. "国字号 IP"已具雏形

如今的大白兔早已不是一个普通的品牌,而是进化成了一个"国字号 IP"。通过国潮化转型后的大白兔,品牌知名度提升、市场份额增加、品牌形象更为饱满,获得了更多的消费者支持和认可。然而,随着市场的不断变化和消费者需求的多样化发展,

表3-3　2022年12月糖果/巧克力十大畅销品牌

排名	品牌名称	变化情况
1 ♛	徐福记	↑
2	大白兔	→
3	克德夫（KDV）	→
4	康维他（Comvita）	→
5	Member	↑
6	贝欧宝	↑
7	金嗓子喉宝	→
8	碧富	→
9	瑞士糖（Sugus）	→
10	旺旺	→

数据来源：尚普咨询品牌研究院自主研发的SPindexBDS数据采集系统和评价模型（https://survey.shangpu-china.com/spjb/sp_jl_sx_tc/258156.html）。

仅"具雏形"的大白兔仍需要继续进行创新和转型，以适应市场的变化。例如，打造与大白兔形象相关的周边产品，制作玩偶、文具、服装、饰品等，供消费者购买收藏；或者建造以大白兔为主题的公园或儿童游乐场，将大白兔形象与游乐设施、剧场演出等结合，吸引更年轻一辈的小朋友。无论如何，通过融合不同的创意元素，这个IP的发展将为大白兔品牌带来更多的掌声和人气，有望让其在激烈竞争的市场中保持充足的动力。

二、国潮下的焕颜之选——百雀羚

百雀羚是中国著名的化妆品品牌，成立于1931年，一直致力于研究和开发高效护肤产品，因产品卓越的品质和良好的口碑，深受消费者喜爱。近年来，百雀羚还积极进行跨界合作，与时尚品牌、艺术家等合作推出特别系列产品，进一步拓展了品牌的影响力和市场范围。这些合作旨在为消费者带来更多个性化和有创意的选择，使百雀羚能够紧跟时代潮流，受到国内外消费者喜爱，树立起中国化妆品品牌的形象。

（一）品牌发展历程

百雀羚的发展历史可以追溯到20世纪30年代。1931年，顾植民创办了上海富贝康化妆品无限公司（百雀羚公司前身），开始引领护肤时尚风潮。[1]近年来百雀羚持续致力于技术创新和品牌发展，不断引进国际先进的技术和工艺，与国内外专业实验室和研究机构进行合作，提升产品的科技含量。如今，百雀羚紧跟时代的步伐，采取了国潮焕发新生机的战略转型，通过融入中国传统文化元素，跨界合作和推出具有国潮风格的产品来重新塑造品牌形象，提高市场竞争力和吸引消费者的关注，在品牌发展中取得了巨大的成果。表 3-4 是百雀羚品牌的发展历程。

表 3-4　百雀羚品牌发展历程概述

时间	发展历程
1931 年	引进德国配方，中国第一代护肤品成功问世
1940 年	"百雀羚"香脂诞生，正式推出了百雀羚商标
1956 年	公私合营，公司正式改名为：公私合营富贝康日用化学工业公司
1962 年	更名为"上海日用化学二厂"
1978 年	"凤凰"品牌诞生，连续三年荣获国家"金桥奖"、连续五年荣获"上海名牌产品"称号
1981 年	百雀羚开始转型升级。在市场需求和消费趋势的变化下，加快科技研发和产品创新，提升品牌影响力和市场竞争力。发布了第一款乳液，由此进一步奠定了百雀羚在护肤品市场的地位
1990 年	与英国联合利华、德国巴尔斯多夫共同建立合资公司
2000 年	上海百雀羚日用化学有限公司诞生。在海外建立分支机构和销售网点
2001 年	携手美国迪士尼公司，联合推出儿童护理系列产品——小百羚
2002 年	荣获"上海著名商标"称号
2007 年	荣获"中国驰名商标"称号
2013 年	百雀羚被当作"国礼"带到坦桑尼亚，将"民族骄傲、国货自强"的风潮推到高点
至今	百雀羚已经成为中国知名的化妆品品牌之一，在护肤、彩妆和个人护理领域占据了重要市场份额。受到国内外消费者的喜爱，树立起中国化妆品品牌的形象

资料来源：编者根据百度百科等资料整理。

但随着时间的推移，百雀羚品牌也面临了一些发展困境。自然堂、欧诗漫、佰草集等品牌的涌现在给消费者带来了更多选择的同时，也让百雀羚的市场份额受到一定的挤压。消费者对化妆品的需求也变得越来越多样化，在追求草本、绿色的同时，也开始注重美白、抗老等功效。市场竞争加剧、消费者需求变化都是目前百雀羚面临的实质性的发展困境，为此百雀羚采取了国潮焕发新生机的战略转型。

---

[1]　史亚娟.百雀羚焕新记：老国货如何盘活年轻人市场[J].中外管理，2017(11)：118-119。

(二) 百雀羚国潮化转型之路

1. 百雀羚品牌的国潮基因

国潮品牌是指在传统文化元素的基础上融入时尚和现代元素的品牌。这些品牌注重中国传统文化的独特性和创新,与当下消费者的情感共鸣,成功塑造了与众不同的品牌形象。百雀羚能够成为国潮品牌的原因主要包括以下几点。

(1) 品牌历史与文化传承

百雀羚具备较强的文化积淀和品牌传承。在国潮浪潮中,传统文化元素得到了重新关注和发扬,百雀羚作为具有历史底蕴的品牌,可以通过展现其传统文化的价值和内涵来吸引年轻消费者。

(2) 跨界合作与创新尝试

为了迎合年轻消费者的需求,百雀羚积极进行了与时尚品牌、艺术家等的跨界合作,引入时尚元素和潮流风尚,不断推出新颖有创意的产品和形象。这样的尝试使百雀羚能够更好地融入国潮文化,并与年轻人建立更紧密的联系。

(3) 品牌形象与推广策略

国潮品牌通常采用年轻化、时尚化和社交化的推广策略。百雀羚通过在社交媒体平台上的宣传和活动等方式,打造年轻化时尚的品牌形象,并与年轻消费者建立更紧密的关系。此外,与潮流文化相关的活动合作和赞助,也可以提升品牌的影响力和可见度。

2. 百雀羚品牌的国潮品牌战略

(1) 产品与泛 IP 结合

京剧面膜系列:百雀羚与王珮瑜跨界合作,共同创作微电影,深入探讨了京剧的发展历程,唤起消费者内心深处的爱国情怀。基于这一合作的背景,百雀羚推出生旦净末京剧面膜,将京剧中的"惊提""怒沉"和"喜展眉"表情融入面膜设计中,形成了一系列独特的"京剧表情包"。

故宫系列产品:百雀羚品牌与故宫文化珠宝首席设计顾问钟华合作,推出短视频和百雀羚×宫廷雀鸟缠枝美什件套装[1],为百雀羚品牌注入了更多的历史底蕴和文化内涵,同时也让故宫这一传统文化重要载体更加贴近年轻消费者。通过合作,百雀羚品牌与故宫文化相互交融,共同展示了对传统文化的尊重和传承。百雀羚品牌持续在与传统文化的合作中展现自身的创新精神,为消费者带来更多富有情感共鸣的

---

[1] 姜语菡,胡文娟,黄慧慧.从百雀羚看老品牌的复兴之路[J].大众文艺,2020(1):268-269。

产品和体验。

敦煌系列产品：品牌与敦煌博物馆合作，共同制作了一支名为《赋活，最初的美》的匠心视频，推出图3-4中的悦色岩彩彩妆系列产品。通过双方合作，百雀羚不仅将敦煌彩塑的艺术美与品牌相融合，还将其中蕴含的故事和文化内涵传递给更多的消费者。

百雀羚在顺应国潮的道路上将继续前行。通过与各种传统文化形式的合作，品牌可继续强化其在国潮领域的地位，并为消费者带来更多充满创意和文化内涵的产品和体验。

图 3-4　百雀羚敦煌博物馆：悦色岩彩系列

图片来源：百雀羚官网。

（2）国潮化包装，亲民化定位

最开始百雀羚品牌以纯天然草本为核心特点，强调其对肌肤的温和性和安全性。然而随着消费者需求的多样化，百雀羚旗下品牌线扩建，以满足不同性别、不同年龄段和不同需求的消费者。在2012年，百雀羚三生花系列产品推出，包装采用中国传统艺术元素和色彩，以红色、金色和绿色等寓意吉祥、繁荣和自然之美的色彩为主，营造出浓厚的中国风格。还融合传统与现代的设计手法，对传统图案进行现代化的重新演绎，通过线条的简化和现代排版的运用，在视觉上呈现出独具特色的中国风格，得到年轻消费者的关注和喜爱。

尽管百雀羚包装在国潮化方面具有独特特点，但该品牌的产品定位仍然是亲民的大众中端护肤品。百雀羚一直以来都注重以亲民化的价格定位来满足更多消费者的需求，致力于提供高品质的护肤产品，这种中端价格定位使得百雀羚成为许多人可靠的选择，这也是百雀羚保持市场竞争力的秘诀。如图3-5中国护肤品市场行业竞争层次调研显示,目前中国护肤品市场中,高档护肤品主要为国际品牌,大众护肤品主要是中国本土品牌,其中百雀羚属于大众中端层次。

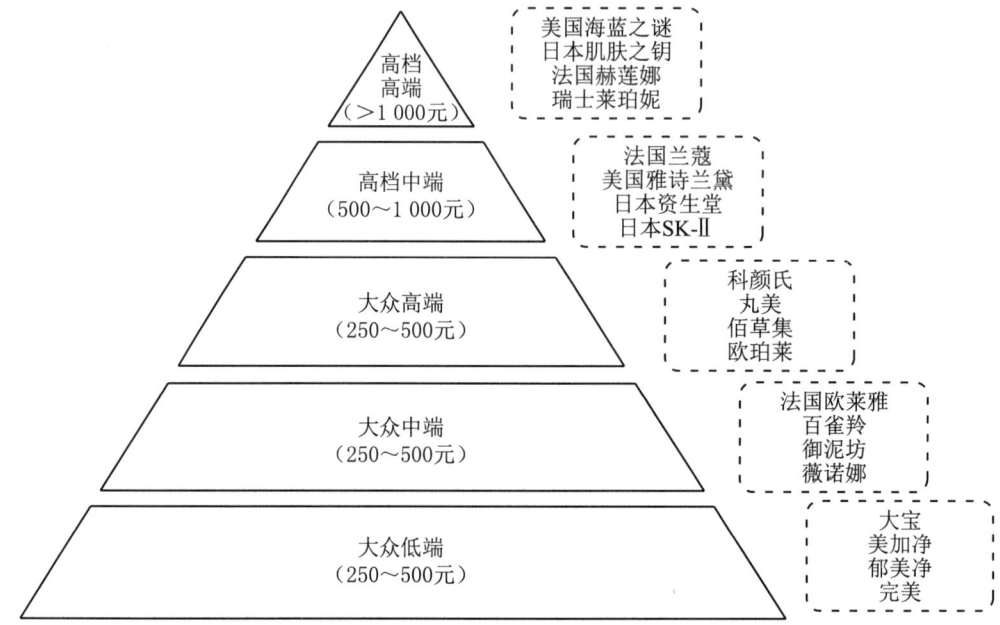

图 3-5　2021 年中国护肤品市场行业竞争层次

资料来源：前瞻产业研究院(https://bg.qianzhan.com/trends/detail/506/221019-271506bd.html)。

(三)国潮焕发新生机

百雀羚将传统文化与时尚元素相结合,以独特的产品创新和包装设计赢得了消费者的青睐。品牌通过与艺术家合作、跨界创作以及与热门 IP 联名等方式,展现自己独有的国潮基因。

1. 品牌价值上涨

百雀羚作为国潮品牌,在过去通过努力取得了一定的成功。如图 3-6 所示,2023 年 9 月最新更新的国产护肤品十大品牌排行榜中,百雀羚的品牌价值高居首位。未来,百雀羚品牌会继续加强品牌文化内涵,深入挖掘和传承中国传统美学,通过研究历史文化,探索更多具有独特意义的元素,为产品注入更多文化底蕴,提升品牌的文化价值和内涵。

2. 国际知名度扩大

百雀羚进一步拓展国际市场,将国潮特色推向全球消费者。通过品牌推广和营销策略的创新,进一步提高品牌知名度和声誉,扩大海外销售渠道,加强与国际品牌

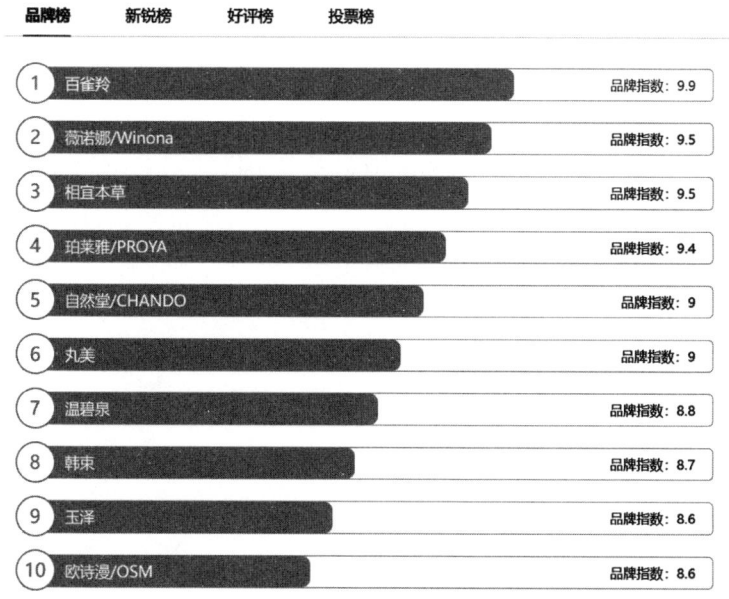

图3-6 国产护肤品十大品牌排行榜

数据来源：品牌排行榜官网（https://www.phb123.com/pinpai/mzgchufupin.html）。

的合作，打造全球化的国潮品牌形象。如图3-7所示，百雀羚在全球最有价值的50个化妆品和个人护理品牌排名中连续5年入榜，且排名不断上升。自2019年入选为第

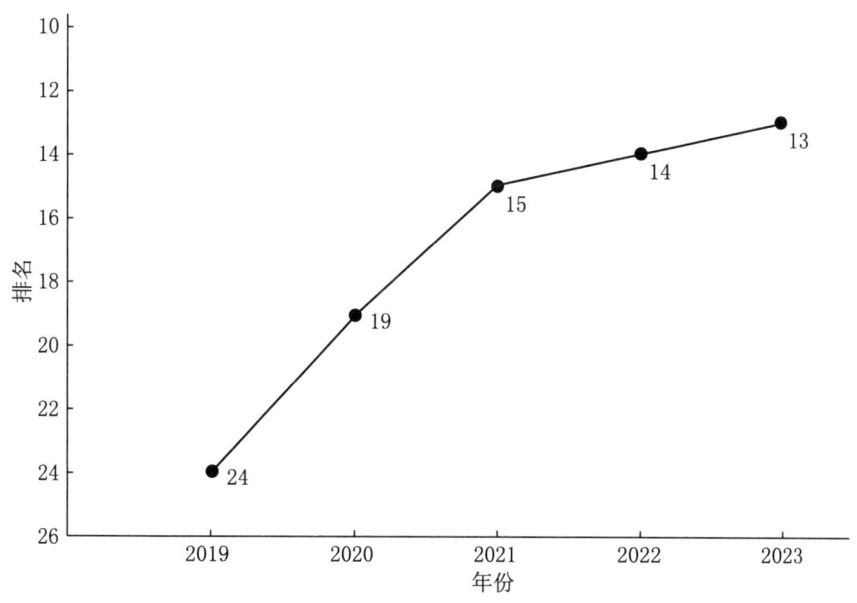

图3-7 百雀羚全球最有价值的化妆品和个人护理品牌排名变化

资料来源：品牌金融（Brand Finance）2019—2023年全球化妆品品牌价值50强年度报告。

24位,到2020年的第19位,再到2021年的第15位,2022年排第14位,2023年排第13位,成为前15位中唯一上榜的中国品牌,百雀羚正焕发出新的生机。[1]

3. 市场占有率提升

百雀羚通过与潮流趋势相结合,满足消费者多元化的需求,有效地扩大了在市场中的份额。这种市场占有率的上升有助于进一步巩固百雀羚在行业内的地位,提高品牌的知名度和影响力,并为未来发展创造更多的机遇。如图3-8所示,百雀羚品牌市场占有率上升明显。

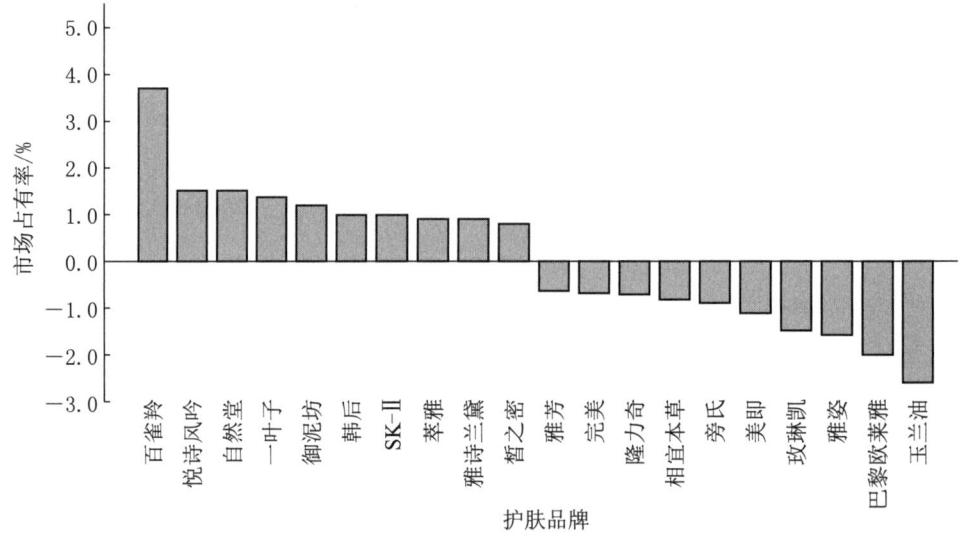

图3-8　2012—2018年各国护肤品牌在中国市场占有率变动幅度

资料来源:未来智库(https://xueqiu.com/9508834377/232923181)。

百雀羚作为国潮品牌在过去的发展中取得了一定的成就,未来通过加强品牌文化内涵、推出适应市场需求的产品、拓展国际市场、创新营销推广等方式继续发展壮大,为消费者提供更多优质的国潮产品和体验。

第四节　上海市居民国潮品牌消费行为调研

为了解上海市居民的国潮品牌消费行为,从消费人群认知与意愿、消费渠道与能力、消费偏好以及国潮品牌发展方向与前景等几方面对上海市居民展开调研。本次调研时间为2023年8月至9月,问卷发放平台是"问卷星"(https://www.wjx.cn/),

---

[1] 杜颖.百雀羚品牌年轻化研究[D].苏州大学,2019。

发放方式为滚雪球的方式。共回收问卷479份,通过问卷结果数据检验及填写时间控制,删除无效问卷44份,最终有效问卷435份,问卷有效率为91%。

本次调研的样本覆盖了全上海16个行政区划,其中浦东新区问卷数量最多,占比29.9%,闵行区占比11.3%,松江区占比9.4%,徐汇区占比7.1%,宝山区占比6.9%,杨浦区占比6%,奉贤区占比5.3%,青浦区占比4.1%,嘉定区占比3.9%,虹口区占比3.4%,静安区占比3.2%,黄浦区占比3%,长宁区占比2.3%,普陀区和金山区均占比1.8%,崇明区占比0.5%。

图3-9中展示了上海市第七次人口普查显示的各区划人口占比,通过对比可知,本次调研样本在各行政区划的占比,与各区人口占上海市人口总数的占比较为一致,说明本次调研样本在区域分布上具备合理性。

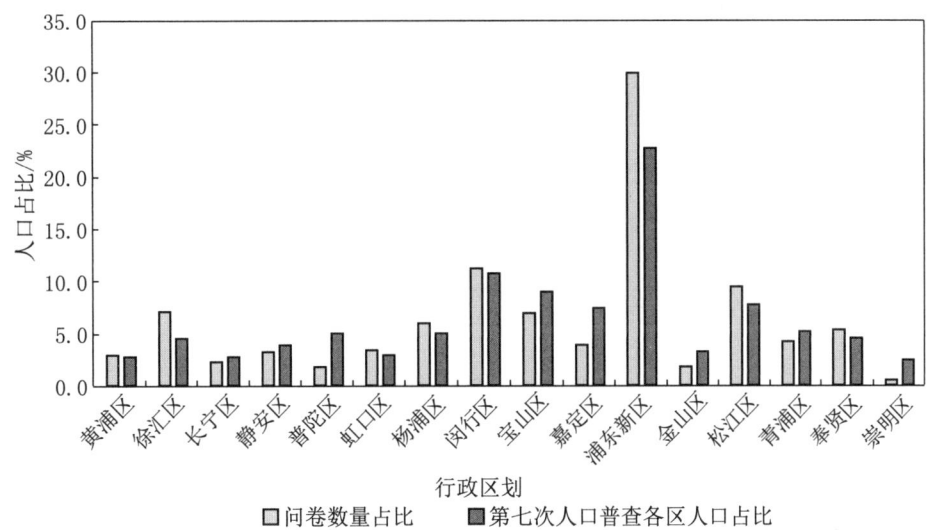

图 3-9 样本区域分布对比

数据来源:本次调研数据和统计官网数据整理。

被调研的435位对象中,如图3-10所示,从性别来看,男性175位,占比约40.2%;女性260位,占比约59.8%。从年龄来看,24岁及以下254位,占比约58.4%;25~34岁58位,占比约13.3%;35~44岁68位,占比约15.6%;45岁及以上55位,占比约12.6%。从职业来看,在校学生211位,占比约48.5%;机关及事业单位人员64位,占比约14.7%;工人39位,占比约9.0%;企业文职人员49位,占比约11.3%;自由职业者34位,占比约7.8%;含教师、律师、医护人员等专业人士13位,占比约3.0%;其他人员25位,占比约5.7%。从学历来看,高中及以下42位,占比约9.7%;专科35位,占比约8.0%;本科306位,占比约70.3%;硕士及以上52位,占比约12.0%。本次调研的样本在性别分布上较为均匀,在年龄分布上符合国潮品牌消费主力军的基本特征,职业分布和学历分布上也覆盖各类人群,样本具有充分代表性。

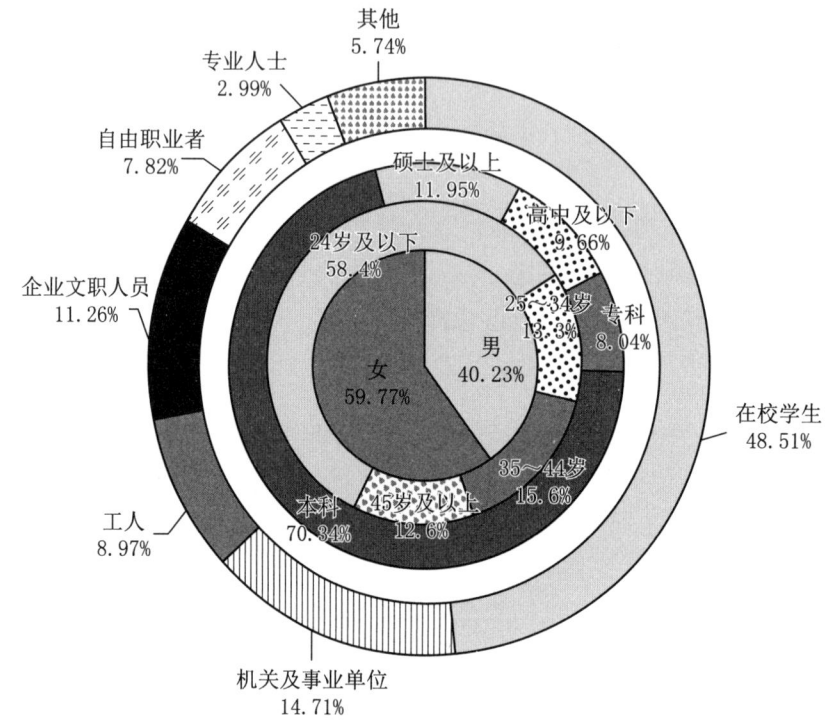

图3-10 样本性别、年龄、职业及学历分布

数据来源:本次调研数据整理。

一、上海市居民国潮品牌消费认知与意愿

(一)上海市居民国潮品牌消费认知

国潮品牌的理解。当上海市居民被问到"您怎样理解国潮/国潮品牌(单选)"时,有72(占比16.6%)位居民选择了"中国企业创造的潮流品牌";有172(占比39.5%)位居民选择了"带有中国传统文化元素的潮流时尚品牌";有94(占比21.6%)位居民选择了"新时代消费品牌对中国传统文化的传承和发展";有97(占比22.3%)位居民选择了"以中国创造为核心、以品牌和IP为载体的消费现象",如图3-11所示。由此可见,对上海市居民而言,"中国文化+潮流"的说法是主流理解,也有部分居民认可"对中国传统文化的传承和发展"和"以品牌和IP为载体的消费"的认识角度,而"中国企业创造的潮流品牌"的这一理解被选择的频率较低。

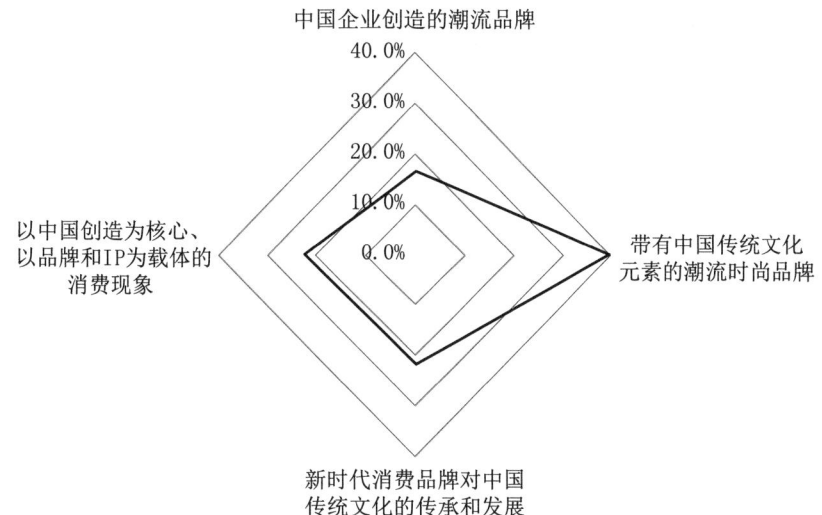

图 3-11 对国潮/国潮品牌的理解

数据来源：本次调研数据整理。

国潮品牌讨论度。当上海市居民被问到"您认为,近年来关于国潮品牌的讨论度（单选）"时,有 205(占比 47.1%)位居民选择了"热度大幅提升,广泛讨论";有 156(占比 35.9%)位居民选择了"热度有一点提升";有 22(占比 5.1%)位居民选择了"没什么变化";有 40(占比 9.2%)位居民选择了"热度有一点减退";有 12(占比 2.8%)位居民选择了"没什么热度,没有讨论",如图 3-12 所示。总体而言,有 83% 的上海市居民认为近年来国潮品牌的讨论度有提升,这也反映了国潮热度和关注度增加迅猛,国潮新时代已成趋势。

图 3-12 国潮品牌的讨论度

数据来源：本次调研数据整理。

国潮品牌发展驱动力。当上海市居民被问到"您认为,促进国潮品牌发展的最重要的驱动力是(排序题)"时,最后综合得分最高的是"民族自信心和自豪感增强"选项,得分3.38分;"消费观念转变"选项得分3.25分,紧随其后;"国潮品牌的设计、科技、质量提升"和"消费主体转型"选项分别以3.16分和3.01分排第三位和第四位;得分最低的是"传统媒体和新媒体的参与传播"选项,得分仅有2.20分,如图3-13所示。可以看出,在上海市居民认知里,促进国潮品牌发展最重要的驱动力是民族自信心的增强,这说明国潮澎湃的背后,正是民族文化自信提升形成的驱动力。同时,国潮品牌的健康发展也得益于国民消费观念的转变。另外,这也离不开国潮品牌自身的设计、科技、质量等提升,以及政府和媒体的引导传播机制的影响。

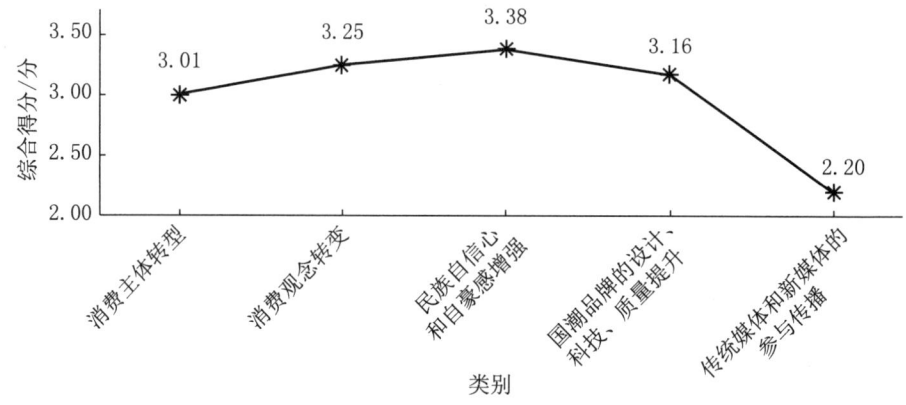

图3-13 国潮品牌发展的驱动力

数据来源:本次调研数据整理。

(二)上海市居民国潮品牌消费意愿

国潮品牌消费情况。当上海市居民被问到"您平常购买过国潮品牌吗"时,有309(占比71%)位选择了"是",有126(占比29%)位选择了"否"。从性别来看,175位男性中有127(占比72.6%)位选择了"是",有48(占比27.4%)位选择了"否";260位女性中有182(占比70%)位选择了"是",有78(占比30%)位选择了"否"。从年龄来看,24岁及以下有135(占比68.2%)位选择了"是",有63(占比31.8%)位选择了"否";25~34岁有77(占比70.6%)位选择了"是",有32(占比29.4%)位选择了"否";35~44岁53(占比72.6%)位选择了"是",有20(占比27.4%)位选择了"否";45岁及以上有44(占比80%)位选择了"是",有11(占比20%)位选择了"否",如图3-14所示。

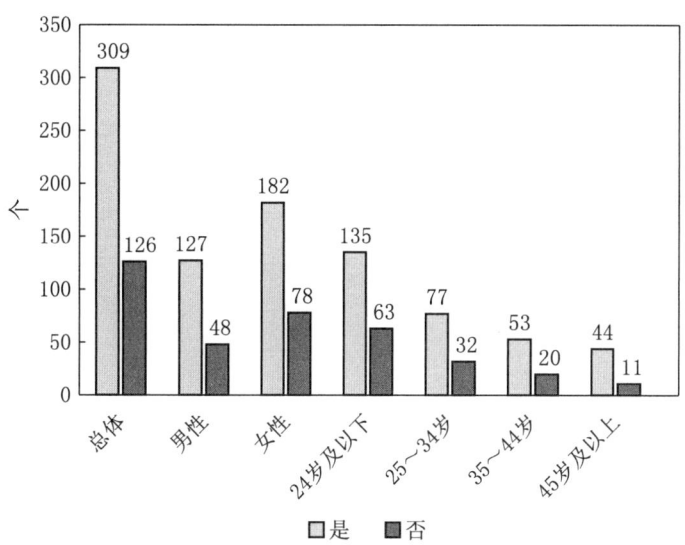

图 3-14 国潮品牌消费情况

数据来源：本次调研数据整理。

在此次调研的上海市居民中，约七成的居民选择购买国潮品牌，未购买过国潮品牌的居民仅有三成。具体来看，在性别方面，男性和女性购买比例基本一致；在年龄方面，不同年龄层次的上海市居民购买国潮产品的比例均在70%左右，且年龄较大的上海市居民国潮品牌的购买比例越高。这与"女性是非理性消费者，容易被安利买买买""90后、00后是国潮消费主力军"的传统的认知有所不同，说明了现在的女性群体消费更加理智，且对上海来说，消费国潮品牌已成为被男性群体和中老年群体普遍接受和认可的一种普遍现象。

在此次调研的435位上海市居民中，根据对"是否购买过国潮品牌"题目选择"是"的309位调研对象进行"国潮品牌购买原因"调查，对选择"否"的126位调研对象进行"没有购买国潮品牌的原因"调查，然后这126位调研对象结束问卷，由前述309位有国潮品牌消费经历的居民进行后续所有题目的调研。

国潮品牌消费/未消费原因。当被问到"促使您购买国潮品牌的原因（多选，限选1～3项）"时，有136（占比44%）位选择了"就想支持国货和国潮文化"；有161（占比52.1%）位选择了"喜欢中国文化相关的事物"；有183（占比59.2%）位选择了"设计和创意独特新颖"；有135（占比43.7%）位选择了"价格适当，性价比高"；有73（占比23.6%）位选择了"质量好，功能齐全"；有23（占比7.4%）位选择了"明星/爱豆/网红的推荐"；有21（占比6.8%）位选择了"亲戚/朋友等身边人的推荐"；有2（占比0.6%）位选择了"其他"，如图3-15所示。这说明消费者在选择国潮品牌消费时，主要受到产品本身的设计创意、价格和质量等影响。同时,上海市居民对中国传统文化的喜爱和爱国情怀也是影响其消费的重要因素。

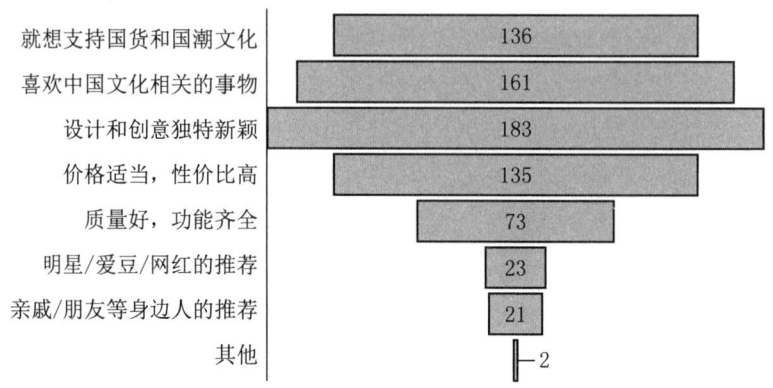

图 3-15 国潮品牌消费原因

数据来源:本次调研数据整理。

当被问到"您没有购买国潮品牌的原因(多选,限选 1~3 项)"时,有 35(占比 27.8%)位选择了"缺乏设计,不够新颖";有 52(占比 41.3%)位选择了"价格太贵";有 25(占比 19.8%)位选择了"质量不好";有 15(占比 11.9%)位选择了"小众品牌,档次不高";有 57(占比 45.2%)位选择了"风格不适合自己";有 31(占比 24.6%)位选择了"宣传力度太小,对产品不了解";有 11(占比 8.7%)位选择了"购买渠道不足";有 1(占比 0.8%)位选择了"包装不够精致";有 29(占比 23%)位选择了"反感借概念炒作";有 8(占比 6.3%)位选择了"更喜欢/信任外国品牌";有 8(占比 6.3%)位选择了"其他",如图 3-16 所示。

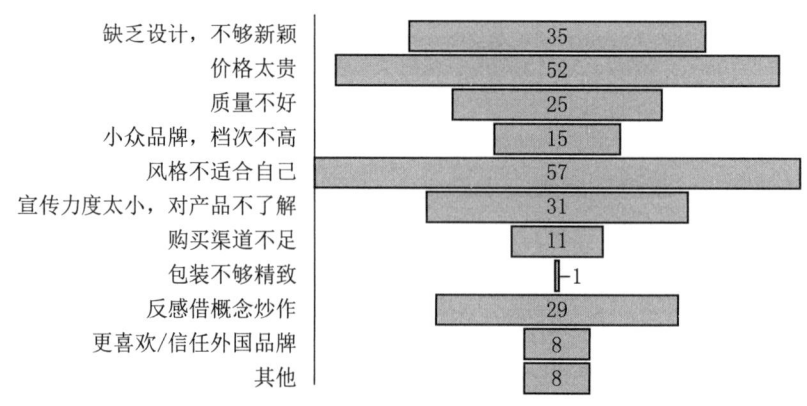

图 3-16 国潮品牌未消费原因

数据来源:本次调研数据整理。

由图 3-15 和图 3-16 可以看出,产品的设计风格、价格、质量和促销等是上海市居民未选择国潮品牌消费的主要原因。因此,商家应该将重心放到其产品本身,尤其要注重产品设计、产品质量和产品定价几个方面,而不应过分注重包装等问题。另外,商家应避免打着国潮的旗号进行炒作,因为这也是部分消费者所反感的事情。

国潮品牌消费类型。当上海市居民被问到"您平常进行国潮品牌消费类型有哪些(多选,限选 1~5 项)"时,有 248(占比 80.3%)位选择了"服饰鞋帽";有 113(占比 36.6%)位选择了"美妆护肤";有 130(占比 42.1%)位选择了"生活日用品";有 59(占比 19.1%)位选择了"数码家电";有 107(占比 34.6%)位选择了"食品";有 16(占比 5.2%)位选择了"汽车";有 53(占比 17.2%)位选择了"游戏";有 72(占比 23.3%)位选择了"影视作品";有 110(占比 35.6%)位选择了"文化创意产品";有 3(占比 1%)位选择了"其他",如图 3-17 所示。由此可见,国潮产品中,服饰鞋帽类是最受欢迎,消费最多的领域,这也符合近年来我国国潮服饰行业快速崛起的现状。在服装鞋帽领域,国潮品牌主要通过两种途径得到了快速发展,一是在服饰鞋帽类品牌中加入了中华传统元素,例如中国李宁 2022 春夏系列融入了苗族刺绣元素、折纸艺术元素等;二是与国内文化机构/知名 IP 打造联名产品。

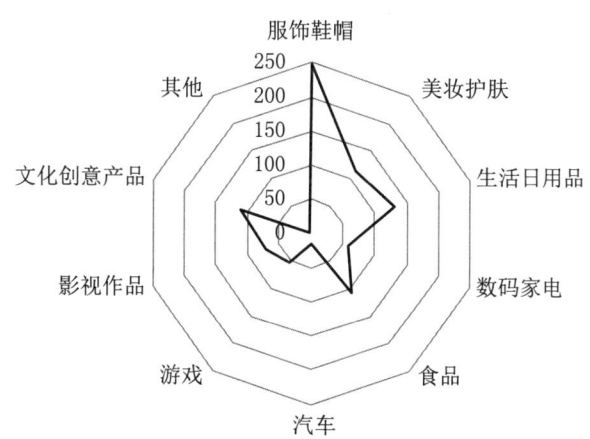

图 3-17 国潮品牌消费类型

数据来源:本次调研数据整理。

国潮品牌消费目的。当上海市居民被问到"您购买国潮品牌的主要目的(单选)"时,有 178(占比 57.6%)位选择了"自己使用";有 12(占比 4%)位选择了"朋友送礼";有 10(占比 3.2%)位选择了"收藏";有 109(占比 35.3%)位选择了"以上都有",如图 3-18 所示。

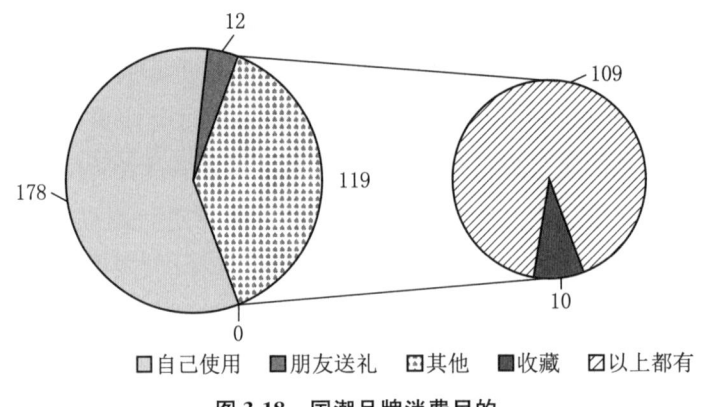

图 3-18　国潮品牌消费目的

数据来源：本次调研数据整理。

二、 上海市居民国潮品牌消费渠道与能力

（一）上海市居民国潮品牌消费渠道

国潮品牌了解渠道。当上海市居民被问到"您从哪些途径或渠道了解到国潮品牌（多选，限选 1～5 项）"时，有 154（占比 49.8%）位选择了"直播带货"；有 79（占比 25.6%）位选择了"时尚杂志"；有 109（占比 35.3%）位选择了"综艺（如潮流合伙人）"；有 96（占比 31.1%）位选择了"电视或网络新闻宣传"；有 172（占比 55.7%）位选择了

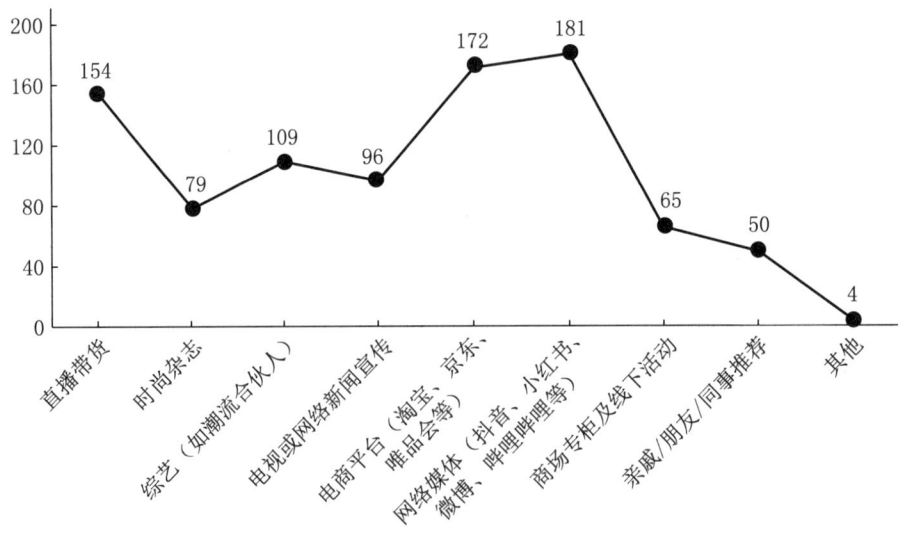

图 3-19　国潮品牌了解渠道

数据来源：本次调研数据整理。

"电商平台(淘宝、京东、唯品会等)";有181(占比58.6%)位选择了"网络媒体(抖音、小红书、微博、哔哩哔哩等)";有65(占比21%)位选择了"商场专柜及线下活动";有50(占比16.2%)位选择了"亲戚/朋友/同事推荐";有4(占比1.3%)位选择了"其他",如图3-19所示。可以看出,了解国潮品牌最主要的渠道是抖音、小红书等网络媒体;淘宝、京东等电商平台;直播带货和综艺节目。

国潮品牌购买渠道。当上海市居民被问到"关于国潮品牌,您的购买渠道主要有哪些(多选,限选1~3项)"时,有226(占比73.1%)位选择了"官网/APP/天猫、京东等线上官方旗舰店";有210(占比68%)位选择了"淘宝/京东/拼多多等电商平台(非官方)";有140(占比45.3%)位选择了"商场/线下实体店";有84(占比27.2%)位选择了"短视频平台(抖音/快手等)";有21(占比6.8%)位选择了"代购、微商等个体服务";有6(占比1.9%)位选择了"其他",如图3-20所示。由此可见,上海市居民进行国潮品牌消费时最主要的购买渠道是线上平台,包括官网旗舰店和非官方电商平台。

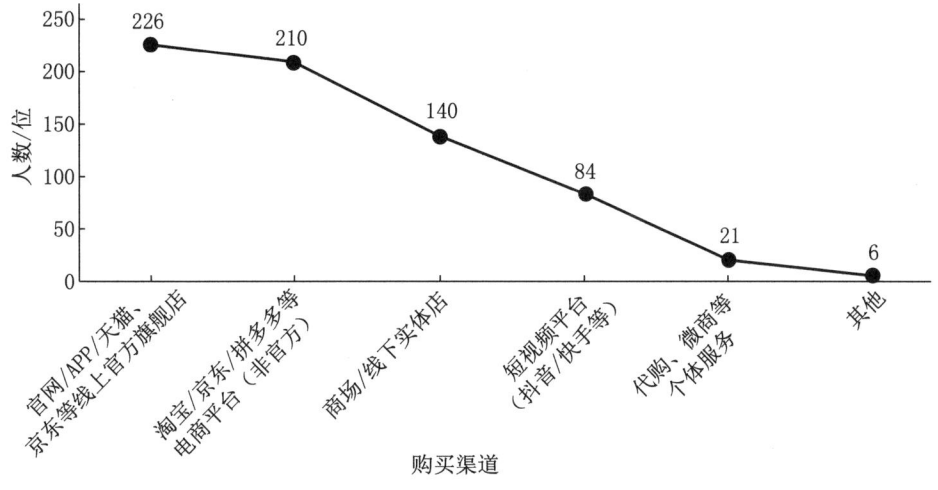

图 3-20 国潮品牌购买渠道

数据来源:本次调研数据整理。

(二)上海市居民国潮品牌消费能力

国潮品牌消费额情况。当上海市居民被问到"您过去一年在国潮品牌方面,您的消费大约是多少(单选)"时,有38.8%的居民选择了1~500元,44%的居民选择了501~2 000元,11.7%的居民选择了2 001~5 000元,5 001元及以上的居民仅占5.5%。当上海市居民被问到"国潮品牌消费占同类单品消费额的比重,您认为多少较为合适(单选)"时,有36.9%的居民选择了"20%以内",45%的居民选择了"20%~

40%";13.3%的居民选择了"40%～60%";4.9%的居民选择了"60%～80%";选择"80%～100%"的居民为0.0%,如图3-21所示。总体来看,上海市居民在国潮品牌方面的年消费金额主要在2 000元内,消费者认为国潮消费占同类单品消费额的比重在40%以内较为合适。

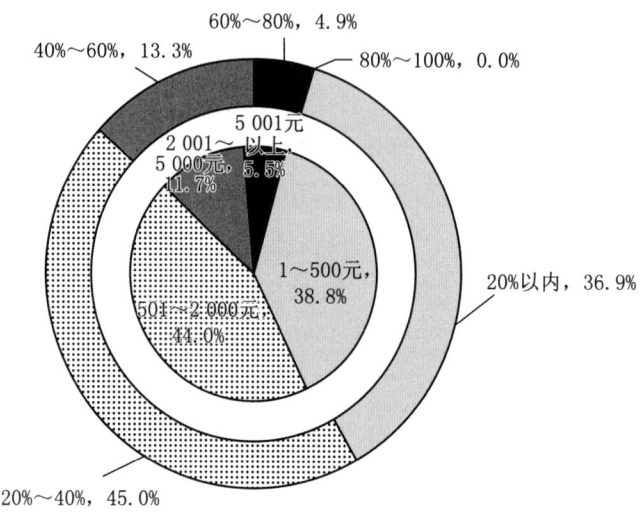

图3-21 国潮品牌年度消费额与消费额占比情况

数据来源:本次调研数据整理。

国潮品牌定价区间。当上海市居民被问到"相对于同类产品,您认为国潮品牌在定价上应当(单选)"时,有37(占比12%)位选择了"低于一般产品",有202(占比65.4%)

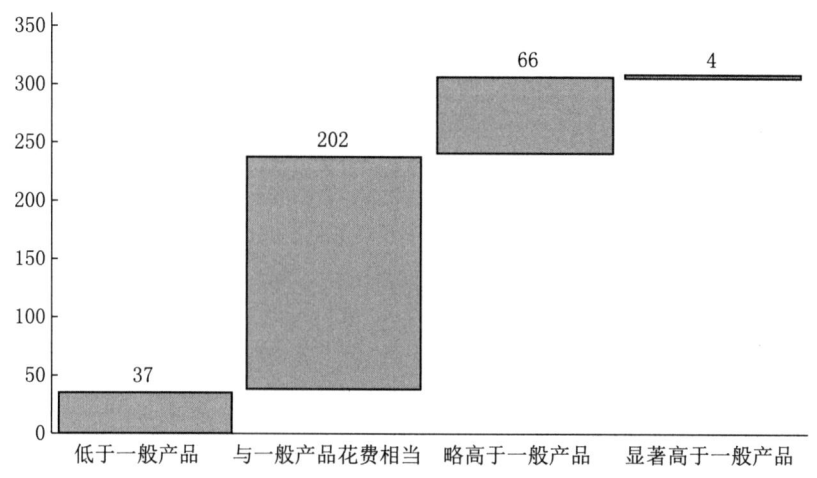

图3-22 国潮品牌定价区间

数据来源:本次调研数据整理。

位选择了"与一般产品花费相当",有66(占比21.4%)位选择了"略高于一般产品",有4(占比1.3%)位选择了"显著高于一般产品",如图3-22所示。可知,同类产品中,国潮品牌的定价应与一般产品相当,不宜过高或过低。

三、 上海市居民国潮品牌消费偏好

(一) 服装鞋帽类

当上海市居民被问到"服装鞋帽类国潮品牌,您会优先选择购买哪个(多选,限选1~3项)"时,有186(占比60%)位选择了"李宁";有135(占比44%)位选择了"安踏",有91(占比29%)位选择了"鸿星尔克",有41(占比13%)位选择了"361°",有106(占比34%)位选择了"回力",有62(占比20%)位选择了"波司登",有16(占比5%)位选择了"太平鸟",有33(占比11%)位选择了"海澜之家",有39(占比13%)位选择了"森马",有8(占比3%)位选择了"飞跃",有3(占比1%)位选择了"贵人鸟",有8(占比3%)位选择了"BEASTER必是特",有15(占比5%)位选择了"其他",如图3-23所示。由此可见,在服装鞋帽领域,最容易被上海市消费者所认可和接受的国潮品牌是李宁、安踏和回力。

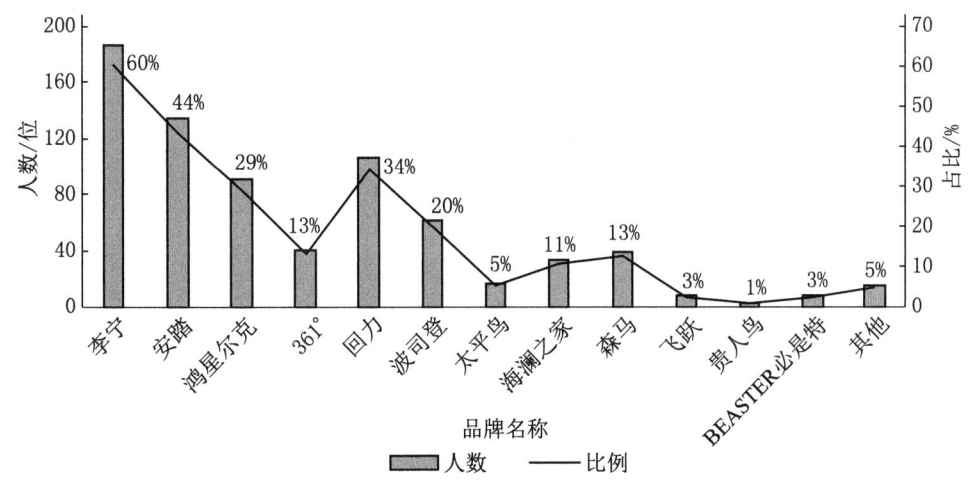

图3-23 国潮品牌服装鞋帽类消费偏好

数据来源:本次调研数据整理。

(二) 美妆护肤类

当上海市居民被问到"美妆护肤类国潮品牌,您会优先选择购买哪个(多选,限选1~3项)"时,有117(占比38%)位选择了"花西子",有99(占比32%)位选择了

"自然堂",有127(占比41%)位选择了"百雀羚",有59(占比19%)位选择了"完美日记",有50(占比16%)位选择了"美加净",有40(占比13%)位选择了"卡姿兰",有46(占比15%)位选择了"相宜本草",有59(占比19%)位选择了"珀莱雅",有36(占比12%)位选择了"橘朵",有41(占比13%)位选择了"毛戈平",有36(占比12%)位选择了"薇诺娜",有24(占比8%)位选择了"其他",如图3-24所示。由此可见,在美妆护肤领域,最容易被上海市消费者所认可和接受的国潮品牌是百雀羚、花西子和自然堂。

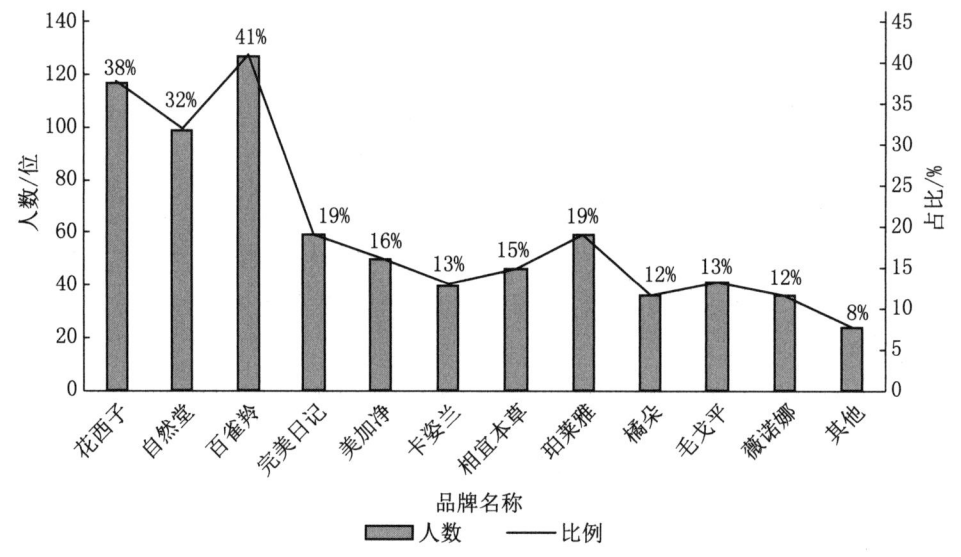

图3-24 国潮品牌美妆护肤类消费偏好

数据来源:本次调研数据整理。

(三)生活日用品类

当上海市居民被问到"生活日用品类国潮品牌,您最先想到的是哪个(多选,限选1~5项)"时,有237(占比77%)位选择了"六神",有71(占比23%)位选择了"隆力奇",有131(占比42%)位选择了"蜂花",有57(占比18%)位选择了"全棉时代",有33(占比11%)位选择了"马应龙",有186(占比60%)位选择了"云南白药",有112(占比36%)位选择了"蓝月亮",有85(占比28%)位选择了"黑人牙膏",有106(占比34%)位选择了"上海硫磺皂",有5(占比2%)位选择了"其他",如图3-25所示。由此可见,在生活日用品领域,最容易被上海市消费者所认可和接受的国潮品牌是六神、云南白药和蜂花。

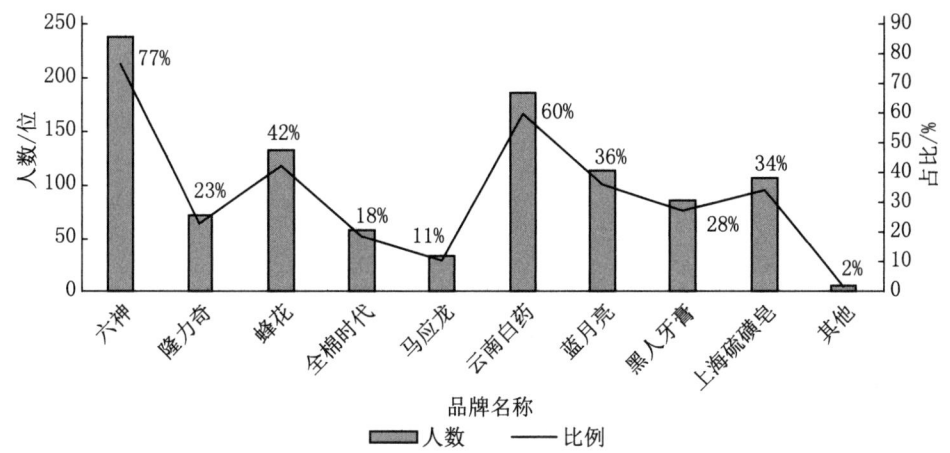

图 3-25 国潮品牌生活日用品类消费偏好

数据来源：本次调研数据整理。

（四）数码家电类

手机类。当上海市居民被问到"手机类国潮品牌，您购买时最倾向哪个（单选）"时，有176（占比57%）位选择了"华为"，有28（占比9.1%）位选择了"OPPO"，有14（占比4.5%）位选择了"VIVO"，有7（占比2.3%）位选择了"荣耀"，有42（占比13.6%）位选择了"小米"，有2（占比0.6%）位选择了"真我"，有3（占比1.0%）位选择了"IQOO"，有4（占比1.3%）位选择了"一加"，有13（占比4.2%）位选择了"红米"，有4（占比1.3%）位选择了"魅族"，有16（占比5.2%）位选择了"其他"，如图3-26所示。由此可见，在手机领域，上海市居民比较认可的国潮品牌有华为、小米和OPPO。

家电类。当上海市居民被问到"家电类国潮品牌，您会优先选择购买的是（多选，限选1～5项）"时，有217（占比70.2%）位选择了"格力"，有211（占比68.3%）位选择了"美的"，有144（占比46.6%）位选择了"海尔"，有50（占比16.2%）位选择了"海信"，有25（占比8.1%）位选择了"长虹电子"，有48（占比15.5%）位选择了"小熊电器"，有101（占比32.7%）位选择了"小米智家"，有46（占比14.9%）位选择了"老板电器"，有60（占比19.4%）位选择了"九阳"，有10（占比3.2%）位选择了"其他"，如图3-26所示。由此可见，在家电领域，上海市居民比较认可的国潮品牌有格力、美的、海尔和小米智家。

（五）食品饮品类

食品类。当上海市居民被问到"食品类国潮品牌，您最先想到的是哪个（多选，限

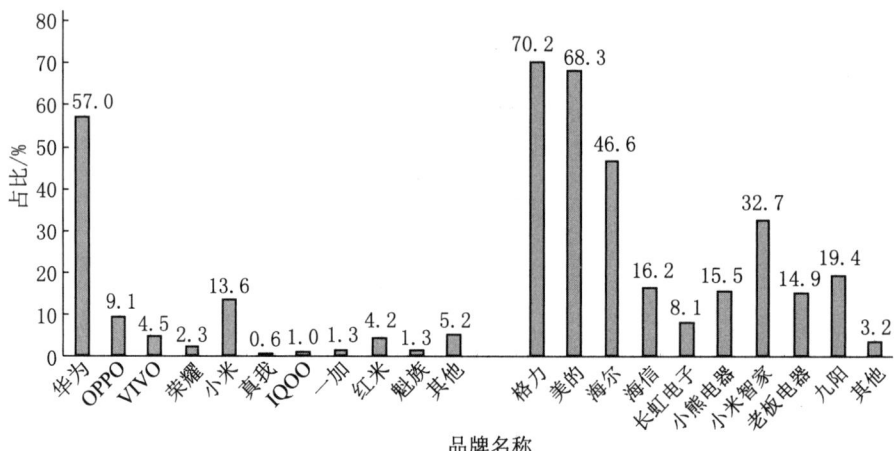

图 3-26 国潮品牌数码家电类消费偏好

数据来源：本次调研数据整理。

选 1～5 项)"时,有 230(占比 74.4%)位选择了"大白兔",有 194(占比 62.8%)位选择了"老干妈",有 129(占比 41.7%)位选择了"三只松鼠",有 114(占比 36.9%)位选择了"良品铺子",有 79(占比 25.6%)位选择了"百草味",有 108(占比 35%)位选择了"卫龙",有 86(占比 27.8%)位选择了"白象",有 59(占比 19.1%)位选择了"周黑鸭",有 4(占比 1.3%)位选择了"其他",如图 3-27 所示。由此可见,在食品领域,上海市居民比较认可的国潮品牌有大白兔、老干妈和三只松鼠。

饮品类。当上海市居民被问到"饮品类国潮品牌,您会优先选择购买哪个(多选,限选 1～3 项)"时,有 161(占比 52.1%)位选择了"蜜雪冰城",有 113(占比 36.6%)位

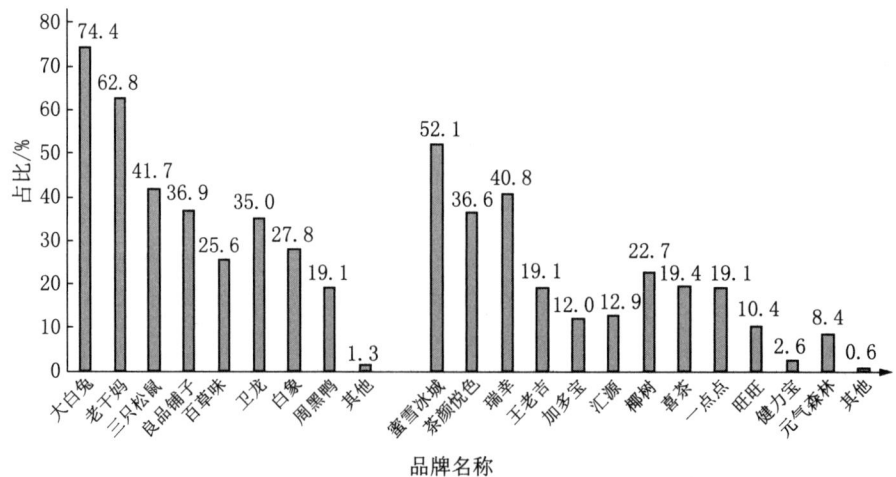

图 3-27 国潮品牌食品饮品类消费偏好

数据来源：本次调研数据整理。

选择了"茶颜悦色",有126(占比40.8%)位选择了"瑞幸",有59(占比19.1%)位选择了"王老吉";有37(占比12%)位选择了"加多宝";有40(占比12.9%)位选择了"汇源";有70(占比22.7%)位选择了"椰树";有60(占比19.4%)位选择了"喜茶";有59(占比19.1%)位选择了"一点点";有32(占比10.4%)位选择了"旺旺";有8(占比2.6%)位选择了"健力宝";有26(占比8.4%)位选择了"元气森林";有2(占比0.6%)位选择了"其他",如图3-27所示。由此可见,在饮品领域,上海市居民比较认可的国潮品牌有蜜雪冰城、瑞幸和茶颜悦色。

(六)汽车类

当上海市居民被问到"汽车类国潮品牌,您购买时最倾向哪个(单选)"时,有76(占比24.6%)位选择了"红旗",有90(占比29.1%)位选择了"比亚迪",有29(占比9.4%)位选择了"五菱",有10(占比3.2%)位选择了"哈弗",有5(占比1.6%)位选择了"长城",有19(占比6.1%)位选择了"理想",有8(占比2.6%)位选择了"小鹏",有32(占比10.4%)位选择了"蔚来",有11(占比3.6%)位选择了"吉利",有9(占比2.9%)位选择了"长安",有20(占比6.5%)位选择了"其他",如图3-28所示。这说明在汽车领域,上海市居民比较认可的国潮品牌有比亚迪、红旗和蔚来。

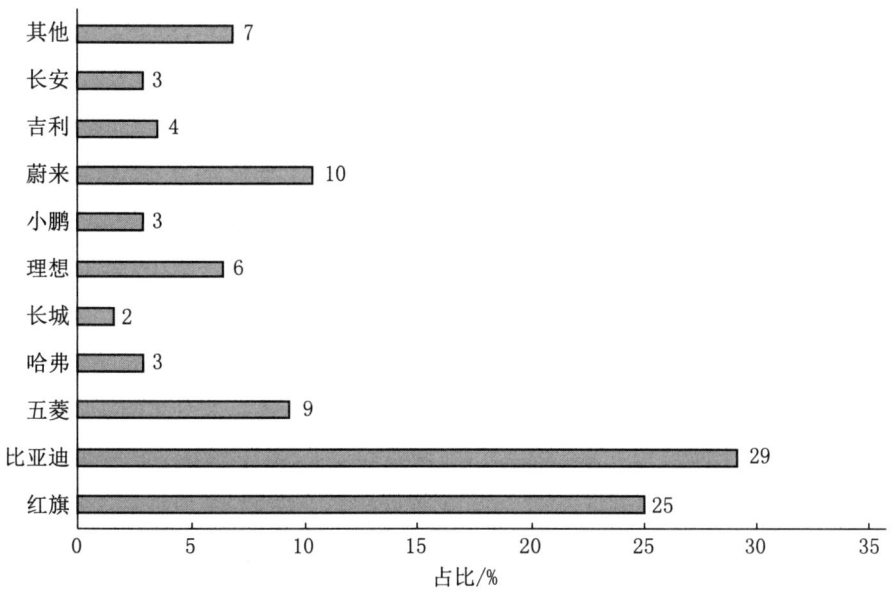

图3-28 国潮品牌汽车类消费偏好

数据来源:本次调研数据整理。

(七)游戏类

当上海市居民被问到"游戏领域国潮品牌,您比较喜欢(多选,限选1~5项)"时,有158(占比51.1%)位选择了"王者荣耀";有78(占比25.2%)位选择了"原神";有63(占比20.4%)位选择了"三国杀";有21(占比6.8%)位选择了"碧蓝航线";有36(占比11.7%)位选择了"崩坏3";有13(占比4.2%)位选择了"天涯明月刀";有65(占比21.0%)位选择了"和平精英";有11(占比3.6%)位选择了"剑网3";有23(占比7.4%)位选择了"黑神话·悟空";有31(占比10.0%)位选择了"阴阳师";有5(占比1.6%)位选择了"高考恋爱一百天";有7(占比2.3%)位选择了"鬼谷八荒";有21(占比6.8%)位选择了"逆水寒";有59(占比19.1%)位选择了"其他",如图3-29所示。可以看出,在游戏领域,上海市居民比较认可的国潮品牌有王者荣耀、原神和和平精英。

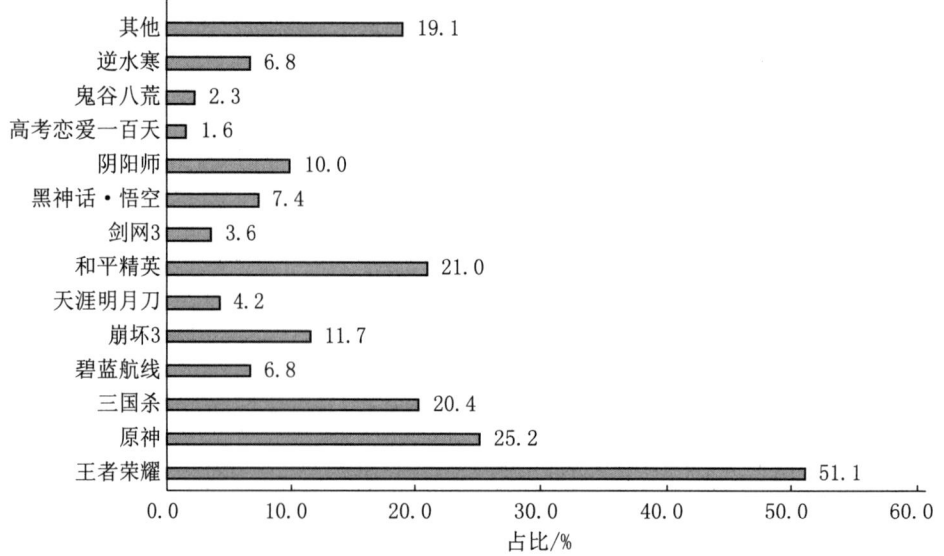

图3-29 国潮品牌游戏类消费偏好

数据来源:本次调研数据整理。

(八)影视作品类

当上海市居民被问到"影视作品类国潮品牌,您比较喜欢(多选,限选1~5项)"时,有151(占比48.9%)位选择了"战狼"系列,有170(占比55%)位选择了"流浪地球"系列,有110(占比35.6%)位选择了《我和我的祖国》,有58(占比18.8%)位选择了《西游记之大圣归来》,有94(占比30.4%)位选择了《大鱼海棠》,有94(占比30.4%)位选择了《哪吒之魔童降世》,有54(占比17.5%)位选择了《狐妖小红娘》,有44(占比

14.2%)位选择了《罗小黑战记》,有54(占比17.5%)位选择了"白蛇"系列动画电影,有33(占比10.7%)位选择了"新神榜"系列动画电影,有19(占比6.1%)位选择了"其他",如图3-30所示。可以看出,在影视作品领域,上海市居民比较认可"流浪地球"系列、"战狼"系列和《我和我的祖国》。

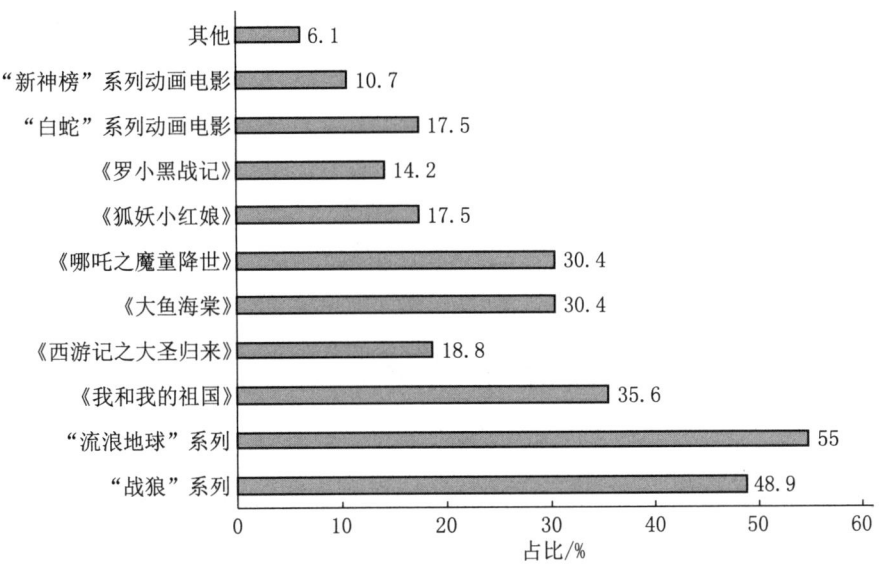

图3-30 国潮品牌影视作品类消费偏好

数据来源:本次调研数据整理。

四、 上海市居民国潮品牌发展方向与前景

(一) 上海市居民国潮品牌发展方向

国潮品牌改进空间。当上海市居民被问到"您认为国潮品牌哪些问题有待改进(多选,限选1~5项)"时,有196(占比63.4%)位选择了"产品质量",有137(占比44.3%)位选择了"品牌知名度",有115(占比37.2%)位选择了"宣传力度",有91(占比29.4%)位选择了"促销方式",有78(占比25.2%)位选择了"购买渠道",83(占比26.9%)位选择了"售后服务",有125(占比40.5%)位选择了"设计风格",有91(占比29.4%)位选择了"产品价格",有99(占比32.0%)位选择了"高仿盛行",有1(占比0.3%)位选择了"其他",如图3-31所示。可以看到,产品质量、品牌知名度、产品设计风格和品牌宣传这几个方面仍有改进空间。同时,产品质量和设计是影响居民是否进行国潮品牌消费的关键因素,因此,商家和企业应该尽力打造设计好、质量佳的国

潮品牌。

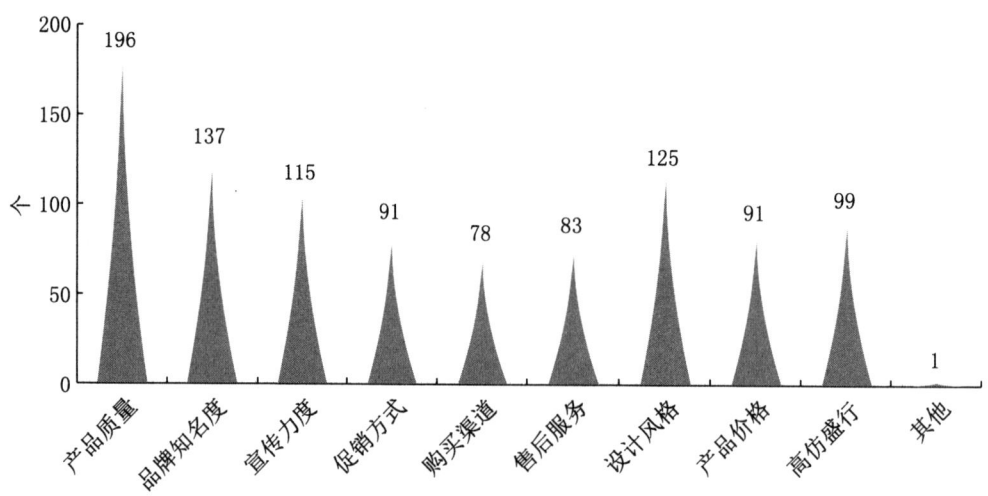

图 3-31 国潮品牌待改进问题

数据来源：本次调研数据整理。

国潮品牌提升领域。当上海市居民被问到"您希望国潮品牌在哪些领域得到更多的发展（多选，限选 1～5 项）"时，有 204（占比 66%）位选择了"国潮服饰"，有 141（占比 45.6%）位选择了"国货美妆"，有 131（占比 42.4%）位选择了"科技、数码等自主创新国货"，有 155（占比 50.2%）位选择了"国漫国游、国风音乐、影视等文化创意产品"，有 117（占比 37.9%）位选择了"家居（包括装修国风化）"，有 113（占比 36.6%）位选择了"老字号国货品牌的新创意"，有 116（占比 37.5%）位选择了"传统 IP 的文创周边产品"，有 99（占比 32.0%）位选择了"文化遗产继承和发扬光大"，有 4（占比 1.3%）位选择了"其他"，如图 3-32 所示。可以看出，上海市居民更希望国潮品牌可以在服饰领域得到更好的发展。

国潮品牌设计元素。当上海市居民被问到"您希望在国潮品牌设计中加入哪些中国风元素（多选，限选 1～7 项）"时，有 140（占比 45.3%）位选择了"古诗词、文章，如唐诗、四大名著等"，有 168（占比 54.4%）位选择了"琴棋书画，如古筝、书法、水墨字画等"，有 117（占比 37.9%）位选择了"戏剧舞蹈，如脸谱、唐宫夜宴等"，有 166（占比 53.7%）位选择了"中国传统服饰，如旗袍、汉服等"，有 144（占比 46.6%）位选择了"建筑文物，如故宫、马踏飞燕、敦煌莫高窟等"，有 150（占比 48.5%）位选择了"中国图腾元素，如龙凤呈祥、十二生肖等"，有 133（占比 43.0%）位选择了"中国神话传说，如河图洛书、山海经等"，有 133（占比 43.0%）位选择了"传统手工艺品，如陶瓷、刺绣、中国

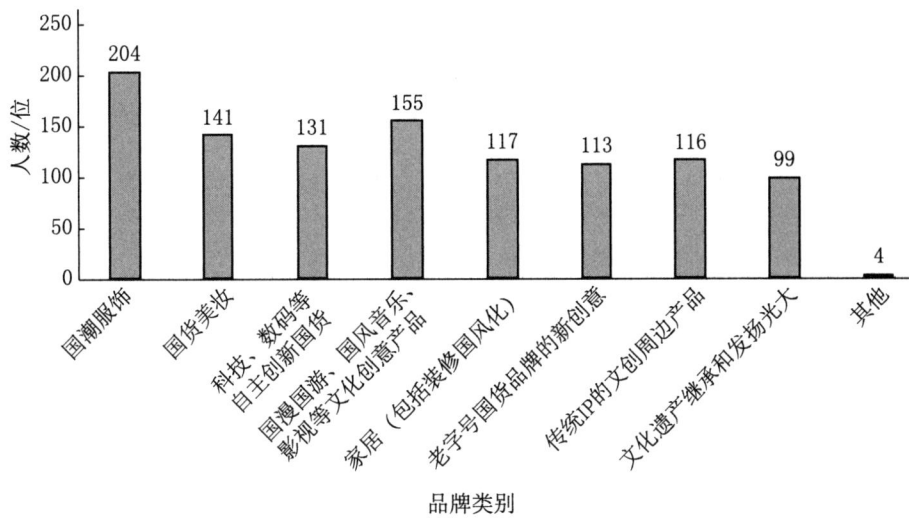

图 3-32 国潮品牌提升领域

数据来源：本次调研数据整理

结、剪纸、竹编等"，有 82（占比 26.5%）位选择了"传统节日相关，如月饼、闹元宵、二十四节气等"，有 39（占比 12.6%）位选择了"怀旧老物件，如搪瓷缸、二八自行车等"，有 50（占比 16.2%）位选择了"中国近年来的自主创新成就，如'歼 20'、'天宫一号'等"，有 2（占比 0.6%）位选择了"其他"，如图 3-33 所示。可以看出，上海市居民希望在国潮品牌设计中加入的中国风元素主要有琴棋书画、中国传统服饰和中国图腾元素。

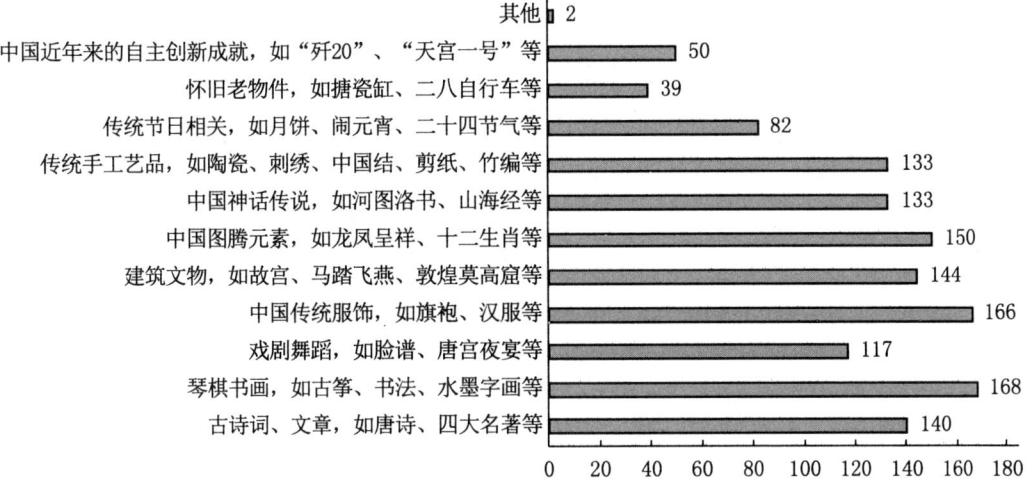

图 3-33 国潮品牌期待的设计元素

数据来源：本次调研数据整理。

（二）上海市居民国潮品牌发展前景

国潮品牌的未来期待。当上海市居民被问到"您是否期待出现更多的国潮品牌，并愿意去了解或购买（单选）"时，有170（占比55.0%）位选择了"十分期待"，有112（占比36.2%）位选择了"有一点期待"，有25（占比8.1%）位选择了"无所谓"，有2（占比0.6%）位选择了"不希望出现"，如图3-34所示。可以看出，有超九成的上海市居民期待出现更多的国潮品牌，并有去了解且购买的意愿。

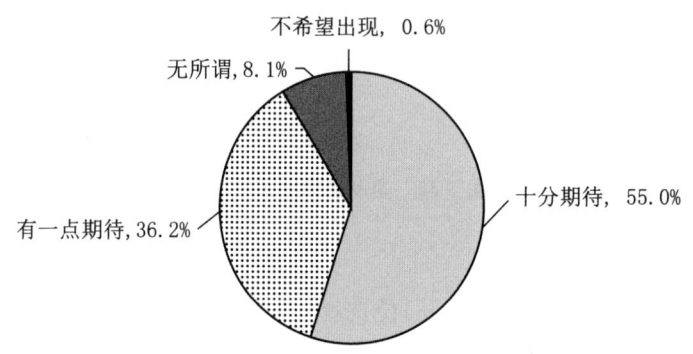

图3-34　国潮品牌的未来期待

数据来源：本次调研数据整理。

国潮品牌发展前景。当上海市居民被问到"您对国潮品牌未来发展前景的态度（单选）"时，有147（占比47.6%）位选择了"非常有信心"，有128（占比41.4%）位选择了"比较有信心"，有24（占比7.8%）位选择了"感觉一般"，有7（占比2.3%）位选择了"不太有信心"，有3（占比1.0%）位选择了"完全没信心"，如图3-35所示。这说明绝大多数消费者都很看好国潮品牌发展的前景。

国潮品牌推荐。本次调研最后设计了一道填空题，让上海市居民填写"您印象最深刻/最想推荐的国潮品牌（或国潮产品）"，消费者的回答如图3-36和表3-5所示。

由图3-36和表3-5可以看到，上海市居民印象最深刻或最想推荐的国潮品牌主要集中在服装、数码家电和食品饮品三大领域，排名前列的分别是李宁、华为和回力。按细分领域来看，推荐的服装类的国潮品牌是李宁、回力、安踏和鸿星尔克；推荐的美妆护肤类的国潮品牌是花西子；推荐的数码家电类的国潮品牌是华为和美的；推荐的生活日用品类的国潮品牌是六神；推荐的食品饮品类的国潮品牌是蜜雪冰城、大白兔和茶颜悦色；推荐的文化创意类的国潮品牌是故宫文创；推荐的汽车类的国潮品牌是红旗；推荐的游戏类的国潮品牌是原神。

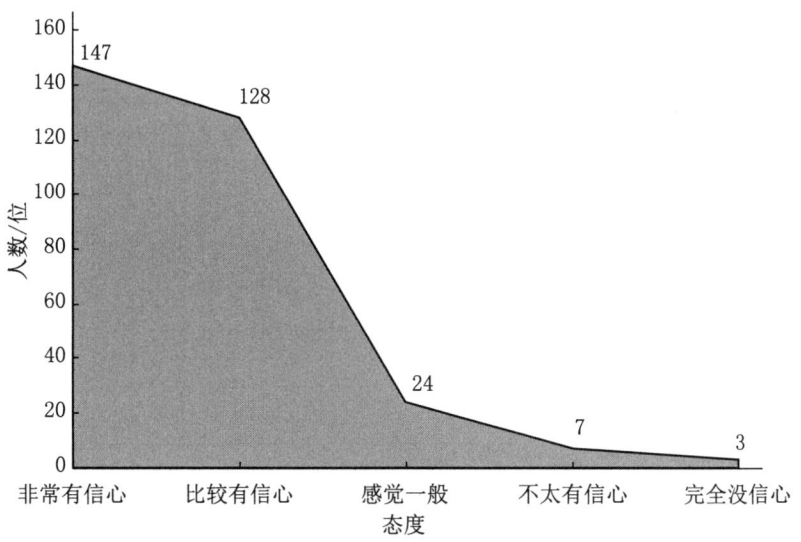

图 3-35 国潮品牌发展前景

数据来源:本次调研数据整理。

图 3-36 国潮品牌推荐词云

总体来说,在不同的领域都有消费者力荐的国潮品牌,这充分说明了这股国潮风已经在不经意间徐徐吹进了人们生活的各个方面。相信随着我国软实力的进一步提升和民族自信心的增强,"国潮"未来仍会作为一个充满活力的消费理念,继续引领消费市场的步伐。

表 3-5　国潮品牌推荐榜

排名	品牌名	推荐此国潮品牌人数
1	李宁	44
2	华为	24
3	无	23
4	回力	14
5	安踏	12
6	花西子	11
7	蜜雪冰城	10
8	鸿星尔克	10
9	六神	7
10	原神	7
11	故宫文创	7
12	美的	5
13	大白兔	5
14	茶颜悦色	5
15	红旗	4

数据来源：本次调研数据整理。

说明：列表第三名的"无"表示有 23 位被调研者没有印象深刻或想推荐的国潮品牌。

第四章　上海商业热点分析——数据商业

第一节　数据商业概述

一、数据商业的背景

2020年4月,中共中央、国务院《关于构建更加完善的要素市场化配置体制机制的意见》,把数据作为一种在数字经济时代涌现的新型生产要素,与土地、劳动力、资本、技术并列。2021年12月,国务院发布的《"十四五"数字经济发展规划》指出,加快构建数据要素市场规则,培育市场主体、完善治理体系,促进数据要素市场流通。2022年12月,中共中央、国务院《关于构建数据基础制度更好发挥数据要素作用的意见》("数据二十条")指出,培育数据要素流通和交易服务生态。围绕促进数据要素合规高效、安全有序流通和交易需要,培育一批数据商和第三方专业服务机构。通过数据商为数据交易双方提供数据产品开发、发布、承销和数据资产的合规化、标准化、增值化服务,促进提高数据交易效率。

数据要素是数字经济深入发展的核心引擎,习近平总书记指出:"要构建以数据为关键要素的数字经济"。"十四五"数字经济发展规划中明确指出:数字经济是以数据资源为关键要素,以现代信息网络为主要载体,以信息通信技术融合应用、全要素数字化转型为重要推动力,促进公平与效率更加统一的新经济形态。数字经济已经成为众多国家驱动新一轮经济增长的新动能,数据作为新的生产要素,其潜在价值对未来经济社会发展有实际意义。以数据为关键要素推进数字产业化和产业数字化,推动数字技术与实体经济深度融合,能够为经济社会健康发展提供持续动力;充分利用海量数据要素,大力发展数字产品制造业、数字产品服务业、数字技术应用业、数字要素驱动业等,能够为经济发展培育新的增长点;将数据要素与其他生产要素有机结合,能够提升其他生产要素的匹配效率、激发其他生产要素的创新活力,进而提高生产质量和效益,推动国民经济质量和水平实现整体跃升等。数据正在成为企业经营决策的新驱动、商品服务贸易的新内容、社会全面治理的新手段,带来了新的价值增值,加快推进数据价值化、发展数据要素市场是数字经济发展的关键。[1]

数据生产价值的实现,离不开包括数据价值创造、服务增值、交易和资产化等数据生态的构建和发展,更离不开生态中以数据作为业务活动主要对象的多种经济和社会主体。企业通过深入挖掘数据价值,根据业务场景化实现数据商品化,并实现数据的资产化。明确数据商品化和数据资产价值实现路径,推动商业模式变革是大势所趋。数据商品化是数据要素市场建设的关键,数据商品化是链接企业内外双循环的核心。我国数字经济的规模,2017年约27.2万亿元,之后每年平均以超过13%的增长速度,2022年数字经济的规模已达50.2万亿元,较2016年扩张了近1倍,具体如图4-1所示。数字经济占GDP比重进一步提升,超过四成,占比达到41.5%,这一比重相当于第二产业占国民经济的比重(2022年,我国第二产业占GDP比重为39.9%)。2022年,我国疫情防控取得重大胜利,经济发展环境得到改善,国内生产总值同比名义增长5.3%。在此背景下,我国数字经济维持高位运行,2022年,数字经济同比名义增长10.3%,高于GDP名义增速4.98个百分点。自2012年以来,我国数字经济增速已连续11年显著高于GDP增速。[2]

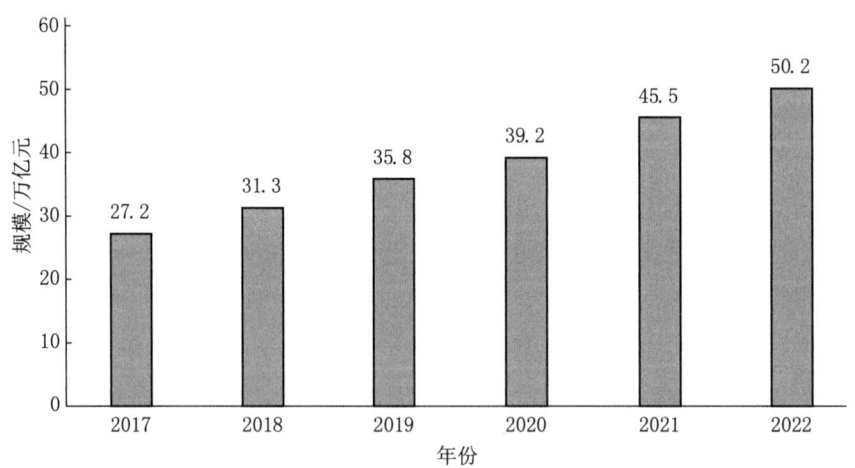

图4-1　2017—2022年我国数字经济规模(万亿元)

数据来源:中国数字经济发展报告(2023),中国信息通信研究院,2023年4月。

---

[1] 苏晓.数据价值化是数字经济发展的关键[N].人民邮电报,2021-06-07(003)。
[2] 中国信息通信研究院.中国数字经济发展研究报告(2023)[R/OL].(2023-04-27)[2023-10-01].www.caict.ac.cn/kxyj/qwfb/bp5/202304/P020230427572038320317.pdf。

2022年是我国数据要素市场建设有序探索的元年,国家政策导向鼓励培育多方市场参与,以更好地发挥数据的利用价值。"数据二十条"提出加快构建数据基础制度,促进数据要素价值释放。国务院办公厅印发《要素市场化配置综合改革试点总体方案》,明确要求:规范培育数据交易市场主体,发展数据资产评估、登记结算、交易撮合、争议仲裁等市场运营体系。《上海市数据条例》等地方法规也明确支持为数据交易提供数据资产、数据合规性、数据质量等第三方评估以及交易撮合、交易代理、专业咨询、数据经纪、数据交付等专业服务。此外,我国在面向政府数据的开放共享、面向国有企事业单位的数据资产价值发现、面向大型互联网企业的反垄断政策等方面的立法日益完善,为我国数据要素流通市场提供了更多的数据来源和更加规范健康的发展空间。

除政策导向外,数据流通市场的现实情况也在呼吁第三方专业服务商的介入,以实现供需双方的高效匹配。数据要素市场目前属于新生事物,数据产品的供应商、需求方以及一批第三方服务商是数据要素市场的主要参与者。目前从国内外数据交易实情来看,存在数据需求量巨大、优质且合规的供方较少且供需双方较难达成高效匹配的现象。与此同时,随着技术革命的不断向前推进,数据作为第五波技术革命创造的宝贵"资源",数据的增长未曾休眠,但数据利用效率却未同步匹配。未来两年,企业数据预计将以每年42.2%的速度增长,市场潜力巨大。但从数据利用效率来讲,在可用的企业数据中,仅32%投入使用,剩余的68%并未得到利用。[1]

基于我国数据要素流通基础制度的不断完善,加之数据交易市场对于优质数据供应源的迫切现实需求,仅仅依靠企业自身力量来参与市场并组织数据产品的效率较低。在此背景下,需要较大的经济能力和技术能力支撑,需要专业的数据服务市场参与者,协助企业围绕数据生命周期,加强数据治理,做好数据采集、数据处理、数据存储、数据管理、数据分析、数据可视化、数据智能化应用等业务,将原始数据转化为数据产品和服务,提高数据资源的可用性和数据产品的成熟度,这类市场参与者也被称为"数商"。在目前数据要素市场的探索阶段,数商扮演着数据要素市场中的核心参与者的角色,也带来了数字时代的新业态和新模式,并正在成为推进数字经济发展的主导力量,数商产业也正成为第六波技术革命的主导产业。[2]国家工业信息安全发展研究中心发布的《2022年数据交易平台发展白皮书》显示,在数据流通的不同环境均有望孕育出相应的数据服务提供商,"数商"生态有望赋能数据产业发展。

---

[1] SEAGATE, IDC. RETHINK DATA: PUT MORE OF YOUR BUSINESS DATA TO WORK——FROM EDGE TO CLOUD[R/OL].[2023-10-01]. https://www.seagate.com/cn/zh/our-story/rethink-data/。
[2] 孙一元.黄丽华:数据资产化催生新业态[J].上海国资,2022(1):71-74。

自2014年我国首家数据交易机构成立以来,我国数据流通与交易市场建设已经有9年左右时间,到目前为止仍未建立起规范、健全的数据要素市场的参与者体系。2021年11月25日,上海数据交易所正式揭牌,与此同时,2021上海全球数商大会同步举办,"数商"的概念首次正式被权威机构提出。上海数据交易所提出在全国首发数商体系,构建涵盖数据交易主体、数据合规咨询、质量评估、资产评估、交付等多领域的数商新业态。[1]在首批签约的100家数商中,不仅包含金融类、能源类数据交易商,也包含律师事务所、咨询机构等咨询服务主体、数据交付商等。"数商"的概念在实践中开始浮出水面,其存在的意义在于促进数据资源进一步转化为可流通、可交易、可计算的数据产品,使得数据资源不仅能被生产数据的企业自己所用,还可以形成商品,通过流通渠道被外部企业所用。

二、"数商"概述[2]

在2021年之前,"数商"的概念在国内数据要素市场中鲜有提及,为数不多的一些研究多认为"数商"是一种理解结构并进行逻辑推理的数学能力指标[3],认为"商"同"智商"的"商"。随着数据要素市场的不断发展,"数商"被赋予了全新的概念和理解。自2022年开始,以上海数据交易所的成立为契机,业界人士[4]从上海市的实践认识到"数商"不仅仅局限于传统的数据提供方、数据使用方和数据平台方三大基本体系,还包括云厂商、隐私安全计算厂商、数据合规评估、数据质量评估、数据资产评估等相关市场主体等。

"数商"的概念范畴应该远远大于数据交易活动本身,同时也远远大于数据生命周期中直接产生价值的基本环节。"数商"是指以数据作为经营活动的经济主体,是数据要素一次价值、流通价值和二次价值的发现者、价值实现的赋能者,是跨主体数据要素的联结者和服务提供者。"数商"在数据产生、创新使用、数据流通与交易、数据技术创新、数据治理与管理等方面均充当了不可或缺的角色,其价值在于真正发现、实现数据要素的价值,从而驱动数字经济的发展。"数商"是指以数据为生产要素或主要对象,开展实施有偿经济活动并负有一定社会责任的经济主体。一个成熟、完

---

[1] 吴琼,白廷俊,庞清珊.上海数据交易所今日揭牌成立,首批数据产品挂牌[EB/OL].(2021-11-25)[2023-10-01]. https://www.yicai.com/news/101239941.html。
[2] 叶雅珍,朱扬勇.数商:数据商品、数据商人和数商商业[J].大数据,2023,9(1):111-125。
[3] 周云华,朱晓昀.数商[J].科教导刊(中旬刊),2016(32):30-31。
[4] 数据交易探索创新之上海实践[J].软件和集成电路,2022(6):38-39。

善的数据要素市场除了包含数据资源的基础设施、生产、加工处理、安全、分析、人才培训以及咨询服务等传统IT服务市场所拥有的职能外,还要涵盖数据交易主体、交易代理、合规咨询、质量管控、资产评估、数据经纪、交付等多个领域。总之,"数商"并不仅指传统IT服务市场中的各类数据服务主体,还包括因数据要素市场的不断发展延伸出来的新的职能角色,比如数据交易相关的服务商。[1]数商对数据交易生态体系构建,特别是在数据交易市场中保证数据资源和产品供应、促进数据产品的有效流通、提高市场繁荣度和活跃度等方面都起到积极的推动作用。从经济学视角看,市场主体有供应商、服务商、交易商等不同的角色。类似地,数据市场中的数商也可分为数据基础设施服务商、数据供应商、数据服务商、数据交易商等四大类。

(1) 数据基础设施服务商

主要是支撑数据要素生产,处理各类软、硬件生产制造的企业,如提供数据存储、传送、数据流通技术、云计算基础设施等。

(2) 数据供应商

主要通过数字技术、业务能力为市场提供各类数据资源或数据产品的市场主体,包括数据生产商和数据制造商。

(3) 数据服务商

主要是指聚焦数据产品,提供数据清洗、标注、融合,对异构数据进行处理和结构化等产品或服务,或提供专业化咨询服务、解决方案或技术服务等有偿经济活动的商业主体,包括数据质量检测商、数据合规评估服务商、数据资产评估服务商、数据登记服务商、数据人才培训服务商、数据营销服务商、数据咨询服务商等。

(4) 数据交易商

主要是指从事数据商品的买卖交换等交易经济活动的商业主体,包括数据中介服务商、数据经纪服务商、数据进出口服务商、数据交易仲裁服务商等。

各类数商相互交互与协作所组成的社会技术网络,获取数据、加工处理和存储数据,并开发利用数据,从而促进创新、提高效率和创造新知识,这样的社会技术网络称之为"数商生态系统"。数商的价值主要体现在数据要素市场建设中的主导作用,以及数字经济发展中的带动作用,前者偏重于数商在建设新兴市场体系中的创新性主导功能,后者偏重于数商运用新兴生产力在经济层面带来的提质增效功能。

---

[1] 上海市数商协会,上海数据交易所有限公司,复旦大学,数库(上海)科技有限公司.全国数商产业发展报告(2022)[R/OL].(2022-11-24)[2023-11-01]. https://13115299.s21i.faiusr.com/61/1/ABUIABA9GAAg-5OInAYorbvY2wQ.pdf。

三、 数据商业模式概述[1]

商业是指所有以营利为目的、力求为他人提供商品和服务的活动。[2]数据商品在数据供应商、生产商、终端消费者之间实现有效流通便形成了数据市场,这类业态就构成了数据商业。数据商业主要是指提供数据商品并实现其流通交换的一系列经济活动,包括数据商品供应,数据质量检测、合规评估、运送仓储、营销推广、售后等服务,数据商品贸易交易等数据流通,团队建设、资源管理等组织运作,等等。发展数据商业能更好地创造、传递和获取数据商品的价值。

商业模式是为了实现利用商业机会来创造价值,从而设计的交易内容、交易结构和对交易的治理方式。与实物商品在交易流通中有线下部分不同,数据商品都是网络空间中的事物,因此只有网上部分,数据商品的流通交易是电子商务模式。

数据商品的市场运行已经出现了自产自销、运营平台代理和数据交易场所三种模式:一是数据商品商业模式以自产自销为主,如 Windows、Office、应用程序编程接口 API、基于许可证的传统软件工具产品、基于 SaaS 服务的软件产品等计算机软件工具类数据商品,多采用电子交易中以供应商为主导的一对多数据市场模式;二是随着数据商品规模化和标准化发展的需求,特别是在以乔布斯为代表的科技创新者的影响下,逐步发展形成了运营平台代理模式,如优酷、爱奇艺、腾讯视频等数据商品运营服务平台,这种模式能更好地应对巨大的访问量,推动整个行业的发展和繁荣;三是由于我国正在推进数据要素市场建设,数据交易场所模式进入了大规模探索阶段。下面简要介绍上述三种数据商业模式的原理。

(1) 自产自销模式

自产自销模式是指数据生产商经营销售自己生产、开发的数据产品,并提供相关售后服务的商业模式。数据生产商生产、开发数据产品后,便开始着手相关商品的经营销售工作,与客户直接交易。交易过程中采用的交易模式主要以一对多和一对一为主。数据生产商既负责数据商品的生产,又负责数据商品的经营销售,需要具备强大的生产开发能力,进而使客户信任并青睐相关数据商品的品质保障和售后服务等。

(2) 运营平台平台代理模式

运营平台平台代理模式是指通过运营平台代理数据产品源或数据产品的运营、

---

[1] 叶雅珍,朱扬勇.教商:数据商品、数据商人和数据商业[J].大数据,2023,9(1):111-125。
[2] 威廉·尼克尔斯,吉姆·麦克休,苏珊·麦克休.认识商业[M].何峻,许俊农,译.北京:机械工业出版社,2022。

销售工作的商业模式。运营平台获得数据产品源的相关授权或数据供应商的数据产品运营资格,进行相关标准化工作并建立数据产品库。通过数据产品运营平台,使消费者可使用各类终端设备来接收和使用数据商品。运营平台代理的数据产品多以终端用品类型为主,如数字音乐、电子书、分析报告等;数据产品交易流通模式主要采用两阶段授权模式。运营平台需获得相关授权或代理资格,并具备搭建数据产品库、运营维护数据产品平台的能力,主要面向终端用户提供相关服务。

(3) 数据交易场所模式

数据交易场所模式是指供需双方在符合条件的某固定场所开展数据产品交易的商业模式。这个模式的核心是数据权利的授予和转移,涵盖数据产品上市前准备、上市后流通、交易达成等环节,基本流程是数据供应商完成数据产品的合规、质量、价值等检测评估后,进行产品确权登记,并获场内交易商的推荐向数据交易所提交挂牌申请,获批后即可在场内进行挂牌等待交易;数据需方通过交易所挂牌平台获得所需数据商品信息,撮合成功后与供方达成交易协议,即可获得协议达成的数据商品,并得到交易所发放的用于证明数据商品合法性的成交证书,交易完成。数据交易场所交易流通的数据商品形式多样,如各类数据集、算法及计算机软件代码等作为生产原料的数据产品,以及各类作为终端用品的数据产品。数据交易场所需满足一系列的要求才准予开设,在数据交易场所交易的数据供需双方则需满足数据交易场所的准入条件,所交易的数据产品售后服务以双方达成的交易协议为准。

在大力探索发展数据要素市场的今天,也可以将数据商业活动分为数据交易所场内交易和场外交易两大类,数据商业的商业模式中的数据交易场所模式属于场内交易,自产自销模式、运营平台代理模式则属于场外交易。

基于当前的法律法规框架及数据产品的易复制性和可共享性等特征,数据商品在市场上流通交易的标的为"数据产品+某一种可交易数据权"。其中,可交易数据权主要包括数据所有权、数据收益权、数据用益权、数据享益权、数据使用权等数据交易中可能转移或授予的权利。关于数据商品交易标的,特别是要在场内进行挂牌交易的,需要通过交易合同中的双方责任条款对包括数据使用目的、数据使用者要求、数据使用时效、数据不扩散规则等在内的有关交易双方的要求和限制加以释义,主要通过交易标的说明书的形式详细列出。数据商品流通的交易标的确定对开展各类数据商业活动起到关键性作用,对数据市场的有序运行起着积极的推动作用。

数据商品的流通还要接受相关部门对其是否遵守《中华人民共和国网络安全法》《中华人民共和国数据安全法》《中华人民共和国个人信息保护法》等法律开展的监督管理,主要包括国内数据市场的监管和数据跨境流动的监管。国内数据市场的监管主要对其数据商品的合法合规性、数据商品质量、市场主体利益保护等加以审查管理;数据跨境流动监管主要对是否可能造成国家秘密丧失、是否可能造成国家资产流失等问题进行监督管理,其中涉及探索合适的数据跨境流动方案、数据主权及数据自治化方法技术实现等问题的研究。

第二节 数据商业的实践框架

一、数据商业的实践框架模型

数据作为生产要素,对数字经济发展有重大战略意义。当前,数据生产价值的实现,离不开包括数据价值创造、服务增值、交易和资产化等数据生态的构建和发展,更离不开生态中以数据作为业务活动主要对象的多种经济和社会主体,即数商。他们在数据产生、创新使用、数据流通与交易、数据技术创新、数据治理与管理等方面均担任不可或缺的角色,通过他们的参与、发现和实现数据要素的价值,才可以高效驱动我国数字经济的发展。

本报告基于理论、文献研究和数商企业实地调研,提出企业数据商业与数据资产化实践框架(如图4-2所示),以该数据产品"原始数据—数据资源化—数据产品化—数据资产化—资产价值化"的数据要素形态演进路径为主线,以数据能力、技术体系、需求·模式、权属·安全、组织机制、战略目标为分析维度,回溯并梳理企业活动举措,洞察并凝练关键影响因素。图中列举了本次案例研究中预开展的探索内容以及引导相应探索内容和具体实施策略的关键因素,以期指导企业展开数据商业实践,体系化地研究企业数据商业和数据资产化过程中已开展和待开展的关键任务、实施内容、策略和基本框架,通过系统建模等手段,探索适合企业数据商业、数据资产化的关键举措,尤其是与战略、业务、业态和商用模式相关的软性问题,面向企业数据商业化、数据资产化路径提供指导性框架体系及参考。

二、数据要素形态研究演进路径

数据要素形态演进路径共分为"五段":原始数据、数据资源化、数据产品化、数据资产化、资产价值化。

原始数据主要包括数据源与其交换。作为数据交易的基础,企业的数据源主要包括以下三个部分:(1)业务数据,如客户关系数据、财务管理数据、资产数据、人力资源数据、各业务系统生产数据、产品数据、监控数据等;(2)日志数据,如审计日志、系

第四章 上海商业热点分析——数据商业

	原始数据	数据资源化	数据产品化	数据资产化	数据价值化
技术能力	□ 非实体性 □ 依托性 □ 多样性 □ 可加工性 □ 价值易变性	□ 无数据与主数据 □ 数据资源目录 □ 质量评估与数据标准 □ 数据能力体系与成熟度	□ 产品形态 □ 产品标准 □ 质量验证方法 □ 数据产品组织	□ 数据资产的信息要素 □ 登记、变更 □ 数据资产管理能力	□ 数据资产化成熟度 □ 数据资产入表 □ 数据资产变现能力
技术体系	□ 数据采集技术工具 □ 数据采集策略	□ 大数据技术架构 □ 数据平台支撑与工具链	□ 智能加工处理技术与平台 □ 多方安全计算 □ 产品运营效能评价	□ 流通模式与依托平台 □ 数据资产流通技术	□ 货币化收益的计量 □ 数据资产变现的金融衍生服务技术
需求·模式	□ 与数据供方的合作模式	□ 内部使用应用场景 □ 业务数据化	□ 目标客户需求分析、应用 □ 外部商业化 □ 价值图谱 □ 交易频率、规则、流程	□ 对外共享、交易、开放 □ 定价方法、成本构成 □ 数据资产交易模式	□ 价值评估手段与评价 □ 价值兑现途径 □ 销售渠道、运营模式
权属·安全	□ 权属类型 □ 合规策略 □ 道德约束	□ 数据血缘 □ 数据存储、交换、处理 □ 分类分级、脱敏策略	□ 可信计算 □ 合规策略 □ 应用风险	□ 数据资产入市制度 □ 数据资产生存周期安全	□ 应用风险 □ 流通风险、跨境传输 □ 隐私保护 □ 收益分配
组织机制	□ 数据规范流程与管理规章 □ 数据治理管理体系 □ 高层支持	□ 业务、数据、技术部门协同 □ 数字人才和团队建设	□ 运营团队建设 □ 销售部门协同 □ 测试客户选取与联接	□ 数据资产组织架构 □ 经营管理团队 □ 与财务、法务部门协同	□ 企业数字文化 □ 数字人力资源评价 □ 孵化数商新公司
战略目标	□ 企业短期、中长期目标 □ 业务范围 □ 企业发展理念 □ 行业现状	□ 企业数字化规划 □ 数字化转型	□ 企业短期、中长期业务规划 □ 数字产业状态	□ 与数据资产相关的业务、业态和商用模式 □ 数据资产化经营战略	□ 数据业务拓展、转型规划 □ 融资计划 □ 并购数商 □ IPO资产

图 4-2　企业数据商业、数据资产化实践框架

统应用日志、维保日志等;(3)外部数据,如互联网数据(股吧/新闻/微信等),第三方数据(交易所/托管方/运营商/监管部门等),数据供应商(行情/资讯/工商/司法/舆情等),以及其他外部数据。在获取数据源之后,往往需要使用 DataStage、Flume、Stream、DataX 等工具对数据源进行数据抽取、清洗、标准化、转换与校验等操作,以完成数据交换,至此则完成原始数据的积累。

在获得原始数据后,企业需要进行数据资源化,当前数字化社会中的各种主体在生活、学习或生产过程中产生并被记录和存储下来的数据都可以被称为数据资源。数据资源也可以特指企业在生产经营过程中,由企业过去的交易或事项形成的一种资源,可以通过物理或电子的方式记录和存储。数据资源是数据产品的基础生产要素,企业既可以从外部购买数据资源,也可以对日常经营产生的数据进行记录和存储从而获得数据资源。通过企业实践研究,目前企业数据资源化的过程一般通过各类数据流处理平台,利用如离线计算、实时计算、图引擎、搜索引擎等数据计算引擎,完成数据的计算与存储。在企业数字化转型过程中,在企业实践案例实践研究中,我们发现,企业数据资源化的过程往往伴随企业数据战略、数据思维、数据智能决策形成的过程,企业顶层设计成为至关重要的关键环节,伴随而生的是数据集市、数据指标库、标签库、基础模型库、数据中台、数据仓库、数据湖等的建设。

随着数据资源化的推进,企业数据产品化就成为企业实践过程中将数据作为生产要素并参与收益分配的关键节点。根据财政部发布的《企业数据资源相关会计处理暂行规定(征求意见稿)》按照经济利益的实现方式进行分类中提到的"企业对外交易的数据资源"就是数据产品。由此可见,数据产品是企业实现数据资产化的重要途径。影响数据产品的有以下四个关键因素:一是数据能够作为生产要素被用于产品开发。从制度层面看,需要从基础制度层面确认数据要素能够像土地、劳动力、资本、技术一样参与生产并享有收益分配,从具体的数据产品开发流程上讲,这意味着企业需要有一定的数据资源积累。二是企业需要具备数据产品开发所需要的采集、加工和整合等能力。三是数据产品是附着在具体的应用场景上进行开发和生产的。应用场景是实现数据资源经济利益的路径,因此选择合适的应用场景对于数据产品开发尤为重要。四是数据产品是需要在市场中流通的,如何有效地促进数据产品的流通和交易是数据产品成功的关键因素。企业需要利用各类工具平台对资源化的数据产品化,常见的工具平台有数据开发平台、报表与数据分析平台、数据挖掘与探索平台、人工智能平台、数据门户、数据管控平台等。

数据资产化是数据通过市场流通交易给使用者或所有者带来经济利益的过程,其本质是形成数据交换价值,初步实现数据价值,资产化是实现数据价值的核心。数据资产化初步实现数据价值的这一过程将重新定义和调整生产力和生产关系,即以新型生产要素的价值释放为核心,更新生产工具(数据基础设施和数字技术),培养新型劳动者(数字化劳动者),构建新型生产关系(数据确权),创新生产模式(深挖应用场景),从而创造新业态(数字经济)。并非所有的数据资源都可以升级成为数据资产,对于一项数据资源,需要经过数据资产化后,才能成为数据资产并进入企业资产负债表。数据的确权、价值计量等问题是企业数据资产化实践面临的主要问题。针对数据要素面临的这些问题,本报告通过梳理几个重点行业企业数据资产化面临的主要问题,发现企业数据资产化实践应着重于数据盘点、数据治理、数据确权、数据运营、数据定价、数据市场等六个关键环节。

最后,数据价值化主要体现在企业数据资产化成熟度、数据资产的变现能力、数据资产化市场的培育、企业数字化思维、数字营销、数字化分控、数字化管理、数字化投研、数字化运营、数据业务化等数据业务拓展、转型方面。企业数据资产化市场培育应从数据供给侧、价值需求侧、数据平台、保障方面进行"四轮驱动";各级政府应不断激发技术供给活力,丰富数据要素研究成果,打造智慧城市、数字政府等典型应用场景,梳理地方数据品牌,做好政策制度推广,加强数字基础设施、专业人才等服务能力支持,促进数据要素高效流通和价值释放。

三、数据商业关键维度

对企业数据商业与数据资产化能力的分析共有六个维度:技术能力、技术体系、需求·模式、权属·安全、组织机制、战略目标。

1. 技术能力

首先体现在数据的来源、渠道和更新频率方面,包括数据是否为外部购买、是否为企业自行产生、数据的规模、数据的主要类型以及主要支撑的业务等;其次是数据的资源情况,包括规模、维度、类型、增量、数据治理域等,以及数据的治理体系,在产品化后还涉及数据产品的形态、应用场景和驱动因素,进而可以考察数据资产的信息要素记录方式,数据资产管理现状,以及数据资产的变现路径和长效机制。

2. 技术体系

首先体现在数据采集的方式(批处理/流式处理/批流结合等)和策略,以及数据采集/接入的工具和平台。在数据资源化的过程中,技术体系的考察主要体现在技术架构、技术工具和核心技术方面,也包括预计算和计算模型,采取的统计、机器学习方法。其次要考虑数据产品相关的智能加工处理技术与平台,产品的运营效能评价机制,为激发数据产品的可持续和自服务能力企业采取的关键措施。在数据资产化进程中,数据资产的流通模式与依托平台以及数据资产流通过程中采用的技术是主要考虑的问题。最后在资产价值化的过程中,关于技术体系的考虑是在数据资产货币化收益的计量手段以及数据资产在金融方面的衍生与价值萃取技术等方面。

3. 需求·模式

首先是对原始数据的考虑,包括数据采集的需求和目的,主要参考的是数据提供方以及与提供方的典型合作模型。其次在数据资源化的过程中,企业需要考虑数据资源的需求方,有哪些典型的应用场景以及业务数据化的平台和环节,进而根据数据产品的目标/潜在用户/测试用户、产品的应用价值图谱、产品的交易频率、规则流程和条件,确定自身对数据产品创新的需求模式。其次在对数据产品的资产化和价值化进程中,考虑其受到数据资产驱动而增长的业务和数据资产的交易模式及定价方法,进而确认其数据资产的价值评估体系和兑现途径以及数据资产的运营指标体系情况。

4. 权属·安全

对于企业而言,其对数据要素的权属以及相应的安全问题是非常重要的。对于原始数据,首先企业需要界定所归集的外部数据的权属,如使用权、所有权、收益权等。随后在数据资源化过程中,企业需要考虑数据血缘、分类分级政策和脱敏策略,以及企业内部的数据安全存储、处理和交换方法。其次,数据的产品化要求企业考虑,在多方计算和联合开发的情况下应当运用何种可信计算/隐私计算方法,并且需要围绕数据产品构建相应的权属制度。最后在数据资产化与资产价值化过程中,企业需要考虑所依托的数据资产的入市制度和模式,数据资产全生命周期的安全保障技术,为避免应用、流通(跨境传输)风险应当采取的措施,以及在数据资产隐私保护方面应当开展的举措。

5. 组织机制

企业首先需要考虑是否有数据集成的标准及规范,治理原始数据的流程、体系、平台等。其次为良好地发挥数据能力,企业需要考虑构建相应的专职部门、人才团队和协同平台。在数据产品化进程中,需要数据产品的运营团队以及产品产出方与市场和销售部门的协同机制。随后在数据资产化进程中,同样需要建立数据资产化运营组织架构、资产运营方与财务和法务部门的协同机制。最后在资产价值化过程中,企业人力资源的数字化能力评价机制和数商新公司的孵化能力与计划也是至关重要的。

6. 战略目标

企业的战略目标,对其数据要素资产化实践路径的实现非常重要。在前期原始数据积累与数据资源化、产品化的过程中,企业需要考虑组织收集、汇聚与融合数据的战略策略,企业的短、中、长期业务目标和规划,以及已开展和待开展的数据产品开发战略和数字化转型战略。在数据资产化和资产价值化进程中,企业需要考虑与数据资产相关的业务、业态和商业模式,其资产经营战略,以及自身在数据业务拓展、转型规划、兑现路径等方面的战略部署情况。

第三节　数据商业的产业现状

一、数据商业的产业规模与年度变化趋势

截至2022年11月,数商行业企业数量达到192万家,从图4-3数商企业规模历年趋势可以看出,自2000年起每年数商企业注册数量稳步上升,2012—2014年期间数商企业规模有较显著的成长,之后的每一年皆保持成长态势,但增长速率有所放缓。从2000年至2021年底,中国数商企业复合年均增长率(CAGR, Compound Annual Growth Rate)为21.7%[1],从图4-3可以明显看出2022年数商企业注册规模增长不如前几年,但一直保持成长趋势。

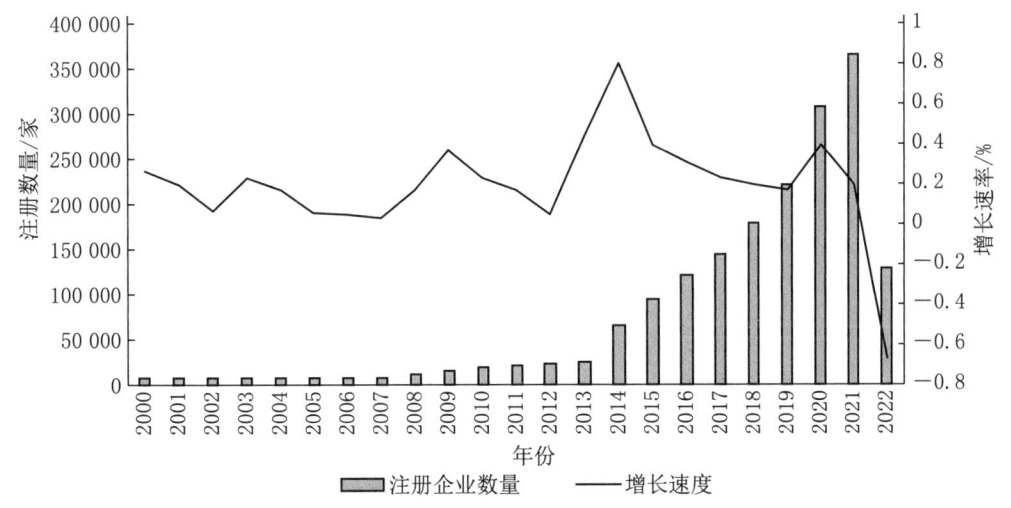

图4-3　数商企业规模历年趋势(截至2022年11月)

数据来源:全国数商产业发展报告(2022),上海数据交易所,2022年11月。

---

[1] 上海市数商协会,上海数据交易所有限公司,复旦大学,数库(上海)科技有限公司.全国数商产业发展报告(2022)[R/OL].(2022-11-24)[2023-11-01]. https://13115299. s21i. faiusr. com/61/1/ABUIABA9GAAg-5OInAYorbvY2wQ.pdf。

我国数商产业集中于长三角、珠三角、京津冀、川渝地区,截至2022年11月,数商企业在这四个地区的数量分别为50万、24.3万、21.4万、13.4万家,4大区域合计占比达到56.8%。从各主要区域数商企业规模历年趋势可以清楚得知,各地区在2013年后数商企业注册数量增长趋势明显,其中长三角区域数商企业注册数量扩张速度较其他区域为快,值得注意的是其他区域数商企业注册数量也有显著的增长。其中,长三角地区是大多数数商企业的注册地首选,如数据产品供应商、数据基础设施提供商、数据安全服务商、数据咨询服务商等。京津冀地区的数据加工处理商最多。珠三角地区有相对较多的数据合规评估商和数据质量评估商。

二、数商产业融资整体发展情况

截至2022年11月,共有11964家数商企业进行过融资活动,融资数量排名前四的数商类型为数据资源集成商、数据咨询服务商、数据安全服务商和数据分析服务商,占据融资企业总数的80%以上。本报告融资轮数定义是位于第1轮至第12轮之间,覆盖了天使轮融资和最终IPO上市融资。从图4-4中不同融资轮数的数商企业数量统计情况,可以看出处于第1轮融资的数商企业有6439家,占融资数商企业的53.82%,超过2次以上的融资数商企业有较明显的递减幅度,呈现50%左右递减趋

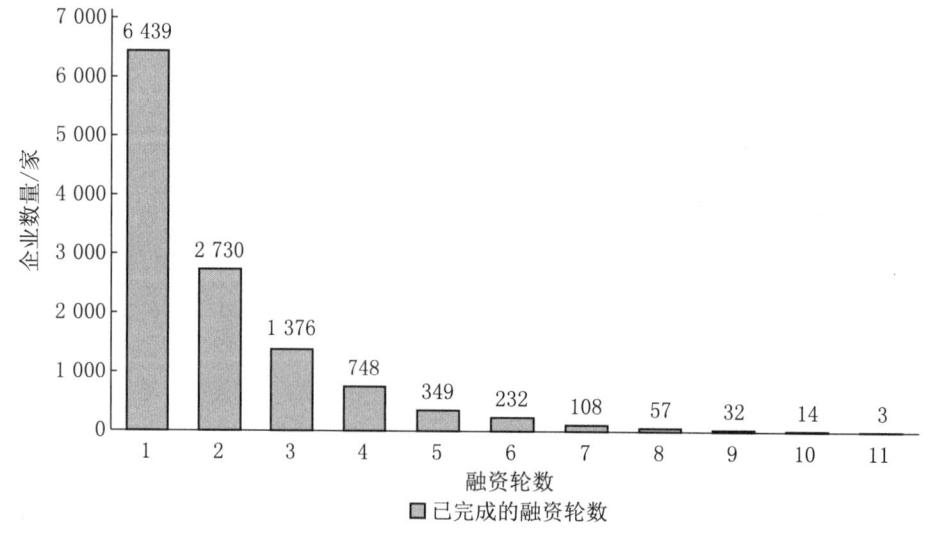

图4-4 不同融资轮数的数商企业数量统计情况(截至2022年11月)

数据来源:全国数商产业发展报告(2022),上海数据交易所,2022年11月。

势[1]。从图 4-4 也可以间接得知数商企业之间存在一定程度的竞争关系,保有核心关键技术及竞争优势的企业才能在数据要素市场立足及永续经营。

企业融资轮数代表了企业发展成熟度和外部市场对企业成长性的信心,这在某种程度上代表了地区是否有足够能力发展某类型的数商产业。目前,长三角和珠三角地区的数商产业的成长性更被资本市场看好。

三、数据商业的典型案例——基于航运数商的数据要素实现

1. 企业背景

中远海运科技股份有限公司(以下简称"中远海科")隶属于中国远洋海运集团有限公司,总部设在上海,业务范围涵盖智能交通系统、交通和航运信息化、工业自动化、安全防范工程领域,主要从事软、硬件产品科研、开发、销售、系统集成,承揽相关工程项目的设计、施工和工程承包;网络技术开发,互联网信息服务;自营技术产品的进出口业务以及技术咨询、技术开发、技术转让和技术服务。2010 年 5 月中远海科在深圳证券交易所成功挂牌上市,主要从事智慧航运、智慧物流、智慧交通、智慧安防业务。

2021 年,上海数据交易所成立,中远海科通过挂牌"船视宝"数据服务产品成功成为首批数商,提供具有物联网特征的公共开放的全球航运数据产品。"船视宝"是中远海科构建航运数字新基建的一个核心产品,依据"广泛采集基于物联网的船舶航迹数据,融合海洋气象等海量航运业公共数据,通过人工智能算法进行船舶行为的智能识别,通过大数据挖掘分析运营特征和市场态势"的业务逻辑,可以从"航行安全、数字低碳、智能管理、供应链服务"等多角度赋能航运及上下游产业的数字化转型。

船视宝以"聚焦航运物流产业,打造人工智能行业大模型、大平台、大数据"为目标,以"链接全球,智创未来,透过数据挖掘航运价值,提升船舶资产利用率,降低船舶运营风险"为愿景使命。目前,船视宝可以从"船舶、港口、航线、探索、大数据"五个维度,提供全球船舶、港口及航线的全生命期行为动态数据。船舶维度包括船舶当前动态、历史挂靠港口、下一港及预抵时间预测、船舶事件等动态数据。其中船舶事件功能最具特色,可以识别修理、建造、加油、拖轮、船对船过驳(STS)作业等动态,可以计算船舶每日能耗和排放等数据。港口维度包括港口流量动态、港口拥堵指标、泊位动态等动态数据,可以实现对全球 45 000 多个泊位的效率计算和货物装卸量计算。航线

---

[1] 上海市数商协会,上海数据交易所有限公司,复旦大学,数库(上海)科技有限公司.全国数商产业发展报告(2022)[R/OL].(2022-11-24)[2023-11-01]. https://13115299.s21i.faiusr.com/61/1/ABUIABA9GAAg-5OInAYorbvY2wQ.pdf.

维度包括全球历史航线、港口间距、任意港对/点对航线规划、航线动态监控等航线动态数据,可以通过航线规划计算船舶单航次能耗、进行航速优化。探索功能则是将船舶档案、船舶动态、港口动态、航线动态、货物识别、区域定等200多个动静态条件作为查询条件,可任意组合进行探索,并生成时序数据进行市场动态考察,例如用自然语言查询"从中国开往美国的集装箱船舶",可以立刻获得当前、昨日、上个月、去年四个节点的数据,并生成航次、总载重吨、总标准箱(TEU)的时序数据;大数据则是从船队、运力、港口、关键节点等共享需求角度进行数据的组织、挖掘和可视化,例如船队动态监控大屏、船队风险监控大屏、全球港口拥堵大屏、苏伊士/巴拿马运河监控大屏等。

2. 数据资源化

中远海科依据"万事万物都会留下痕迹",锁定了船舶自动识别系统(Automatic Identification System,以下简称"AIS")采集的具备物联网特征的全船船舶 AIS 数据作为核心数据源,通过不断汇聚全球海洋气象数据、电子地图/海图数据、全球船舶/港口档案数据、全球航行通告/警告数据、全球潮汐/潮流数据、全球船舶港口国检查(PSC)检测数据、全球台风预报数据等,逐步形成了广泛而丰富的数据资源,通过数据中台架构,实现了多源数据采集、处理、分析和服务的完整体系,通过自主研发的人工智能、大数据挖掘算法,实现了对船舶行为的智能识别和有效的分析,从而形成数据资源。

(1)航运数据中台架构

航运数据中台是中远海科聚焦航运产业链数字化转型而倾力打造的自主研发的核心技术体系,可以称为航运产业新基建。在"小前台、大中台"架构的基础上,依托云计算、物联网、人工智能和大数据算法等先进技术,通过对船舶航行全生命周期的智能行为识别,构建一系列面向船舶、港口、航线的分析、预测和预警模型,搭建对船舶航行全生命周期行为的动态识别的一个技术平台(图4-5)。

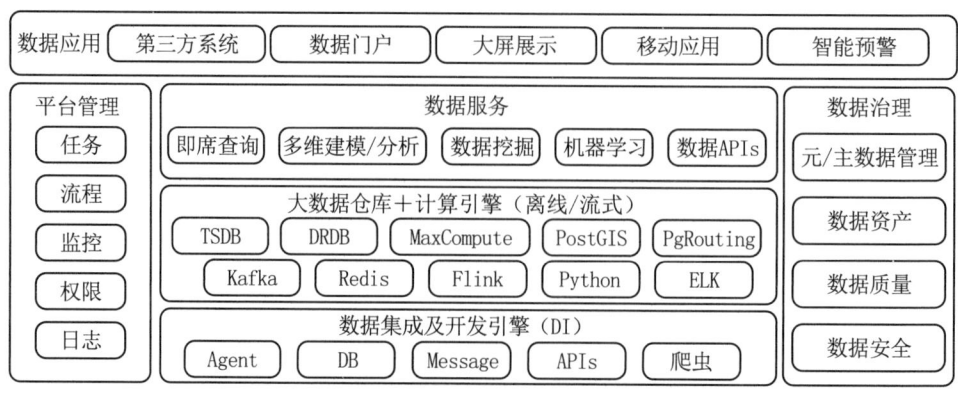

图 4-5 航运数据中台架构

（2）海量多源数据融合处理

原始的 AIS 数据、气象水文数据等在传统的船舶调度系统中均是以独立数据的形式进行可视化呈现，依靠专业人员的行业知识进行判断和操作。为挖掘数据价值，数据中台在完成数据的抽取、清洗后，最关键的任务就是进行时空上的多源数据融合。例如，对多个船位供应商的岸基、星基、船基 AIS 进行时间、空间上排序和对齐，按不同的时间周期进行空间切片，用于 AIS 数据本身存在的全球定位系统（GPS）位置漂移处理，AIS 静态动态错误数据修正，STS 等船对船行为实时识别等算法应用。又如，AIS 轨迹数据与气象数据的数据级融合，使得每个 AIS 船位都带有气象数据，并可以进行船舶与气象的联动，发现正在发生的气象风险和未来将要发生的气象风险，并可用于船舶能耗的预测。

（3）航运大数据及人工智能算法集

在"船舶管理、绿色低碳、供应链赋能"等业务方向上，按"感知、学习、理解和决策"的不同层次，中远海科已经在船岸两端研发了一系列具备自主知识产权的算法及模型，例如全球港口泊位识别算法，船舶开阔水域会遇预警算法，船货智能匹配算法，船舶避台模拟算法，基于气象与载况的船舶失速与能耗预测算法，在航船舶预抵港及智能交通和位置信息服务（ETA）实时预测模型，多船运动轨迹跟踪及相互关系计算模型，全球港口拥堵监控模型等，广泛应用了机器学习、神经网络、深度学习等技术，特别是船舶预抵模型、能耗排放预测算法处于全球领先水平。

（4）丰富多样的数据资源服务内容

中远海科从规模、质量、热度、价值等角度盘点了数据资源全景，并形成了丰富多样的数据资源服务（图 4-6）。

- 独有的行为识别，体现在 8 大类 25 小类船舶航行事件实时识别；
- 未来航迹预测，并叠加显示未来 72 小时航迹气象信息；

独有的行为识别	未来航迹预测	泊位聚类监控	智能探索功能
■ 8大类25小类船舶航行事件实时识别	■ 并叠加显示未来72小时航迹气象信息	■ 全球4 936个港口 ■ 全球43 750个泊位	■ 综合17大类搜索条件

历史航迹轨迹	船舶基础数据	船舶实时动态	船舶主动安全系统
■ 12 000多条历史航线及船舶事件数据	■ 25万多艘船舶 ■ 8万艘商船 ■ 4 936个港口	■ 覆盖全球8万条船舶，查看实时船位及实时气象信息	■ 船舶数据智能采集网关

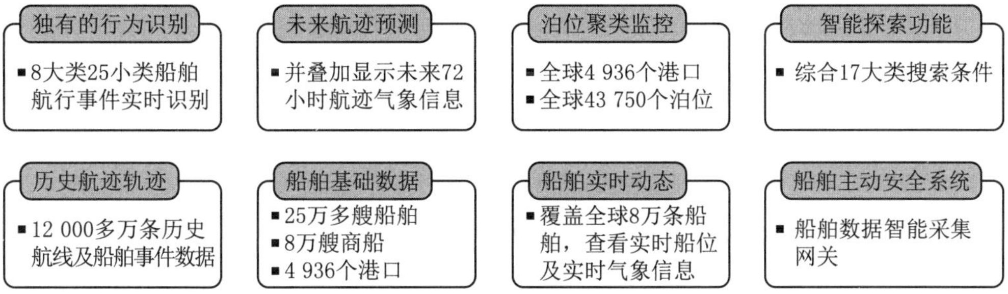

图 4-6 "船视宝"多样的数据资源

- 泊位聚类监控,涵盖了全球4 936个港口和43 750个泊位;
- 智能探索功能,综合了17大类200多小类搜索条件;
- 历史航迹轨迹,具有12 000多万条历史航线及船舶事件数据;
- 船舶基础数据,覆盖25万多艘船舶、8万艘商船、4 936个港口;
- 船舶实时动态,覆盖全球8万条船舶,查看实时船位及实时气象信息;
- 船舶主动安全系统(SMART-Box),实现船舶数据智能采集。

3. 资源产品化

中远海科根据航运及上下游企业实际数据需求,在技术和业务的交融中,勾勒数据资源的价值图谱和应用场景,最终形成了细分的产品,船视宝和其上各类"宝"系列产品,如图4-7所示。

图4-7 船视宝系列产品一览图

PC端产品:调度宝、港口宝、搜航宝、商品宝、指数宝、应急宝、安全宝、运力宝、卫通宝、船员宝。

小程序端产品:准时宝、港口宝、港口天气、港间距、港口日历、航运指数、台风气象、港口潮汐、ASTM、港口油价、航运报告、熊猫船长。

(1) 船视宝系列产品

- 调度宝:调度宝是一种用于船舶调度管理的应用软件,它可以帮助船东或船运公司实时监控船舶位置和运行情况,优化船舶调度计划,确保船舶按时抵达目的地,并提高航运效率。
- 港口宝:港口宝是一种用于港口管理和运营的应用软件,它可以提供港口内船舶进出港的实时监控和管理,包括船舶泊位分配、货物装卸计划、港口作业效率优化等功能,帮助港口提高运营效率。
- 搜航宝:搜航宝是一种用于船舶航线搜索和规划的应用软件,它可以根据船舶起始点和目的地,搜索最优航线和航行方案,考虑航程、海况、航行时间等因素,提供船舶导航建议。

- 商品宝：商品宝是一种用于货物信息管理和查询的应用软件，它可以帮助货主或货运代理商查找合适的运输船舶，管理货物运输信息，实时追踪货物状态，确保货物准时到达目的地。
- 指数宝：指数宝是一种用于航运市场指数查询和分析的应用软件，它可以提供各种航运市场指数，如船运价格指数、船舶租赁指数等，帮助航运业界了解市场动态和趋势。
- 应急宝：应急宝是一种海上应急响应的应用软件，它有提供海上救援信息、海洋污染应急处理信息、遇险船舶求助等功能，供给及时、有效的应急响应支持。
- 安全宝：安全宝是一种用于船舶安全管理的应用软件，它有船舶安全检查、事故报告、安全培训等功能，可以帮助船舶管理者确保船舶安全运行。
- 运力宝：运力宝是一种运输船舶运力管理方面的应用软件，它可以帮助船东或运输公司管理船舶运力资源，包括船舶租赁、货物运输合同等，以优化运输业务。
- 卫通宝：卫通宝是一种关于卫星通信和船舶通信的应用软件，它可以提供卫星通信服务，支持船舶和岸上人员进行语音通话、数据传输等，保持良好的通信连接。
- 船员宝：船员宝是一种船员管理和培训方面的应用软件，它可以帮助船舶管理者管理船员档案、考勤记录、培训计划等，保障船员的合法权益和安全。
- 准时宝：准时宝是一种保障航运业务准时性的应用软件，它可以帮助船东或货主确保货物按时送达目的地，提供运输进度追踪，具有异常处理功能，能增加交货准时率。
- 港口天气：港口天气是一种提供港口天气预报和气象信息的应用软件，它可以为港口管理者和船舶带来实时的气象数据，帮助做好船舶作业计划和港口管理。
- 港间距：港间距是一种用于计算船舶在港口间距离和航行时间的应用软件，它可以帮助船东或船舶调度者规划最佳航线和运输方案。
- 港口日历：港口日历是一种查看港口作业时间和休息日方面的应用软件，它可以帮助船舶调度者安排船舶的进出港时间，避免因港口休息日造成的延误。
- 航运指数：航运指数是一种提供航运市场行情和价格指数的应用软件，它可以帮助航运界了解市场走势和价格变动，以此作为制订运输计划和价格谈判的参考。
- 台风气象：台风气象是一种提供台风路径和影响预报的应用软件，它可以为船舶和港口管理者提供台风预警信息，有助于做好台风防范和应急准备工作。
- 港口潮汐：港口潮汐是一种提供港口潮汐预报和潮汐信息的应用软件，它可以为船舶和港口管理者提供潮汐数据,帮助规划船舶进出港时间。
- ASTM(American Society for Testing and Materials):ASTM 是一套用于船舶燃油质量监测和测试的标准,它可以帮助船舶管理者和船东检验船舶使用的燃油是否符合国际标准,以确保船舶的燃油质量和航行安全。
- 港口油价:港口油价是一种提供不同港口燃油价格信息的应用软件,它可以帮助船东或船运公司了解各港口的燃油价格,优化船舶加油计划,降低运营成本。
- 航运报告:航运报告是一种提供航运业界相关新闻和市场分析的应用软件,它可以为航运业从业者提供行业动态、市场趋势和分析报告,帮助做出决策。
- 熊猫船长:熊猫船长是一种船舶智能辅助导航系统,它可以为船舶提供实时导航建议,帮助船舶避开危险区域、选择最佳航线,提高航行安全性。

以上应用涵盖了航运业不同方面的管理和运营需求,通过智能化技术和数据融合,为船舶、港口和航运从业者提供了更多的实用功能,增强了航运业的安全性、高效性和便捷性。

(2)船视宝产品特征

"船视宝"从船舶、航线、港口、探索、大数据等五个维度打造产品和数据链路,采用逐层细化深化的产品层次维度。第一层是大界面,可以看到直观的全球船舶、全球海图等态势总览。第二层是标签页,通过弹出框列示船舶、港口等主题信息,如船舶主题、船舶档案、历史轨迹、合规检查等。第三层是标签页里面的众多数据产品图标。第四层是数据产品详情,分别针对船舶公司、货代公司、海事部门、期货基金等提供定制服务,细化至每个数据集的具体情况。

"船视宝"的标志是三个"V":船舶(Vessel)、可视化(Visualization)和价值(Value),即以船舶为核心资产,交付可视化数据产品,通过为产业客户赋能实现价值。船视宝的产品优势首先是可视化的视觉展示;接着是相较竞品更准确、更快速的数据提供。依托最大航运企业的行业领军地位,和邮、集、散、特公司不断交流,沟通需求,根据需求形成算法,不断地优化,最后得出客户能认可的结果,然后不断地纠偏,从而沉淀。很多算法是行业和市场上独一无二的,人有我有,人有我优,人无我有;再有是数据主线体现出产品不断迭代生长的能力。"船视宝"打通了不同行业的壁垒,用户渐渐延展至期货公司等金融用户、货源公司等产业链用户。

4. 产品价值化

(1)船视宝数据产品价值

船视宝通过多种应用服务,实现数据产品的价值,如图 4-8 所示。

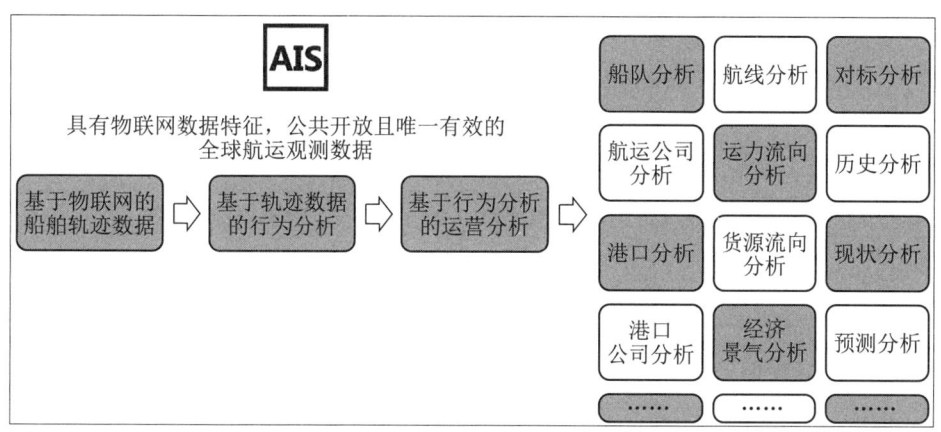

图 4-8　船视宝价值一览图

- 船队分析：船队分析是对航运公司所拥有的船舶进行评估和研究的过程。包括船舶的数量、类型、规模、装载能力、技术状况、船龄等统计信息，以及船舶实际运营效率的分析，旨在了解航运公司的运力和业务能力。船队分析通常用于评估航运公司的运力水平、规划船队更新和扩充计划，以及确定航线和运输策略。
- 航线分析：航线分析是对不同航线的运输数据和市场情况进行比较和研究的过程。包括对航线的起始点、终点、距离、运输时间、货物种类、运价等信息的分析，旨在了解航线的可行性和潜在的盈利能力。航线分析用于评估不同航线的经济效益、确定最佳航线和货物组合，以及优化船舶调度计划。
- 对标分析：对标分析是将一家航运公司与其他同行业公司进行比较的过程。通过比对竞争对手的运营指标和业务状况，找出自身的优势和劣势，并制定改进措施。对标分析用于评估航运公司的竞争力、寻找改进空间，以及制定提升业务水平的战略。
- 航运公司分析：航运公司分析是对整个航运公司所有船队的运营和管理情况进行综合评估的过程。这包括对运营效率、运力变化分享、运力流动性分享、航线效率等的分析，旨在全面了解航运公司的运营情况。航运公司分析用于投资决策、合作伙伴选择、业务合作等方面，以确保与健康、可靠的航运公司进行合作。
- 运力流向分析：运力流向分析是对航运市场上各条航线的运力供给情况进行研究的过程。这包括不同航线的船舶运力、船舶数量、运力利用率等信息的分析，旨在了解市场供需关系。运力流向分析用于预测市场需求，平衡各个航线的运力配置,优化运输资源的利用。
- 历史分析:历史分析是对航运业过去一段时间内的数据和事件进行研究的过程。这包括对航运市场的发展历程、过去的市场趋势、关键事件对市场的影响等的分析,旨在了解历史上的行业表现和教训。历史分析有助于制定未来的战略规划,从历史经验中吸取教训,并预测未来可能的市场动态。
- 港口分析:港口分析是对不同港口的基础设施、运营效率、服务质量等进行研究的过程。这包括对港口的连通能力、吞吐能力、等泊情况、装卸效率、挂靠船公司分布情况等信息的分析,可细化到每一个泊位,旨在了解港口的竞争力和潜力。港口分析用于选择最佳港口、优化货物转运计划,以及评估港口的发展前景。
- 货源流向分析:货源流向分析是对不同货物来源地和目的地的运输数据进行研究的过程。这包括对货物的产地、目的地、中转地、运价等信息的分析,旨在了解货物的流向和运输特点。货源流向分析用于确定货物的最佳运输路线、优化货物调度,以及把握货物运输市场的机会。
- 经济景气分析:经济景气分析是对航运业所处的经济环境进行评估和研究的过程。这包括宏观经济指标、行业增长趋势、国际贸易情况、能源价格等信息的分析,旨在了解经济对航运业的影响和预测未来的市场走势。经济景气分析用于制定长期的战略规划,预测市场的发展趋势,决策业务扩张或收缩,等等。
- 预测分析:预测分析是利用历史数据和统计模型,对未来航运业市场走势进行预测的过程。这包括货物运输量、运价水平、航运需求等方面的预测,旨在为决策提供依据和预警。预测分析用于制定运营计划、确定投资方向,以及对未来市场进行风险评估。

(2)船视宝数据产品服务模式

数据服务模式上,中远海科从规模、质量、热度、价值等角度盘点了数据资产全景,并形成了丰富多样的数据资产服务。一是多账号服务,支持 PC 端、手机端功能,具有企业版、个人版、国际版等多个版本满足不同需求;二是 API 服务,依托航运数据中台提供,满足用户定制需求;三是个性化服务,支持用户订阅船舶报告,实时微信推送船舶动态信息。

商业模式上,目前"船视宝"的商业模式有三类:一是数据变现。二是 SaaS 服务。SaaS 是用户获取软件服务的一种形式,采用这种形式,用户不需要在自己电脑上安装软件,而是直接登录官方服务器获得软件服务。这种方式最容易铺开,报价模式可以用按用户数、API 接口调用频率、时间报价。但是这种模式的客户量并不大。三是项目变现方式,即采用"数据+平台+产品+定制服务"模式,此类采用定制化报价模式的客户规模更大、数量更多。

用户群体上,"船视宝"的用户主要来自三个维度:一是围绕船舶管理、船舶运行的买方,聚焦航运本身的生产作业。二是全球供应链优化和服务买方,涉及诸如贸易、商品、大宗金属运输相关分析需求。此类用户的对接推广方式,一是需方自寻供方,二是供方主动推荐,三是战略合作。大型跨国制造企业管理决策需要动态实时了解所销售各类货品的位置信息,但其缺少位置、到港的港口状况等海上数据,于是采购数据后可根据各港口情况,决策具体到达的港口。三是大数据分析和应用买方,团队分析行业协会期刊,分析热点研究方向,定位偏好的人群。这种方式主要通过上市公司投资机构者见面会,券商、行业分析师等推介来获取客户。

(3) 价值延伸场景

提供具有物联网特征的公共开放且唯一有效的全球航运观测数据,构建航运数字化转型新基建,依据"从基于物联网的船舶航迹数据到基于轨迹数据的行为分析到基于行为分析的运营分析"的业务逻辑,可以进行船队分析、航线分析、对标分析、航运公司分析、运力流向分析、历史分析、港口分析、货源流向分析、现状分析、港口公司分析、经济景气分析、预测分析,等等,透过数据挖掘航运价值,提升船舶资产利用率,降低船舶运营风险。

"船视宝"数据分析可以归类为以下几个基本应用场景:

- 运营类:以船队分析、航线分析、运力流向分析、港口分析、货源流向分析为代表,这些分析方法适用于运营和管理层面,用于优化船队运力配置、航线选择,确定最佳港口,以及货物运输计划的优化。
- 决策类:以航运公司分析、港口公司分析、对标分析、现状分析、经济景气分析为代表,这些分析方法适用于评估航运行业的整体情况和市场环境,为制定长期战略和决策提供依据。
- 预测类:以历史分析、预测分析为代表,这两种分析方法都是关注时间维度的,历史分析用于从过去的经验中吸取教训,预测分析是用于对未来市场趋势进行预测,两者结合可以为企业提供更全面的决策支持。

同时,船视宝通过"算法+数据+算力"赋能行业应用,为智能船舶、智能航运、供应链赋能。这些智能化技术和应用可以归类为以下几个应用场景:

- 智能航运和智能船舶:这两个应用场景都与航运业务相关,智能船舶更注重船舶自主性能的提升,智能航运更侧重于整个航运业务的智能化管理。
- 绿色、低碳、有韧性的数字供应链:面向全球供应链提供数字服务。比如,探索打造贸易、制造、金融、租赁等行业以场景需求为目的的特色数据产品。

第四节 上海数据商业的对策与建议

一、对数字经济发展相关管理部门的建议

(一) 攻坚探路,"一体/品牌"和"四新/生态"为特色,促进数据要素流通

1. 以机构职能确立谋协同,以政策供给完善谋保障,促进流通布局从条线分割转向统筹推进

纵向层面,自上而下统一协调数据要素相关制度的顶层设计;横向层面,统筹推进经济、民生、治理等城市数字化转型建设,统筹推进制度和政策间的协同性、跨部门跨行业的互联互通。

围绕流通瓶颈完善政策支撑体系,聚焦数据要素流通行动方案、公共数据授权运营管理办法、一体化公共数据治理、数据交易、参与国际数据交易规则、安全监管等实践发展需要的政策供给,加快健全鼓励新业态新模式发展的环境。

2. 以前瞻布局"四新"谋撬动,促进流通动能从单点突破转向全面释放

(1) 引领新使命突破

对标《数字经济伙伴关系协定》(Digital Economy Partnership Agreement, DEPA)深化国际数据港的高标准规则集成和压力测试,从加大投入、央地协同、主体参与、体系建设等方面深化创新的突破和探索,在全球经贸合作、高端产业开放、国际创新协同等场景以点带面加快突破,加快探索建设面向全球的国际数据服务基地。

(2) 规范新形态发展

针对生成式人工智能(Artifical Intelligence General Content, AIGC)等新形态的权属、隐私安全、产出的虚假数据/有害数据、伦理问题,制定合适合理的法规政策,规范其产出、使用和权属等。

(3) 扶持新产业培育

推动数据要素流通技术发展,为数据要素的可信流转提供保障支撑,梳理可信可控可计量流通交易的技术产业图谱,探索隐私计算、云计算、人工智能、区块链等前沿技术在数据要素流转中的应用,大力扶持加密处理器芯片、全域可信系统、隐私计算等软硬一体化的全域可信产业孵化,培育万亿级新产业。

(4) 把握新空间主权

开展虚拟世界的智能体(灵)和人机物(境)的数据要素交互前瞻研究,引领完全自主可控的元宇宙基础设施与生态环境的打造。

（二）构筑数据要素市场的中流砥柱，支持数据要素市场的经管类课程建设和人才培养

1. 数据要素市场构建对复合型、高层次数据新商科管理类人才的依赖程度较高，对人才的素质要求也会越来越高

数据交易利用互联网、信息通信等技术实现数据采集、治理、流通、产品化、确权、定价、交易、资产化等，需要人才具备数据科学和经济管理两种属性。他们既要掌握数据的技术处理，数据产品的安全、定价、交易、资产化以及风险防范等经济管理业务知识，同时还必须具备互联网思维，对互联网有全面和深入的了解。

2. 数据新商科管理类复合型人才是既要具备创新思维又兼有实践能力的创新型人才

数据新商科由数据科学的创新而产生。为了适应瞬息万变的互联网技术与数据驱动的数字经济创新，这个领域的人才除了应具备专业基础知识和技能外，还必须有获取新知识的能力和创新思维。不仅需要主动学习和掌握互联网、经济管理等领域新的发展方向及成果，而且还需要将这些学科的知识与技术结合起来，创新业务发展模式。

3. 数据新商科管理类复合型人才是兼备风险意识和法治思维的管理型人才

数商行业风险的隐蔽性、传染性、广泛性以及突发性等特点也存在于数据新商科领域。在鼓励创新发展数字经济业务的同时，数商行业的从业人员，尤其是管理人员应该将风险控制作为一项重要工作，必须具备各种风险意识，强化自身对技术风险、市场风险、业务操作风险、流动性风险等数据交易常见风险的应急防控能力，在风险发生时能够有效地保护互联网金融消费者的相关权益。

4. 数据新商科管理类本科生、硕博士培养

数据新商科管理类人才培养要立足于国际、国内数据要素市场的现实需要与未来发展趋势，以现代教育理念、现代教育方式、现代教育手段为支撑。在强调学生自主学习与教师导向作用相结合、专业知识学习与相关知识学习相结合、理论升华与理论应用相结合的基本原则下，积极组织基础操作型实验、综合设计型实验、研究创新型实验、校内模拟实习与校外实地实习等多个层面的模拟体验式教学实践活动。同时进一步深化教学改革，加强对学生的基础知识、综合质量、操作技能、创新意识和创新能力的培养，切实提高教学质量，形成一个科学、合理、优化的实验教学新体系。

积极开展教学研究，探索教学模式，重点抓实验手册和教学质量建设，在人才培养模式、课程体系、教学内容、教学方法等方面不断探索与实践，推动教学改革的深入

发展,"综合型、立体式、网络化、创新性"的金融科技实训教学体系成为教学改革的特色和亮点。

二、 对数据供给侧行业企业的建议

1. 公共数据授权运营

明晰上海市公共数据授权运营的内涵和模式;做好公共数据授权运营机制设计,探索以信息化经费反哺公共数据提供方的分配方式。

2. 上海品牌数据产品打造

打磨"爆款"新产品。调研、梳理并推广金融、航运、交通、能源等重点行业领域典型的实践经验,为更多行业企业打造网红爆款数据产品的典型路径、商业模式等提供启示。以场景需求为牵引,研究破解供需不匹配、产业链不健全等主要瓶颈,形成一批上海"数字新品牌"。研究设计数据要素型企业的评价指标体系及数据产品的认证体系。

3. 数据交易市场体系

以上海数交所为枢纽构建统一的大市场,打破地域限制、打破行业界线、促进与国家级数据交易场所的互联互通;优化场内交易制度体系,创新服务模式,推动垂直行业交易,为数商入市降本增效;培育活跃的数商、专业服务机构和数据经纪人。

三、 对数据交易场所的建议

目前,我国不少省市大力发展数据交易机构,探索创新数据资产化路径,创建综合性大数据聚合交易流通平台,促进信息系统数据联动,打造开放融合的数据交易生态体系。

首先,数据交易平台应当探索可行有效的市场机制,良好运转的市场模式要有利于市场机制有效发挥作用。已有的数据要素市场,实际上普遍采用的交易所模式中核心的制度机制有三个:一是第三方保证信用机制;二是严格的强制信息披露;三是标准化的交易标的。然而,数据要素的交易并不都满足这三个制度机制。在数据产品的交易市场上,供给侧企业对于给出数据后下游企业的行为具有强烈的不确定性,基于第三方的信用保证机制将难以建立;由于阿罗信息悖论的存在,数据信息的披露即意味着数据价值的丧失,因此强制信息披露机制也难以建立;数据产品中个性化的数据要素使得企业很难对多种需求进行标准化生产。

综上,数据产品交易平台的市场模式应当从以下三个方面拓宽思路:一是继续探索交易所商业模式。对于存在众多买家和卖家、数据产品能够符合标准化模式的,可以采取交易所模式,引导买卖双方通过竞价进行交易。二是引导市场提供满足交易所商业模式的数据要素产品。三是创新市场交易模式。对于满足不了交易所模式的数据产品,可以根据使用场景的不同,探索其他市商制度,例如可以由一个特许中间商通过双向报价参与市场交易。

其次,技术和数据交易平台运营需要直接对接企业、面对企业发展中的"信息集散地"困境,在服务模式创新、制度创新中应当积极寻找突破,以平台提升带动高附加值业务、改善运营绩效、吸引高层次人才。目前大多数数据交易场所还未形成企业自主生态、知识共享社区的概念,交易大多围绕具体的技术或数据对象开展运营;平台提供的服务产品有限,对知识产品交易所涉不同类型应用场景的拓展不足。数据交易机构应当考虑将运营中心由产品转向企业,通过分析企业在各种类型知识流动方向上的交易需求,以企业为交易主导设计交易环节,从技术、数据交易产业所涉产业链,创新链角度加强研究,助力交易产业壮大和核心服务企业培育;从科学技术、社会服务等各类公共资源利用角度出发,激励公共资源参与市场化配置的模式创新;积极响应政府号召,大力促进将资源加工生产为具有较高市场流通价值的知识产品。

第五章　上海商业发展展望

第一节　2022年上海商业发展总结

一、市场回稳向好，总体商业活跃度最高

面对空前严峻复杂的新冠疫情，上海统筹疫情防控和商务经济发展，积极应对国内外复杂严峻经济环境和疫情冲击等超预期因素影响，全市经济运行呈现"平稳开局、深度回落、快速反弹、持续恢复"的V型反转态势，具有核心功能强、经济韧性足、发展潜力大、市场活力好的特点，总体延续了回稳向好的积极趋势，保持了高质量发展的基本态势。

2022年，消费市场（尤其是聚集性、接触性消费）受疫情短期扰动较为明显。同时，居民消费意愿出现下降，不敢消费、不便消费问题比较突出。[1] 2022年下半年，受益于防疫政策优化及疫情后消费提振的各项举措，商业市场活力正在逐步恢复。上海整体经济及商业稳步回升，消费者、品牌及开发商的信心逐步恢复。一年来，上海多项商务数据创下历史新高。例如，上海货物进出口总额为4.2万亿元人民币，同比增长3.2%，规模再创历史新高，口岸贸易总额继续保持全球城市首位；实际使用外资239.56亿美元，再创历史新高；社会消费品零售总额1.64万亿元人民币，继续居中国中心城市首位；新增首店1 073家，数量和质量继续保持中国城市领先地位。

据赢商大数据的城市商业发展一级指标及商业指数，上海的总体商业活跃度居五大城市（北京、上海、重庆、广州、天津）之首。2012年至2022年十年间，上海购物中

---

[1]　徐贝贝.中国经济总量再上新台阶[N].金融时报，2023-01-18(001)。

心(≥3万平方米)存量由552.74万平方米增至2 665.6万平方米,年均增量超200万平方米。虽然2022年上海仅开业20个购物中心,但创新、个性的商业内容却从未缺席。无论是大众商业的比拼,还是高端商业之间的新竞争,抑或是海派文化与商业的相融,均在上海市场展现得淋漓尽致。

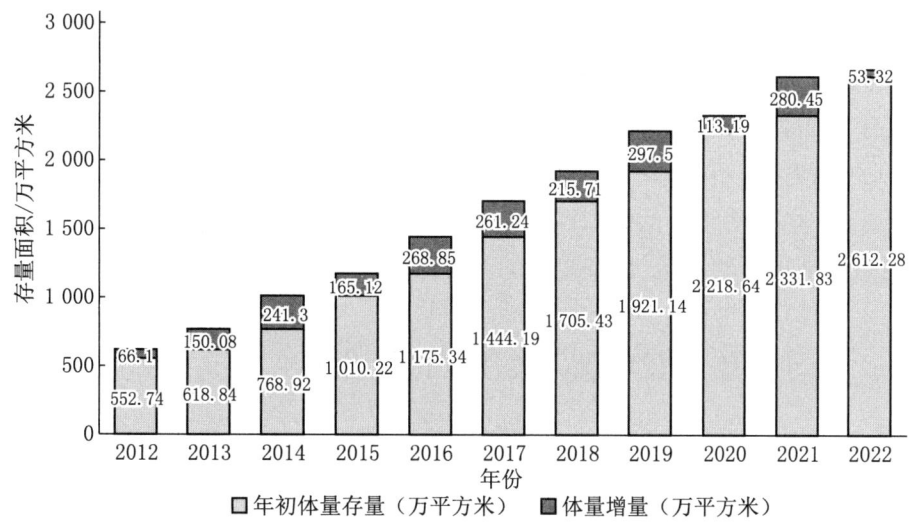

图5-1　2012—2022年上海购物中心存量及增量变化[1]

二、 上海仍然是时尚潮流的消费风向标

依托国际级消费集聚区和知名市级商业中心,上海不断推进国际消费中心城市的建设。《上海市建设国际消费中心城市实施方案》中提出,力争到"十四五"末率先基本建成具有全球影响力、竞争力、美誉度的国际消费中心城市。"首店经济"正是国际消费中心城市建设的核心助推器,有助于带动区域经济活力,赋能城市税收和消费升级,形成新的经济增长点。随着疫情后市场的逐步恢复,上海首店经济持续蓬勃发展,始终是全球知名品牌的首店进驻城市首选,也是品牌进行创新检验、时尚生活方式引领的重要试验场。

中国首店经济已迎来3.0时代,首店经济的高质量发展不仅体现在品牌首店数量的增长,更体现在其结合品牌能级、创新力和文化力的多维度发展。首店也不再局限于纯粹的商品和服务消费,体验店成为新的趋势。入驻上海的NIKE UNITE优选

---

[1] 资料来源:赢商大数据。

体验店、Playmobil 摩比世界全球首家体验中心、SIDAS 足护中国首家体验店等,不仅带来了新的沉浸式消费场景,也通过打造网红打卡新地标,实现了线上线下消费的破圈连接。

随着元宇宙概念的持续探索,底层技术的进一步实现,各大品牌纷纷入局"元宇宙"抢占增长先机,利用科技手段打造新的商业场景与商业模式。在线上,淘宝推出首个元宇宙直播间,阿迪达斯、ABG 集团、古驰等均推出了自身的元宇宙商标以及可虚拟售卖的 NFT(数字藏品)类商品。线下,上海的元宇宙主题概念店也大受欢迎。例如,元宇宙品牌熊姬鲜奶茶,面向喜爱泛二次元人群和年轻时尚群体,推出了"熊姬V2.0—元宇宙鲜奶茶"概念门店;烘焙品牌 KUMO KUMO 融合 NFT 元素打造全国首家 NFT 概念店,将线上的虚拟藏品与线下的消费体验"梦幻联动"。从线上走向线下,为消费者带来更数字化、更沉浸式的消费体验。

三、 倡导绿色消费理念,关注可持续发展

"绿色经济"是国家大力推动的国家战略,"环保""绿色""健康"等概念都与都市消费者的消费理念高度契合。在上海,绿色理念已逐步融入商业经营的全链条,成为2022 年一个重要的发展趋势。

2022 年,上海市商务委员会、上海发展和改革委员会等多部门共同举办了上海首届绿色消费季。政府端的引导,使得绿色消费成为上海商业发展的风向标。品牌、商场和消费者形成绿色消费的共识,上海的绿色消费需求得到激发,绿色低碳生活方式被倡导,绿色消费也将成为上海经济高质量发展的重要支撑。

目前,上海 10 万平方米以上大型商业综合体已有 39 家创建成为"国家级绿色商场",其中包括中信泰富广场、上海南翔印象城 MEGA 等。它们成为拥有绿色管理制度、节能设施设备、绿色供应链体系、绿色服务和宣传、绿色消费理念和绿色回收的时尚商业载体。从"绿色"至"低碳",更有甚者已在探索零碳的商业模式,在这个进阶趋势中,商业载体的数字化建设乃至数字商圈建设还将发挥重要作用。

在品牌端,绿色低碳、可持续发展也逐渐成为品牌共识。品牌方通过倡导绿色、环保、健康的生活方式迎合了消费者的需求,更重要的是通过践行社会责任向消费者传递了品牌的价值理念,形成绿色消费共鸣,获得社会价值和商业价值的双重收益。如何使品牌在建设和运营端走向高端化、智能化、绿色化发展,是值得探索的商业模式。目前已有国际品牌与商业载体共同打造碳中和门店的许多案例,如博柏利(Burberry)上海恒隆广场旗舰店就是基于"碳中和"理念设计打造的。

四、整体消费态度谨慎，品质消费惯性强

2022年，上海的一些重要产业，例如金融、房地产、互联网等行业都有大幅度的紧缩举动，因此在消费总量上，可以看到整体消费态度的谨慎。但是上海消费者对生活品质的消费理念依然持续，呈现出较强的惯性。尽管收入缩水，消费者对高端品牌的热衷度并未降低，依旧会为体面与体验买单。与以往不同的是，他们更多地会选择中免、日上、川沙的佛罗伦萨、青浦百联奥特莱斯购买。国庆假期，青浦百联奥特莱斯客流量上升明显，相比上年同期销售额、客流量都有所上升。

在体验方面，上海消费者对商品品质上有了更高的要求，注重切身体验感。在消费者购买运动品牌时，除了购买高品质的商品本身外，还可以得到专业的课程培训。例如，在购买lululemon时，可以体验瑜伽课，在实实在在的运动中感受商品的舒适度；购买Nike、Adidas等品牌时，可以根据消费者需求定制鞋，参与跑步、篮球等活动。此外，上海出现的一群年轻"银发族"们，成为不可忽视的消费新势力。他们平均年龄50～60岁，心理年龄20～30岁，有钱有闲，热衷时尚，愿意为"悦己"买单。年龄的增长并没有束缚住他们向年轻人靠拢的脚步，他们的消费潜力具备持续升级的趋势。年轻"银发族"现象背后，折射出熟龄客群年轻化的消费趋势和稳定的消费潜力。

在商业业态上，IP品牌联名，双向赋能，首店、首发创造了多维的业态矩阵。例如，2022年9月，兰蔻与BE@RBRICK联名在上海愚园路打造CALL ME HAPPY潮妆快闪店首店。2022年12月，路易威登草间弥生与平价咖啡Manner联名，布局上海油罐艺术中心、淮海755等多个区域，为消费者带来平价的艺术顶奢体验。

五、注重经济数字化转型，推动数据产业发展

当前数字经济发展外部环境更加严峻，全球城市数字化竞争也日趋激烈。在经济数字化转型领域，上海着力打造世界级数字产业集群，目前全市数字经济核心产业增加值保持平稳较快增长，规模已超过5500亿元。上海正加快"硬核"数字技术攻关突破，包括开展跨境贸易、工业互联网、供应链金融、区域征信等重点领域赋能应用；推动通用人工智能大模型创新发展，本土AI企业发布语言大模型和AIGC产品级应用，"MOSS"大模型上线开源，支持企业积极布局大模型研发和垂直领域应用。

此外，上海作为国家大数据综合示范区，始终致力于推动数据产业发展、数据要素市场培育、数字经济红利释放，并且优化人工智能发展环境。2022年9月出台《上

海市促进人工智能产业发展条例》,上海人工智能实验室发布了"OpenXLab 浦源"人工智能开源开放体系等重磅成果。2022年,全市数据核心企业突破1200家,核心产业规模近3400亿元;建设了上海数据交易所,累计挂牌数据产品超1300个,率先提出数商体系,数商新业态蓬勃兴起,全国首个数据要素产业集聚区在张江启动建设。

未来,上海将继续加强技术创新,形成行业领先的高质量语料标准操作流程和技术规范;完善组织机制,形成包括图书馆、媒体、互联网平台、大数据企业等在内的核心数据伙伴群;做好评估机制,加快构建高质量数据集的评价指标体系。

第二节　2023年上海商业发展趋势

2023年是全面贯彻落实党的二十大精神的开局之年,是实施"十四五"规划承上启下的关键一年,也是新一届政府各项工作的开局之年。尽管外部环境复杂严峻,世界经济陷入滞胀的风险上升,国内经济恢复基础尚不牢固,但是我国经济韧性强、潜力大、活力足、长期向好基本面没有改变,资源要素条件也将支撑经济稳定运行。上海将紧紧围绕高质量发展的主线,坚持稳字当头、稳中求进,突出做好稳增长、稳就业、稳物价的工作,全力推进浦东引领区建设,持续推动"五个中心"功能升级,聚力建设双向开放"三大平台",推进经济运行整体好转,实现质的有效提升和量的合理增长,在新征程上继续当好改革开放排头兵、创新发展先行者。

一、优化商业空间布局

2023年1月20日,《上海市提信心扩需求稳增长促发展行动方案》发布并提及,上海将落实新一轮城市商业空间布局规划,打造东、西两片国际级消费集聚区,建设一批高品质商业综合体和数字商圈商街,大力发展首发经济、夜间经济、直播经济,加快打造一批特色商业地标。可以预见,上海将不断创新经济新消费,朝着"具有全球影响力、竞争力、美誉度的国际消费中心城市"的终极目标迈进。

从政策层面看,上海将更注重规划引领,优化空间布局。2023年1月17日,上海市发布了《上海市商业空间布局专项规划(2022—2035年)》,首次将网点布局升级为空间布局。上海商业空间规划将按照"4＋X＋2"体系,打造"国际级—市级—地区级—社区级"4级商业中心,以一江一河交汇为核心,打造东片国际级消费集聚区;以提升服务长三角联通国际的消费枢纽功能为定位,打造西片国际级消费集聚区。围绕首发经济、夜间经济等领域打造X个特色商业区域,并增强物流、数字化2个支撑体系，形成超广域、多中心、集聚型、网络化、多层级的国际大都市商业新格局。

从开发商层面来看，2022年上半年受到疫情影响优质商业项目均在下半年入市，如苏河湾万象天地、龙湖上海金汇天街、万科天空城、MOHO、张园西区、龙湖奉贤天街等。2023年，上海预计将有超过45个商业项目开业。从区位来看，中环以内的项目占了半数以上，浦东新区、普陀区以及青浦区是新开商业数量最多的行政区。焕新城市是2023年待开业项目中的显著趋势，综合体项目为区域导入高能级的产业、办公人群，焕新与提升区域商业能级，也带来了更多元化的消费体验。

此外，随着上海核心商圈饱和程度提高，上海将持续增加文化活动空间，挖掘存量价值。2022年新开业的商业载体与品牌端在选址上均喜好与历史保护建筑进行结合。如苏河湾万象天地中的"慎余里"、百年历史建筑张园、小蓝瓶咖啡中国首店等。2023年，上海将在继续秉承可持续发展理念，在挖掘存量商业的过程中，将历史保护建筑的价值发挥到极致，以"修旧如旧"的概念将历史保护建筑与商业进行有机融合。

二、 加速业态创新转型

近年来，新冠疫情、气候变化等让人们体会到不确定性带来的复杂性、脆弱性威胁。在这样一个背景下，打造"韧性城市"成了2022年上海"两会"的焦点话题。在韧性城市之中的韧性商业，在面对各种可能的外部冲击的时候，要强化适应能力，通过提前准备好的对冲机制来抹平潜在的风险。2022年，上海新开业购物中心仅20家，是近年来最少的。随着疫情防控措施的优化，上海消费市场正在全面重启。2023年，上海拟新开3万平方米以上购物中心达45家，面积超300万平方米，为近三年来最多的一年。这是因为一些原本在前两年完工开业的项目受新冠疫情影响延迟到了今年。2023年，上海购物中心总量（3万平方米以上）将超过400家。[1] 从新开业购物中心的所在地看，"五个新城"和居民家门口的"十五分钟生活圈"是它们的入驻新热土。

当前，上海消费市场已展现出强大韧性，为上海建设具有全球影响力的国际消费中心城市提供了有力的支撑。上海汇聚了全球顶级的消费资源，全球零售商集聚度达55.3%，在全球城市中排名第二，仅次于迪拜。随着上海购物中心的密度越来越高，竞争也越来越激烈。一些早期传统购物中心，由于新开购物中心的挤压，加上疫

---

[1]《上海购物中心2022—2023年度发展报告》。

情和大卖场转型社区购物中心的影响,经营日趋困难,迫切需要调改升级。购物中心头部企业利用其品牌经营上的优势,或进行购并重组,或实施数字化转型,推进传统购物中心的升级换代。

在跨周期外向型经济新背景下,上海要更加重视发挥超大城市消费市场优势,联动、撬动全球大市场,不断实现业态创新。一是顺应国内消费发展新趋势,聚焦Z世代等重点人群,以构建数字服务平台和集聚高端服务要素为主线,将高端、多元、国潮、时尚和国际化等作为上海国际贸易中心能级提升的主攻方向。二是相关重点产业要针对国外新消费新特点,有针对性地布局海外仓,挖掘消费品进口潜力。三是提早布局绿色消费赛道。除已出台的欧盟碳关税外,未来将有更多国家引入碳关税,促进绿色低碳产业发展,产生更多绿色健康的消费产品,上海要尽早布局绿色消费,将"绿色元素"贯穿在商品流通各环节。四是创新国际贸易和商业新模式。充分利用自贸区、临港新片区,加快数字化转型和服务贸易创新,构建全流程的跨境数字公共服务体系,助力中小企业拓展海外市场。

三、打造元宇宙应用场景

随着数字化在实体商业中的运用越来越普及,运用数字化技术进行运营创新,营造新场景,将成为商业领域主要的竞争手段和制胜法宝。随着"元宇宙"技术的开发运用,商业领域中"元宇宙"应用场景的创新持续不断。作为超大型的智慧城市,上海提出抢抓元宇宙新赛道、培育壮大发展新动能,明确将坚持虚实融合、以虚强实的价值导向,推动元宇宙更好地赋能经济、生活和城市治理、数字化转型。

目前,上海商业的元宇宙应用场景已经逐渐清晰:通过虚实融合的空间内容呈现和交互方式,"元宇宙"将为线下商业"吸客引流",并通过建立"元宇宙流量池";为品牌店铺"精准导流",促进流量转化;为消费者提供"元宇宙社交""元宇宙购物""元宇宙共创"的全新消费体验。2023年,上海将加快培育新型消费、集聚全球消费资源、创新消费场景。从"全渠道"到"新零售"再到"元宇宙",不断突破商业的边界。

根据《上海市培育"元宇宙"新赛道行动方案(2022—2025年)》,到2025年,上海"元宇宙"相关产业规模将达到3 500亿元,带动全市软件和信息服务业规模超过15 000亿元、电子信息制造业规模突破5 500亿元。2022年10月,上海市经信委开展了首批元宇宙重大应用场景"揭榜挂帅"工作,针对7大领域、20项重大应用场景建设需求,收到800余份揭榜意向书。2023年,上海市经信委还将联合相关部门,着力打造"元"上苏河、元宇宙智慧医院、前滩东体元宇宙、张江数字孪生未来之城等沪上元宇宙超级场景。此外,上海还将建设元宇宙智慧医院、前滩东体元宇宙、张江数字孪生未来之城等。元宇宙技术的开发运用,使现实场景与虚拟场景有机融合,将是综合商业体聚客增流的重要手段。

可以预见的是,万亿级的市场规模和政府端的大力支持,一定会加速"元宇宙"产业的发展和技术进步。未来,上海将更好地发挥打造具有全球影响力的国际创新中心的优势,持续优化元宇宙新赛道、新动能培育,建设元宇宙产业发展的新高地。

参 考 文 献

[1] 桑星瑞.老字号大白兔品牌表情包设计研究[J].工业设计,2022(7):77-79.
[2] 王若男.3C视角下大白兔联名营销存在的问题及对策研究[D].山西大学,2022.
[3] 匡冀南.给大白兔插上翅膀[J].国际公关,2023(8):189-190.
[4] 岳文欣,刘巍,李婷.浅析"老字号"品牌的跨界营销——以大白兔奶糖为例[J].纳税,2020,14(6):186.
[5] 史亚娟.百雀羚焕新记:老国货如何盘活年轻人市场[J].中外管理,2017(8):100-103.
[6] 姜语菡,胡文娟,黄慧慧.从百雀羚看老品牌的复兴之路[J].大众文艺,2020(1):268-269.
[7] 杜颖.百雀羚品牌年轻化研究[D].苏州大学,2019.
[8] 郑舒心.北京卫视"国潮"系列综艺节目叙事研究[D].河北师范大学,2023.